U0069404

擇日學三十天快譯通

作者：於光泰

於光泰

籍貫：中國，江蘇省，常州。

1957 年出生於台灣桃園市。

學經歷：

台北科技大學建築系、土木系

明道大學中文所碩士

輔仁大學中文(易經)博士

中央大學哲學博士生

相關著作：

1.八字基礎會通

2.周易六爻預測

3.擇日學快譯通

4.《易經》三十天快譯通

5.周易哲學與卜卦

6.易經與陽宅規劃學

7.「梁學八字大破譯」教學光碟

8.「梁學陽宅內局大解碼」教學光碟

9.「三合派與形家風水會通」教學光碟

10.「梁學八字基礎整合」教學光碟

11.「擇日十週會通」教學光碟

12.「八字流年實務」教學光碟

出版者序--大元書局顏國民

作者於光泰博士畢業於輔仁大學中文研究所博士班，博士論文題目是「唐代以前《周易》象數與義理研究」，在明道大學之碩士論文題目則是「《孟子》與《易傳》天人合一思想比較研究」，對於應用易學有精湛之功力。目前在學身分是中央大學哲學研究所博士生，於大元講堂講授八字學、六爻預測(金錢卦)、陽宅學、擇日學等近三年，竭誠教導，有教無類而不藏私。

擇日學在中國已經有數千年歷史，相關之著作不勝枚舉，且各地依據之理論方法不一，唯在閩台地區以《尅擇講義》之說最為流行，本書局有幸得於光泰博士課餘之暇，提筆著作本書以嘉惠學者。擇日學與社會生活息息相關，舉凡營生、嫁娶、修造、祈福等，例如一般通書，均有動土、安床、裁衣、開市、婚嫁、祭墓、旅行、祈福酬神、掛匾、入宅移徙等，因此擇日學是五術學問的重要內容。

本書之大綱分為五章：第一章，擇日學基本知識。第二章，認識通書(以信發堂廖淵用通書為例)。第三章，認識《尅擇講義》。第四章，神煞與擇日綜論。第五章，擇日實例演練。本書特點在平實敘述，章節有序，由淺入深，一氣呵成。更實用之處是第四章認識神煞，以筆劃多寡介紹二百餘神煞，讀者按筆劃尋找甚為方便，在第五章實例演練，將錯綜複雜的通書透過固定程序的演練，將理論與實務結合，以上兩點創下擇日學著作新標竿。

本書《擇日學三十天快譯通》是於光泰易經博士在己亥年與庚子年於大元講堂講授擇日學之內容與學員熱烈討論議題所構

成，學員計有(以筆畫為順序)：川崎慧子、何英華、吳美得、林志毅(Raymond)、林怡君、芝華(寶丹)、徐見安、徐瑞紳、培培、采蓁、莊秉融、陳榮太(游太：太上麒元)、蔡宗貴、鄧瑞瓊、鄧瑩(頤桐媽媽)、鄭東敬、鍾文展等，在此一併致謝。願讀者閱讀此書後功力大進，以五術學問濟世，是為大元書局(講堂)期盼。

大元書局負責人 顏國民　庚子年丙戌月作序於臺北萬華區

目錄

第壹章、擇日學基本知識……………………1

一、前言……………………………………1

二、河圖……………………………………4

三、洛書……………………………………5

四、先天八卦………………………………6

五、後天八卦………………………………7

六、太極生成圖……………………………9

七、天干與五行相沖、相剋、五合………10

八、地支陰陽、六合、六沖、三合、三會、六害…13

九、地支殺例………………………………15

十、六十納音………………………………16

十一、五虎遁月與五鼠遁日………………18

十二、月建節氣與時辰生肖⋯⋯⋯⋯⋯⋯⋯19

十三、十二生旺庫與地支關係表⋯⋯⋯⋯21

十四、祿元之例⋯⋯⋯⋯⋯⋯⋯⋯⋯⋯⋯⋯22

十五、馬元之例(驛馬)⋯⋯⋯⋯⋯⋯⋯⋯22

十六、天乙貴人⋯⋯⋯⋯⋯⋯⋯⋯⋯⋯⋯22

十七、長生之例⋯⋯⋯⋯⋯⋯⋯⋯⋯⋯⋯23

十八、帝旺之例⋯⋯⋯⋯⋯⋯⋯⋯⋯⋯⋯23

十九、地支三刑⋯⋯⋯⋯⋯⋯⋯⋯⋯⋯⋯24

二十、回頭貢殺⋯⋯⋯⋯⋯⋯⋯⋯⋯⋯⋯25

二十一、箭刃之例⋯⋯⋯⋯⋯⋯⋯⋯⋯⋯26

二十二、納甲⋯⋯⋯⋯⋯⋯⋯⋯⋯⋯⋯⋯26

二十三、排山掌⋯⋯⋯⋯⋯⋯⋯⋯⋯⋯⋯28

二十四、羅經二十四山⋯⋯⋯⋯⋯⋯⋯⋯28

二十五、東西南北二十八星宿‧‧‧‧‧‧‧‧‧‧29

二十六、建除十二神‧‧‧‧‧‧‧‧‧‧‧‧‧33

二十七、認識基本神煞‧‧‧‧‧‧‧‧‧‧‧‧41

第貳章、認識通書——以《廖淵用通書》為例‧‧‧89

一、簡便年齡生肖年次干支對照表‧‧‧‧‧‧‧89

二、凡例‧‧‧‧‧‧‧‧‧‧‧‧‧‧‧‧‧‧89

三、擇日用事術語說明‧‧‧‧‧‧‧‧‧‧‧‧91

四、甲日時局至癸日時局‧‧‧‧‧‧‧‧‧‧‧94

五、時家吉/凶神析義‧‧‧‧‧‧‧‧‧‧‧126

六、「特」篇要旨‧‧‧‧‧‧‧‧‧‧‧‧‧128

七、擇日吉課是擇日的機制‧‧‧‧‧‧‧‧‧170

八、日家吉/凶神起例‧‧‧‧‧‧‧‧‧‧‧170

九、豎造全章‧‧‧‧‧‧‧‧‧‧‧‧‧‧‧171

十、安葬全章⋯⋯⋯⋯⋯⋯⋯⋯⋯⋯⋯⋯172

十一、婚姻全集⋯⋯⋯⋯⋯⋯⋯⋯⋯⋯⋯173

十二、論周堂⋯⋯⋯⋯⋯⋯⋯⋯⋯⋯⋯⋯174

十三、本命刑沖合貴祿旺一覽表

　　　—六十甲子本命忌沖殺刑刃便覽⋯175

第參章、認識《剋擇講義》⋯⋯⋯⋯⋯⋯183

一、總訣⋯⋯⋯⋯⋯⋯⋯⋯⋯⋯⋯⋯⋯⋯183

二、婚姻全章⋯⋯⋯⋯⋯⋯⋯⋯⋯⋯⋯⋯185

三、安床⋯⋯⋯⋯⋯⋯⋯⋯⋯⋯⋯⋯⋯⋯190

四、嫁娶與女命六神⋯⋯⋯⋯⋯⋯⋯⋯⋯194

五、豎造⋯⋯⋯⋯⋯⋯⋯⋯⋯⋯⋯⋯⋯⋯215

六、修宅全章⋯⋯⋯⋯⋯⋯⋯⋯⋯⋯⋯⋯235

七、安葬全章⋯⋯⋯⋯⋯⋯⋯⋯⋯⋯⋯⋯238

八、修墳添葬全章 …………………… 248

九、開生墳全章 …………………… 250

十、祈福章例 …………………… 252

十一、造船章例 …………………… 254

第肆章、神煞與擇日綜論 …………… 257

一、認識神煞宜忌 …………………… 257

二、時家吉神 …………………… 267

三、時家凶神 …………………… 272

四、擇日用事術語與宜忌 …………… 273

五、《協紀辨方書》年神總論 ………… 343

六、《協紀辨方書》月吉神總論 ……… 345

七、《協紀辨方書》月凶神總論 ……… 345

八、《協紀辨方書》制煞要法 ………… 346

九、《選擇正宗》綜論 …………………………… 349

十、《協紀辨方書》四柱法 ………………………… 361

十一、《協紀辨方書》事類總集 …………………… 365

十二、鋪註條例 …………………………………… 369

第伍章、擇日實例演練 ……………………… 373

一、基本操作法則 ………………………………… 373

二、安床吉課 ……………………………………… 378

三、裁衣合帳吉課 ………………………………… 379

四、開市營業求財吉課 …………………………… 380

五、嫁娶婚課 ……………………………………… 384

六、牧養納畜吉課 ………………………………… 388

七、出國旅行觀光吉課 …………………………… 389

八、買賣交易吉課 ………………………………… 390

九、拆卸整地開工起基定磉吉課……………395

十、豎柱上樑吉課……………406

十一、豎立招牌吉課……………410

十二、裝潢修繕吉課……………411

十三、移徙入宅安香吉課……………412

十四、祈福酹神謝愿造廟吉課……………418

十五、入殮火葬土葬吉課……………419

十六、造墳修墳祭墳吉課……………424

十七、上任調職求師赴舉求嗣等……………425

引用書目……………430

第壹章、擇日學基本知識

一、前言

　　擇日的依據有通書、農民曆、黃曆等，名稱不一，但都是為了選擇生活上的營生、嫁娶、修造、祈福等日子以趨吉避凶的資料。以通書內容而言有，擇日用事術語說明、甲日時局至癸日時局、時家吉神及凶神註解、年月開山立向修方吉神註解、開山立向修方凶神制化註解、日家吉神析義及凶神應忌註解、五行吉星凶神雜殺起例、日家吉神及凶神起例、豎造、安葬、婚姻嫁娶、月吉神/月凶神便覽、動土、安床、裁衣、開市、訂盟納采完聘、祭墓、牧養納畜、出國旅行、祈福酬神、設醮齋醮、開光點眼、購車交車、移徙入宅安香、作灶、招牌掛匾、洽火等內容，供閱讀者挑選良辰吉時。

　　擇地是學問，擇日也很重要。「吉地葬凶，猶如棄屍」，《雪心賦》云：「雖然吉穴，猶忌葬凶。」擇日學是一門依據天文日月星象，以選擇良辰吉日的學問，在中國已有數千年歷史。文獻以《協紀辨方書》為主。擇日主要針對祭祀、婚姻、喪葬、修造、開市、立券、交易等。擇日學源自於河圖、洛書、周易，也是術數的根源。其中河圖、洛書是時間與空間概念的表現，周易則是天人之學，包含宇宙與人生的縮影與變動模式。在擇日學基礎中。內容大致是河圖、洛書、先後天八卦、十干、十二支、十二建除日、二十八星宿、五行用事、干支五行、三合、五虎遁、五鼠遁、五合化氣、納音五行、二十四方位、正五行、中針雙山五行、縫針三合五行、年月剋山家、二十四節氣方位等。

　　中國術數學以河圖、洛書、先後天八卦等為基礎。擇日學也是在相同的範疇中。擇日的方法很多，一般除參考通書外，尚有七政四餘，奇門遁甲等。台灣地區應以《尅擇講義》為擇日母法居多。《天元五歌‧造命篇》說：「堪輿二字義相連，初年禍福天時驗，歲久方知地有權，發福由於地脈，催福出於良辰。」曆法當然以三百六十五天為一年，但每隔四年增加一天，稱閏年。大月有三十一天，是在一、三、五、七、八、十、十二等月份。而在四、六、九、十一等月份是三十日，二月是二十八日，閏年為二十九日。陽曆（太陽曆）所用的月份是人為的訂立，與月圓月缺無關。夏曆以一月為寅月，殷曆以丑月為正月，周曆以子月為正月。

　　一般民間擇日，簡單者依據農民曆，較謹慎則是依據各家通書交叉比對，檢算出良辰吉日，通書之內容一般有：各種記憶訣語、六十甲子時局、時家吉神凶神、女命嫁娶吉課，豎造全章、安葬全章、婚姻全集、論周堂、男女合婚便覽、春牛圖、地母經節錄、修宅修墳表、動土吉課、安床吉課、裁衣合帳吉課、開市求財吉課、訂盟納採完聘吉課、祭墓吉課、牧養納畜、出國旅行、祈福酬神、神佛開光、購買新車交車、移徙入宅、作灶、洽火、招牌掛匾等。

　　「豎造全章」包含：入山伐木、架馬做樑、興工拆卸、動土平基、起基定磉、豎柱上樑、蓋屋泥飾、安造門樓、安修廚灶、穿井導泉、天井放水、安修碓磑、修築垣牆、牧養納畜、修作牛欄、畜稠牧養、避宅出火、移徙入宅、修作倉庫、建造神廟、建造城郭、建造儒學、建造華表、開鑿池塘、修作廁池、修置產室、修築陂隄、建立橋樑、造船行船、新船進水、修造宅舍等。

「安葬全章」包含：入殮宜忌、成除服宜忌、移柩行喪、斬草破土、啟攢宜忌、修理墳墓、謝土宜忌、開生墳、合壽木、豎旗豎石燭等。

「婚姻全集」包含：安床宜忌、男冠女笄、招贅填房、嫁娶親迎。「論周堂」包含：繪像開光、祭祀鬼神、立壇祈禱、祈福醮願、做祈安醮、求嗣繼續、釋氏傳法、建師入宅、宴會親友、進納人口、上策表章、上官赴任、入學求師、應試赴舉、襲爵受封、偃武訓兵、小兒剃頭、整手足甲、契拜結義、安機經絡、爐冶鑄鎔、結網畋獵、出行求財、開張店肆、立卷交易、納財取債、求醫治病、種蒔栽植等。

「論周堂」包含：繪像開光、祭祀鬼神、立壇祈禱、祈福醮願、做祈安醮、求嗣繼續、釋氏傳法、建師入宅、宴會親友、進納人口、上策表章、上官赴任、入學求師、應試赴舉、襲爵受封、偃武訓兵、小兒剃頭、整手足甲、契拜結義、安機經絡、爐冶鑄鎔、結網畋獵、出行求財、開張店肆、立卷交易、納財取債、求醫治病、種蒔栽植等。

擇日學的神煞，只是陰陽五行，天文運行的生剋制化現象，古時候的天文學與相關科學與現代不同，吾人學習擇日學，應抱著一種敬天畏地，寧可信其有的心態，融入社會人文的運作規範，故無需斤斤計較神煞之實質性與驗證度，而知其作用在勸人與天地和諧。

二、河圖

　　河圖傳說出於上古伏羲之時,《繫辭傳》說:「河出圖、洛出書聖人則之。」《論語‧子罕》說:「鳳鳥不至,河不出圖,吾已矣夫。」《繫辭傳》又說:「天一,地二;天三,地四;天五,地六;天七,地八;天九,地十。」明易之道,先舉天地之數。《繫辭傳》又說:「天數五,地數五,五位相得而各有合,天數二十有五,地數三十,凡天地之數五十有五,此所以成變化而行鬼神也。」天地之數各五,五數相配,以合成金、木、水、火、土。若天一與地六相得,合為水。地二與天七相得,合為火。天三與地八相得,合為木。地四與天九相得,合為金。天五與地十相得,合為土。河圖之數起於一,終於十,將五行與數字包括在其中,以代表宇宙縮影盡在其中。

河圖

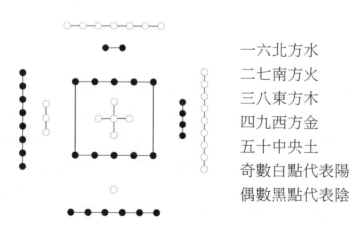

一六北方水
二七南方火
三八東方木
四九西方金
五十中央土
奇數白點代表陽
偶數黑點代表陰

　　河圖是時間與空間的概念圖示,五行依序流轉,春季木最旺,

夏季火最盛，秋季金肅殺，冬季水最冷，而土在中央，分布於四季，每個五行都是分配七十二天。但因為土的性質，所以不是隨著四季輪轉，而是將七十二天分成四等分，分別附在每季最後十八天。《曆例》說：「立春木，立夏火，立秋金，立冬水，各旺七十二日，土於四立之前各旺一十八日，合之亦為七十二日，總三百有六十而歲成矣。」艮居於冬春之交，以土得水而後能生木，坤居夏秋之交，以火化為土而後成金。

三、洛書

　　《尚書・洪範》說：「洛書者，禹治水時，神龜負文而列於背，有數至九，禹遂因而第之，以成九類。」坎一，坤二，震三，巽四，中五，乾六，兌七，艮八，離九。戴九履一，左三右七，二四為肩，六八為足，五在其中。一、三、五、七、九這五個奇數，都在四正與中央。二、四、六、八的四個偶數，都在四隅位。上下、左右、斜交加總均為數目一十五。數是方位，數就是卦，以先天八卦的卦數而言與洛書相符。逆剋，以坤艮一六水剋巽坎二七火，以巽坎二七火剋兌乾四九金，以兌乾四九金剋離震三八木。

洛 書

4	9	2
3	5	7
8	1	6

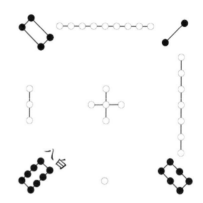

四、先天八卦

　　《說卦傳》說：「<u>天地定位，山澤通氣，雷風相薄，水火不相射</u>；八卦相錯，數往者順，知來者逆，是故易逆數也。」乾為天，坤為地，天地對上下；坎為水離為火，水火東西對立。震為雷，巽為風，雷風相對於東北與西南，雷風互助其勢。艮為山，兌為澤，山澤相對於西北東南，山下成澤，澤潤艮山，山澤互成其德。先天八卦與洛書數結合：乾為父為九，坤為母為一，九一相對合為十。震為長男為八，巽為長女為二，八二相對合為十。坎為中男為七，離為中女為三，七三相對合為十。艮為少男為六，兌為少女為四，六四相對合為十。以天地自然之象，倫理親情，數字合十為相配。

先天八卦次序圖

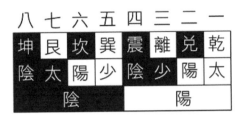

先天八卦方位圖

五、後天八卦

　　《說卦傳》記載：「帝出乎震，齊乎巽，相見乎離，致役乎坤，說言乎兌，戰乎乾，勞乎坎，成言乎艮。」洛書「戴九」在南方，南方離卦。「履一」在北，北方坎卦。「左三右七」左在東方為震卦，右在西方為兌卦。「二四為肩」坤卦在西南，巽卦在東南。「六八為足」，西北方為坤卦，東北方為艮卦。後天八卦以

水火為流體,以專精為用,所以各取南北坎離二卦為用。而木、
金、土則是有形質存在,所以分為二。木居東與東南,金居西與
西北,與河圖意義相符。艮土居東北,以北方水若無土承載,則
不生東方木。坤土居西南,以西南土化南方火生西方金。

　　在庚子年《廖淵用通書》39 頁起將「京房易」八宮卦逐頁列
表,乾宮屬金洛書 6,坎宮屬水洛書 1,艮宮屬土洛書 8,震宮屬
木洛書 3,巽宮屬木洛書 4,離宮屬火洛書 9,坤宮屬土洛書 2,
兌宮屬金洛書 7。

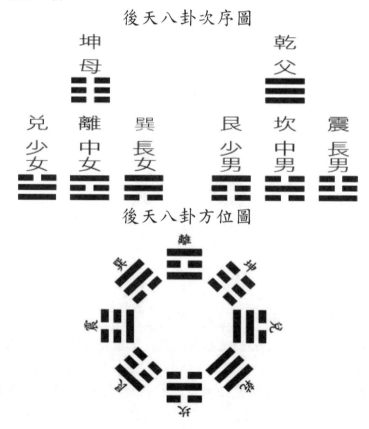

後天八卦次序圖

後天八卦方位圖

六、太極生成圖

　　《繫辭傳》記載：「太極生兩儀，兩儀生四象，四象生八卦，八卦定吉凶，吉凶生大業。」八卦重疊成六十四卦，俱皆包含空間與時間之蘊含。兩儀就是陰爻與陽爻。陰爻與陽爻重疊，生老陽、少陽、老陰、少陰。由老陽生出乾、兌、離、震、巽、坎、艮、坤等八卦。《說卦傳》記載：「雷以動之，風以散之，雨以潤之，日以烜之，艮以止之，兌以說之，乾以君之，坤以藏之。」《說卦傳》記載：「乾，天也，故稱乎父。坤，地也，故稱乎母。震，一索而得男，故謂之長男。巽，一索而得女，故謂之長女。坎，再索而得男，故謂之中男。離，再索而得女，故謂之中女。艮，三索而得男，故謂之少男。兌，三索而得女，故謂之少女。」

太極至八卦生成圖

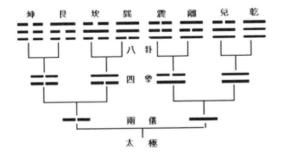

七、天干與五行相沖、相剋、五合

十干：甲、乙、丙、丁、戊、己、庚、辛、壬、癸。

甲、丙、戊、庚、壬屬陽，稱陽干。

乙、丁、己、辛、癸屬陰，稱陰干。

五行相生：水生木，木生火，火生土，土生金，金生水。

五行相生圖

五行相剋：水剋火，火剋金，金剋木，木剋土，土剋水。

五行相剋圖

甲、乙東方屬木。丙、丁南方屬火。

戊、己中央屬土。庚、辛西方屬金。壬、癸北方屬水。

甲乙木，生丙丁火，剋戊己土。

丙丁火，生戊己土，剋庚辛金。

戊己土，生庚辛金，剋壬癸水。

庚辛金，生壬癸水，剋甲乙木。

壬癸水，生甲乙木，剋丙丁火。

　　書傳云：「水火者百姓之所飲食也，金木者百姓之所興作也，土者萬物之所資生也。是為人用。」「五行」即五材也，襄公二

十七年〈左傳〉云「天生五材，民並用之」，言五者各有材幹也。謂之「行」者，若在天則五氣流行，在地世所行用也。又萬物之本，有生於無，著生於微，及其成形，亦以微著為漸。五行先後，亦以微著為次。五行之體，水最微，為依。火漸著，為二。木形實，為三。金體固，為四。土質大，為五。亦是次之宜。大劉與顧氏皆以為水火木金，得土數而成，故水成數六，火成數七，木成數八，金成數九，土成數十。義亦然也。

天干五合

甲己合化土。乙庚合化金。丙辛合化水。丁壬合化木。戊癸合化火。

《剋擇講義》記載：「四柱中有甲己全謂之五合，有乙庚全亦謂之五合，有丙辛全亦謂之五合，丁壬全亦謂之五合，戊癸全亦謂之五合。」

天干相沖

所謂相沖，指方位相對，例如東方甲木沖西方庚金，東方乙木沖西方辛金，北方壬水沖南方丙火，北方癸水沖南方丁火等。

天干相剋

所謂相剋，指南方丙火剋西方庚金，南方丁火剋西方辛金等，均為陰陽五行相剋，且陰對陰、陽對陽所致。

甲庚沖剋，乙辛沖剋、丙壬沖剋、丁辛沖剋。戊壬沖剋、己癸沖剋、庚丙沖剋、甲戊沖剋，乙己沖剋、癸丁沖剋等。天干沖剋以同性陰對陰，陽對陽現象較明顯。

八、地支陰陽、六合、六沖、三合、三會、六害

地支陰陽與排列

地支有十二位，子、丑、寅、卯、辰、巳、午、未、申、酉、戌、亥。
寅卯東方木，巳午南方火。辰戌丑未土，申酉西方金，亥子北方水。
丑、卯、巳、未、酉、亥為陰地支。
子、寅、辰、午、申、戌為陽地支。

天干與地支有生、剋、制、化、合的關係，天干生地支，例如丁未日，稱「寶」。地支生天干，例如庚戌日，稱「義」。天干剋地支，例如乙丑日，稱「制」。地支剋天干，例如壬戌日，稱「伐」。天干與地支相合，例如癸亥日，稱「和」。

地支六合

子丑合化土。寅亥合化木。卯戌合化火。
辰酉合化金。巳申合化水。午未合化火。

《剋擇講義》記載：「四柱中有子丑全謂之六合，有寅亥全亦謂之六合，有卯戌全亦謂之六合。有辰酉全亦謂之六合。有巳申全亦謂之六合。有午未全亦謂之六合也。」例如庚子年，壬午月，甲子日、乙丑時；日時六合，而且羅紋交貴。

地支六沖

子午沖、卯酉沖、寅申沖、巳亥沖、辰戌沖、丑未沖。

《剋擇講義》記載：「子午逢相沖，卯酉對面傷，寅申禍拱立，巳亥難對當，辰戌羅網寇，丑未不相通。」沖為大凶，凡事逢之俱是不祥，諸神難解。例如甲寅年生人，諸事不取申日。又

例如甲申年生人，忌用寅日寅時，無解。凡擇日，<u>本命地支不能與日支、時支對沖；以及所擇取之四柱地支間相互對沖；另外陰陽宅擇日，二十四坐山與兼山之地支山頭，與其所擇取之日支時支相對沖，均大凶。</u>

地支三合、地支三會

申子辰三合會水。申子、子辰、申辰為三合。
寅午戌三合會火。寅午、午戌、寅戌為三合。
巳酉丑三合會金。巳酉、酉丑、巳丑為三合。
亥卯未三合會木。亥卯、卯未、亥未為三合。
辰戌丑未合會土。生旺墓三合同情。
寅卯辰三會木。巳午未三會火。
申酉戌三會金。亥子丑三會水。

　　《剋擇講義》記載：「四柱中有申子二字，或申辰二字，或子辰二字，皆謂之三合。如四柱中有申子辰三字全，謂之會局。四柱中有寅午二字，或午戌二字，或戌寅二字，皆謂之三合。如四柱中有寅午戌三字全，謂之會局。四柱中有巳酉二字，或酉丑二字，或丑巳二字，皆謂之三合。如四柱中有巳酉丑三字全，謂之會局。四柱中有亥卯二字，或卯未二字，或亥未二字，皆謂之三合。如四柱中亥卯未三字全，謂之會局。辰戌丑未乃合會土，則非三合。」

　　　　申（長生）子（帝旺）辰（墓庫）三合水。
　　　　寅（長生）午（帝旺）戌（墓庫）三合火。
　　　　巳（長生）酉（帝旺）丑（墓庫）三合金。
　　　　亥（長生）卯（帝旺）未（墓庫）三合木。
　　　　辰戌丑未合會土。生旺墓三合同情。

　　擇日三合與八字三合不同，擇日三合是任何兩個字都可以稱為三合，例如申子、申辰、子辰。而八字是申子、子辰論半合，申辰不論。例如：甲子日戊辰時，子辰論三合。乙卯日丁亥時論三合。

地支六害

子未害。丑午害。寅巳害。卯辰害。申亥害。酉戌害。

　　《三命通會》記載：「六害者，十二支凌戰之辰也。子未相害者，謂未旺土，害子旺水，名勢家相害，故子見未則為害。丑午相害者，謂午以旺火凌丑死金，名官鬼相害，故丑見午，而午更帶丑干之真鬼，則為害尤甚。寅巳相害者，謂各恃臨官，擅能而進相害，若干神往來有鬼者尤甚；況刑在其中(寅刑巳)，尤不可不加減災福。卯辰相害者，謂卯以旺木凌辰死土，此以少凌長相害，故辰見卯，而卯更帶辰干真鬼，則其害尤甚。申亥相害者謂各恃臨官，競嫉才能，爭進相害，故申見亥，亥見申均為害。更納音相剋者眾。酉戌相害者，謂戌以死火害酉旺金，此嫉妒相害，故酉人見戌則凶，戌人見酉無災。」

九、地支殺例

申子辰殺未，巳酉丑殺辰，寅午戌殺丑，亥卯未殺戌。

　　《剋擇講義》記載：「殺有三殺，曰災殺、曰劫殺、曰墓庫殺，總名曰三殺，劫殺居寅申巳亥。災殺居子午卯酉。二者雖犯不忌。惟辰戌丑未居四庫之地，有犯宜解。如申子辰命殺未，忌未日、未時。巳酉丑命殺辰，忌辰日、辰時，其餘仿此。但墓庫殺又有真殺與非真殺之別。真殺乃用五虎遁，遁至殺支之位，屬

何天干？即謂真三殺，大凶不能制化，其餘非真三殺，取天乙貴人制之，則可權用。<u>苟非真三殺，無貴人制亦不可用也</u>。<u>然三殺乃大凶之神，非真三殺，雖取貴人制化，余亦罕用</u>。書云，『行險僥倖，未必德福。』故余少取也。真三殺，假如甲子命，用未日、或未時，是謂犯殺用五虎遁；甲己起丙寅。丁卯、戊辰、己巳、庚午、辛未；辛未即為真三殺。餘未則為非真三殺也。如丁卯命，用戌日謂之犯殺。以五虎遁，丁壬起壬寅、癸卯、甲辰、乙巳、丙午、丁未、戊申、己酉、庚戌；庚戌即為真三殺，餘戌則為非真三殺。」惟墓庫之地不可輕犯，例如丁酉年生人，巳酉丑殺辰，故辰年辰月可用，辰日辰時大忌。又例如申子辰年生人，殺在未，因此擇日擇時大忌未日未時。

　　寅午戌煞北方亥子丑。巳酉丑煞東方寅卯辰。申子辰煞南方巳午未。亥卯未煞西方申酉戌。<u>例如庚子年，煞在南，大利東西，不利南方，坐南之建築物不利開工動土、移徙入宅等</u>。又例如坐東建築物動土時，巳酉丑月三殺不取。坐西建築物動土時，亥卯未月三殺不取。坐北建築物動土時，寅午戌月三殺不取。坐南建築物動土時，申子辰月三殺不取。

十、六十納音

甲子、乙丑海中金。　　丙寅、丁卯爐中火。

戊辰、己巳大林木。　　庚午、辛未路旁土。

壬申、癸酉劍鋒金。　　甲戌、乙亥山頭火。

丙子、丁丑澗下水。　　戊寅、己卯城頭土。

庚辰、辛巳白蠟金。　　壬午、癸未楊柳木。

甲申、乙酉泉中水。　　丙戌、丁亥屋上土。

戊子、己丑霹靂火。　　庚寅、辛卯松柏木。

壬辰、癸巳長流水。　　甲午、乙未沙中金。

丙申、丁酉山下火。　　戊戌、己亥平地木。

庚子、辛丑壁上土。　　壬寅、癸卯金箔金。

甲辰、乙巳覆燈火。　　丙午、丁未天河水。

戊申、己酉大驛土。　　庚戌、辛亥釵釧金。

壬子、癸丑桑拓木。　　甲寅、乙卯大溪水。

丙辰、丁巳沙中土。　　戊午、己未天上火。

庚申、辛酉石榴木。　　壬戌、癸亥大海水。

　　楊雄《太玄經》說：「子午之數九，丑未八，寅申七，卯酉六，辰戌五，巳亥四。律四十二，呂三十六。甲己之數九，乙庚八，丙辛七，丁壬六，戊癸五。聲生于日，律生于辰。」例如甲子乙丑海中金，甲9，子9，乙8，丑8，合計34。以49－34等於15，再以15除5，餘5屬土，對照河圖五行數，一水二火三木四金五土，土為所求干支納音之母，故為金。餘仿此。

　　甲9。乙8。丙7。丁6。戊5。己9。庚8。辛7。壬6。癸5。子9。丑8。寅7。卯6。辰5。巳4。午9。未8。申7。酉6。戌5。亥4。

　　納音中，金木自然成音，水火土必須藉其他五行才能成音，例如土被水借，水被火借，火被土借等。

例如：

甲子乙丑海中金：甲9，子9，乙8，丑8；合計34，餘4，屬金。

丙寅丁卯爐中火：丙7，寅7，丁6、卯6；合計26，餘6，屬水，水被火借。

戊辰己巳大林木：戊5，辰5，己9，巳4，合計23，餘3，屬木。
丙子丁丑潤下水：丙7，子9，丁6，丑8，合計30，餘0，屬土，
土被水借。
戊寅己卯城頭土：戊5，寅7，己9，卯6，合計27，餘7，屬火，
火被土借。
丙申丁酉山下火：丙7，申7，丁6，酉6，合計26，餘6，屬水，
水被火借。
庚子辛丑壁上土：庚8，子9，辛7，丑8，合計32，餘2，屬火，
火被土借。
壬戌癸亥大海水：壬6，戌5，癸5，亥4，合計20，餘0，屬土，
土被水借。

甲子旬中無戌、亥。甲戌旬中無申、酉。甲申旬中無午、未。
甲午旬中無辰、巳。甲辰旬中無寅、卯。甲寅旬中無子、丑。

十一、五虎遁月與五鼠遁日

五虎遁月

甲己起丙寅。乙庚起戊寅。丙辛起庚寅。丁壬起壬寅。戊癸起甲寅。
甲年、己年，正月為丙寅，二月為丁卯，三月為戊辰，其餘順此序。
乙年、庚年，正月為戊寅，二月為己卯，三月為庚辰，其餘順此序。
丙年、辛年，正月為庚寅，二月為辛卯，三月為壬辰，其餘順此序。
丁年、壬年，正月為壬寅，二月為癸卯，三月為甲辰，其餘順此序。
戊年、癸年，正月為甲寅，二月為乙卯，三月為丙辰，其餘順此序。

五鼠遁日

甲己起甲子。乙庚起丙子。丙辛起戊子。丁壬起庚子。戊癸起壬子。

甲日、己日，子為甲子時，丑為乙丑時，寅為丙寅時，其餘順此序。

乙日、庚日，子為丙子時，丑為丁丑時，寅為戊寅時。

丙日、辛日，子為戊子時，丑為己丑時，寅為庚寅時。

丁日、壬日，子為庚子時，丑為辛丑時，寅為壬寅時。

戊日、癸日，子為壬子時，丑為癸丑時，寅為甲寅時。

十二、月建節氣與時辰生肖

正月<u>立春雨水</u>節，二月<u>驚蟄及春分</u>，三月<u>清明並穀雨</u>。

四月<u>立夏小滿</u>方，五月<u>芒種並夏至</u>，六月<u>小暑大暑</u>當。

七月<u>立秋還處暑</u>，八月<u>白露秋分</u>忙，九月<u>寒露並霜降</u>。

十月<u>立冬小雪</u>漲，子月<u>大雪並冬至</u>，臘月<u>小寒大寒</u>昌。

　　《剋擇講義》記載：「正月為寅月，立春為正月，如未立春，雖正月亦仍作去年十二月論。……立春、驚蟄、清明、立夏、芒種、小暑、立秋、白露、寒露、立冬、大雪、小寒，為節。雨水、春分、穀雨、小滿、夏至、大暑、處暑、秋分、霜降、小雪、冬至、大寒、為氣。」月份，論節不論氣。

月數	一	二	三	四	五	六	七	八	九	十	十一	十二
月支	寅	卯	辰	巳	午	未	申	酉	戌	亥	子	丑

端 花 桐 梅 蒲 荔 瓜 桂 菊 陽 葭 臘

立春、雨水（寅）	驚蟄、春分（卯）	清明、穀雨（辰）
立夏、小滿（巳）	芒種、夏至（午）	小暑、大暑（未）
立秋、處暑（申）	白露、秋分（酉）	寒露、霜降（戌）
立冬、小雪（亥）	大雪、冬至（子）	小寒、大寒（丑）

時點	23-1	1-3	3-5	5-7	7-9	9-11	11-13	13-15	15-17	17-19	19-21	21-23
時辰	子	丑	寅	卯	辰	巳	午	未	申	酉	戌	亥

<u>子肖鼠，丑肖牛，寅肖虎，卯肖兔，辰肖龍，巳肖蛇，午肖馬，未肖羊，申肖猴，酉肖雞，戌肖狗，亥肖豬。</u>

　　按《三統歷》:「正月節立春，雨水中。二月節驚蟄，春分中。三月節穀雨，清明中。四月節立夏，小滿中。五月節芒種，夏至中。六月節小暑，大暑中。七月節立秋，處暑中。八月節白露，秋分中。九月節寒露，霜降中。十月節立冬，小雪中。十一月節大雪，冬至中。十二月節小寒，大寒中。」

　　謂之雨水者，言雪散為雨水也。謂之驚蟄者，蟄蟲驚而走出。

謂之穀雨者，言雨以生百穀。謂之清明者，謂物生清淨明潔。謂之小滿者，言物長於此，小得盈滿。謂之芒種者，言有芒之穀，可稼種。謂之小暑大暑者，就極熱之中，分為大小，月初為小，月半為大。謂之處暑者，謂暑既將退伏而潛處。謂之白露者，陰氣漸重，露濃色白。謂之寒露者，言露氣寒，將欲凝結。謂之小雪大雪者，以霜雨凝結而雪，十月猶小，十一月轉大。謂之小寒大寒者，十二月極寒之時，相對為大小，月初寒為小，月半寒為大。凡二十四氣，氣有十五日有餘；每氣中半分之，為四十八氣，氣有七日半有餘。

十三、十二生旺庫與地支關係表

天干	長生	沐浴	冠帶	臨官	帝旺	衰	病	死	墓庫	絕	胎	養
甲	亥	子	丑	寅	卯	辰	巳	午	未	申	酉	戌
乙	午	巳	辰	卯	寅	丑	子	亥	戌	酉	申	未
丙	寅	卯	辰	巳	午	未	申	酉	戌	亥	子	丑
丁	酉	申	未	午	巳	辰	卯	寅	丑	子	亥	戌
戊	寅	卯	辰	巳	午	未	申	酉	戌	亥	子	丑
己	酉	申	未	午	巳	辰	卯	寅	丑	子	亥	戌
庚	巳	午	未	申	酉	戌	亥	子	丑	寅	卯	辰
辛	子	亥	戌	酉	申	未	午	巳	辰	卯	寅	丑
壬	申	酉	戌	亥	子	丑	寅	卯	辰	巳	午	未
癸	卯	寅	丑	子	亥	戌	酉	申	未	午	巳	辰
備註	丙、戊火土共長生在寅。 丁、己火土共長生在酉。											

十四、祿元之例

甲祿在寅，乙祿在卯，丙祿在巳，丁祿在午，戊祿在巳，己祿在午，庚祿在申，辛祿在酉，壬祿在亥，癸祿在子。

　　《剋擇講義》記載：「甲命遇寅日謂之祿元。乙命遇卯日謂之祿元。丙命遇巳日謂之祿元。丁命遇午日謂之祿元。戊命遇巳日謂之祿元。己命遇午日謂之祿元。庚命遇申日謂之祿元。辛命遇酉日謂之祿元。壬命遇亥日謂之祿元。癸命遇子日謂之祿元。以上所論之祿元，乃天干在命，而地支在日。如是天干在日，而地支在命，則謂之進祿。」例如甲年生人，所選擇之日柱地支為寅，從天干找地支，稱為堆祿。又所選擇之日為甲日，而年命為寅，從地支找天干，稱為進祿。

十五、馬元之例（驛馬）

申子辰馬居寅。寅午戌馬居申。巳酉丑馬在亥。
亥卯未馬在巳。馬前一位為欄。馬後一位為鞭。

　　《剋擇講義》記載：「申命、或子命、或辰命，遇寅為馬元。寅命、午命、戌命，遇申為馬元。巳命、或酉命、或丑命、遇亥為馬元。亥命、或卯命或未命，遇巳為馬元。馬前一位為欄。馬後一位為鞭。」

十六、天乙貴人

甲戊庚牛羊。乙己鼠猴鄉。丙丁豬雞位。
壬癸兔蛇藏。六辛逢馬虎。此是貴人方。

　　《剋擇講義》記載：「甲命、或戊命、或庚命，遇丑，或未，

謂之天乙貴人。丙命、或丁命,遇亥,或酉,謂之天乙貴人。壬命、或癸命,遇卯、或巳,謂之天乙貴人。辛命,遇午,或寅,謂之天乙貴人。以上所論之天乙貴人,即天干在命,而地支在日,謂之堆貴。如是天干在日,而地支在命,則謂之進貴。」從地支找天干,稱進;從天干找地支,稱堆。乙巳年生人,擇日取壬癸日,稱進貴。乙巳年生人,從天干乙找地支子日、申日,稱堆貴。又例如甲申日取乙亥時,從日柱地支申找天干乙,稱進貴。又例如甲年生人,擇日丁未,天干甲在命,而地支在日柱,稱堆貴。酉年生人取丙丁日,稱進貴。

十七、長生之例

甲木生亥。乙木生午。丙戊生寅。丁己生酉。
庚金生巳。辛金生子。壬水生申。癸水生卯。

　　《剋擇講義》記載:「甲命,遇亥為長生。乙命,遇午為長生。丙命、戊命,遇寅為長生。丁命、己命,遇酉為長生。庚命,遇巳為長生。辛命,遇子為長生。壬命,遇申為長生。癸命,遇卯為長生。例如甲辰年生人,長生在亥。乙卯年生人,長生在午。」例如戊午日乙卯時,乙長生在午。己未日癸巳時,己長生在酉,癸貴人在巳,生貴交馳。

十八、帝旺之例

甲旺卯。乙旺寅。丙旺午。丁旺巳。戊旺午。己旺巳。庚旺酉。辛旺申。壬旺子。癸旺亥。例如己酉年生人,取己巳日,生旺交馳帶三合。

　　《剋擇講義》記載:「甲命,遇卯為帝旺。乙命,遇寅為帝

旺。丙命，遇午為帝旺。丁命遇巳為帝旺。戊命，遇午為帝旺。己命，遇巳為帝旺。庚命，遇酉為帝旺。辛命，遇申為帝旺。壬命，遇子為帝旺。癸命，遇亥為帝旺。按帝旺之起例，乃以長生例，合十二長生例而算。十二長生例，即長生、沐浴、冠帶、臨官、帝旺、衰、病、死、墓、絕、胎、養，陽順行，陰逆行。

　　甲、丙、戊、庚、壬為陽。乙、丁、己、辛、癸為陰。如甲木生亥，帝旺在卯甲乃屬陽，甲生在亥，就亥起長生順行，子為沐浴，丑為官帶，寅為臨官，卯為帝旺。若乙木生午，帝旺在寅，乙乃屬陰，乙生午，就午起長生逆行，則午為長生，巳為沐浴，辰為官帶，卯為臨官，寅為帝旺。餘仿此。
長生、沐浴、冠帶、臨官、帝旺、衰、病、死、墓、絕、胎、養共十二位。

> 甲祿在寅絕在申，乙祿在卯絕在酉。
> 丙祿在巳絕在亥，丁祿在午絕在子。
> 戊祿在巳絕在亥，己祿在午絕在子。
> 庚祿在申絕在寅，辛祿在酉絕在卯。
> 壬祿在亥絕在巳，癸祿在子絕在午。

十九、地支三刑

子刑卯。丑刑戌。戌刑未。寅刑巳。
巳刑申。辰刑辰。亥刑亥。酉刑酉。午刑午。

　　三刑逢三合、六合、貴人，便可化解。三刑忌日不忌時，包含本命地支與所擇之日支，或所擇之日支與時支犯三刑。例如辛亥年生人取丁亥日，亥亥自刑，但丁貴人在亥，可用。又例如甲

辰年生人取乙卯日癸未時，子刑卯，但卯未三合，癸貴人在卯，甲年生人貴人丑未。又例如甲寅年生人取乙巳日，寅刑巳，無貴人，忌用。

《尅擇講義》說：「三刑如逢六合，或貴人，便可解化。假如甲子年生用卯日，謂之犯刑。如是乙卯日，或己卯日，有貴人解可用。其餘卯日無貴人，又無六合則不用。乙丑命用戌日，謂之犯刑。如是甲戌日，或戊戌日，或庚戌日，有貴人解可用。其餘戌日無貴人，又無六合則不用。丙寅命用巳日，謂之犯刑，但辛巳日有貴人解(六辛逢馬虎)可用。其餘巳日無貴人，又無六合則不用。丁卯命用子日，謂之犯刑。如是壬子日，有貴人解可用(壬癸兔蛇藏)，其餘子日無貴人，又無六合則不用。」

戊辰命用辰日，無貴人，又無六合可解則不用。例如己巳年用寅日，或申日均謂之犯刑，唯申日有六合，又有貴人可解(乙己鼠猴鄉)，則不以犯刑論。若寅日，如壬寅日，亦有貴人解可用(壬癸兔蛇藏)，故巳命可以用。如果辛未命用戌日，戌刑未，以甲戌、戊戌、庚戌日而言，未是甲戊庚的貴人，原本可用，但未的三殺在戌，刑上加殺，貴人獨力難回天，忌用。

二十、回頭貢殺

申子辰全殺未命。寅午戌全殺丑命。
巳酉丑全殺辰命。亥卯未全殺戌命。

《尅擇講義》記載：「未命，遇四柱中申子辰三字全。謂之犯回頭貢殺。丑命，遇四柱中中寅午戌三字全，謂之犯回頭貢殺。辰命、遇四柱中巳酉丑三字全，謂之犯回頭宮殺均大忌也。如四

柱中三字無全，則不謂之回頭貢殺不忌也。」若四柱中三合字不齊全，則不合於回頭貢殺的定義。所以唯有辰、戌、丑、未月生出之人忌諱回頭貢殺。例如己丑年生人，擇日取庚子年，戊寅月，壬午日，庚戌時。

二十一、箭刃之例

甲庚干值卯酉刃，乙辛干值辰戌刃，丙戊壬干子午刃，丁己癸干丑未刃，如逢天乙貴人到，三合化刃喜為甚。

《剋擇講義》記載：「甲命、庚命，遇四柱中卯酉全，謂之犯箭刃。乙命、辛命，遇四柱中辰戌全，謂之犯箭刃。丙命、戊命、壬命，遇四柱中子午全，謂之犯箭刃。丁命、巳命、癸命，遇四柱中丑未全，謂之犯箭刃。如有天乙貴人，或三合，或六合，均可解化。然箭刃乃忌全，即須解化。如單地支不全者，則不忌也。」例如甲戌、丁卯、辛亥、丁酉時；雖卯酉沖，但卯戌六合，亥卯三合。或例如甲命取乙丑、己卯、壬寅、己酉，則四柱年支丑為甲命的天乙貴人。

二十二、納甲

（一）、六畫卦納甲：

乾納甲、壬。坤納乙、癸。艮納丙。兌納丁。
坎納戊。離納己。震納庚。巽納辛。

　　六畫卦納甲：六畫卦納甲法之根據，係以月之晦朔弦望象卦體，而以其出沒之方位納之；此法始於「京房易」，必須納盡十天干。

　　《考原》記載：「乾納甲壬，坤納乙癸，乾坤包括始終之義
也。其餘六卦，則自下而上，法畫卦者之自下而上也。震巽陰陽
起於下，故震納庚，巽納辛。坎離陰陽交於中，故坎納戊，離納
己。艮兌陰陽極於上，故艮納丙，兌納丁。甲丙戊庚壬為陽干，
皆納陽卦；乙丁己辛癸為陰干，皆納陰卦。」

（二）、三畫卦納甲：

乾納甲。坤納乙。艮納丙。兌納丁。
震納庚。巽納辛。離納壬。坎納癸。

　　三畫卦乾坤未有外卦，故不得兼用壬癸。三畫卦因戊己居中
宮而不用。在風水學二十四山中，兌卦兼含地支巳酉丑，震卦兼
含地支亥卯未，離卦兼含地支寅午戌，坎卦兼含地支申子辰。乾
甲、坤乙，天地定位。艮丙、兌丁，山澤通氣。震庚、巽辛，雷
風相薄。離壬、坎癸，水火不相射。

二十三、排山掌

從一坎二坤以至九離為順	四巽	五中	六乾	從九離八艮數至一坎為逆
	三震		七兌	
	二坤		八艮	
	一坎		九離	

排山掌的運用,可以計算年命,例如:丁酉 46 年生人,4+6=10,1+0=1,由七兌逆數 1,表示丁酉人是兌命;又例如:乙丑 74 年生人,7+4=11,1+1=2,那就由七兌數到六乾為 2,所以乙丑年是乾命。

男由七兌逆算。女由入艮順算。若是數到五中,男寄?

二十四、羅經二十四山

「山」指坐山、方位,「向」指方向。背後為子山,向方就一定是午向。辰山一定是戌向。其中坎、離、震、兌,借地支子午卯酉代表,所以羅盤上只見艮、坤、巽、乾等卦位。三百六十度以八卦均分,每卦有四十五度。再將四十五度分為三等份,就有二十四個山頭。一卦管三山。坎卦,壬、子、癸。艮卦,丑、艮、寅。震卦,甲、卯、乙。巽卦,辰、巽、巳。離卦,丙、午、丁。坤卦,未、坤、申。兌卦,庚、酉、辛。乾卦,戌、乾、亥。二十四山因堪輿學理氣各自表述,有分中針雙山五行、縫針三合五行、洪範五行等。羅經有天地人三盤之說,係以羅經磁針所指子午為式之二十四方位,謂之「地盤」;以中針子午為式之二十

四方位，謂之「人盤」；以縫針子午為式之二十四方位，謂之「天盤」。<u>地盤正針，格龍立向；人盤中針，撥砂用；天盤縫針，消納水法</u>。

坐北：自乾山巽向兼亥巳，至艮山坤向兼丑未，忌用坐三煞寅午戌刃衝山年月日時。
坐東：自艮山坤向兼寅申，至巽山乾向兼辰戌，忌用坐三煞巳酉丑刃衝山年月日時。
坐南：自巽山乾向兼巳亥，至坤山艮向兼丑未，忌用坐三煞申子辰刃衝山年月日時。
坐西：自坤山艮向兼申寅，至乾山巽向兼戌辰，忌用坐三煞亥卯未刃衝山年月日時。

　　造葬興修擇日時，務必仔細查看二十四山向，坐北朝南忌用寅午戌年月日時。坐東朝西者，忌用巳酉丑年月日時。坐南朝北者，忌用申子辰年月日時。坐西朝東者，忌用亥卯未年月日時，坐三殺，大凶。衝兼山也是大凶，例如乾山巽向兼亥巳，忌用巳年巳月巳日巳時。若乾山巽向兼亥巳，忌用辰年辰月辰日辰時。

二十五、東西南北二十八星宿

　　以北極紫微宮為中心，定出東西南北方，以四獸形象命名。東方蒼龍，西方白虎，南方朱雀，北方玄武，各有七個星宿，稱二十八宿。

東方七宿

〔角〕蒼龍七宿之首宿，主造化萬物，布君威信，其星光明滿盈，則貴人出而天下太平。

〔亢〕蒼龍七宿之第二宿，天府之臣，總理天下；掌理疾疫，其星滿盈，則士庶樂業，無瘟疫疾病；反之瘟疫亢旱。

〔氐〕蒼龍七宿之第三宿，其星明，則天下棉花熟。《史記·天官書》載：「氐為天根，主疫。」

〔房〕蒼龍七宿之第四宿，為明堂天子布政之宮，又主車駕武備之事，掌管兵權，大將軍之位。其星明，天下政清人和。

〔心〕蒼龍七宿之第五宿，位於人盤卯甲之間，卯藏丁火，木火通明為文章之府，宰相之宮，其星明，主文明昌盛。

〔尾〕蒼龍七宿之第六宿，其星明主豐收，暗則主有洪水之災。

〔箕〕蒼龍七宿之末宿，星明，主五穀豐登，六畜興旺；此星若色赤，主大旱，久情不雨。

西方七宿

〔奎〕白虎七宿之首宿，位於人盤之乾宮，其星曲折相鉤，故為文章之府。乾卦，戰乎乾，又為天子之武庫，主兵權以禁制橫暴。

〔婁〕白虎七宿之第二宿，《史記·天官書》載：「婁為聚眾」，故主興兵會眾，又主合聚文墨之事，其星明則禮義昌盛，文人治世，天下物富民安。

〔胃〕白虎七宿之第三宿，天倉，故為天廚，藏五穀之所，主文章之府，又主圖書之府，又主討捕誅殺之事，此星明，主五穀豐登，文名極盛，賢人出。

〔昴〕白虎七宿之第四宿，天之耳目，貴人之地，主獄事、口舌。其星明，主天下和平，獄訟平；暗則主讒言多，憂心忡忡。

〔畢〕白虎七宿之第五宿，主邊兵、戈獵，其星不喜明亮滿盈。

〔觜〕白虎七宿之第六宿，主天之關，又主三軍之令，為行軍之藏府。《史記·天官書》載：「為虎首，主葆旅事。」星明，則五

穀豐熟，軍儲充盈，邊將得勢。若動而明，則主賊盜成羣；若明而赤，主兵多將勇。

〔參〕白虎七宿之末宿，星明，則風調雨順，五穀豐登，文明興盛。

南方七宿

〔井〕朱雀七宿之首宿，位於人盤之坤宮，主諸侯帝戚三宮之位。此星明，主利於開疆闢土，建國封侯，失色動搖，則災禍勃然而至。

〔鬼〕朱雀七宿之第二宿，位於羅經人盤未宮，四角中央一星暗而不見，主文魁，管天下士子陰德，四星主視，明察奸謀，天之目也，又為天廟，主祠祀與疾病死亡。

〔柳〕朱雀七宿之第三宿，主人福壽，又主文章，為天相、天庫、天廚之位，主御膳飲食，其星明，人有福壽，酒食豐，失色主飢饉。

〔星〕朱雀七宿之第四宿，《史記·天官書》載：「七星主急事」，位於人盤丁宮，為朱雀文明、羽儀堂皇之所。主衣裳紋繡，又主盜賊，星明，天下豐年。

〔張〕朱雀七宿之第五宿，位於人盤之午宮，主珠寶金玉及宇宙所用之物，天子內宮衣服收藏貢物之庫，又主廚事，膳飲炊事。

〔翼〕朱雀七宿之第六宿，，《史記·天官書》載：「翼為羽翮，主遠客。」其星明，主禮樂興，位人盤之丙宮，為天之樂府，文風鼎盛，四方來歸。

〔軫〕朱雀七宿之末宿，《史記·天官書》載：「軫為車，主風。」位人盤巳宮，為天之四輔，又為冢宰，主察殃害之事，又主車騎運載之事，為盜寇征伐與風雨，星明，天下安康，風調雨順。

北方七宿

〔斗〕玄武之宿之首宿，《晉書·天文志》載：「北方南斗六星，天

廟也,一曰天機。」最明之星帝宮之所,參酌政事之所,餘星為天梁、天相、天樂,佐政而受命天子,若六星均明,則天下安泰。

〔牛〕玄武之宿之第二宿,《史記‧天官書》載:「牽牛為犧牲」,主犧牲之事。其星明大,則天下安,六畜興旺牛馬廣,星不明,則牛馬瘟疫。

〔女〕玄武之宿之第三宿,婺女,其北織女。此星明,則文人現,五穀豐登,婦女昌盛,府庫充盈。

〔虛〕玄武之宿之第四宿,《史記‧天官書》載:「虛為哭泣之事。」主北方城邑廟堂祭祀之事,又主風雲死喪哭泣。其星明,主天下安泰。

〔危〕玄武之宿之第五宿,位於人盤子宮,為冢宰之官,主架屋,避藏風雨,及墓墳祠禮之事。

〔室〕玄武之宿之第六宿,位於人盤之壬宮,為太廟天子之宮,又為軍糧之府,主土工之事。此星明,主國運昌隆,不明則鬼神不享,天下疾疫。

〔壁〕玄武之宿之末宿,文章圖書之秘府,又為土木之事,其星明,則主圖書滿匱,文道盛行,小人退,君子進。

　　按《律歷志》云:二十八宿之度,「角一十二度,亢九,氐十五,房五,心五,尾十八,箕十一,東方七十五度。斗二十六,牛八,女十二,虛十,危十七,營室十六,壁九,北方九十八度。奎十六,婁十二,胃十四,昴十一,畢十六,觜二,參九,西方八十度。井三十三,鬼四,柳十五,星七,張十八,翼十八,軫十七,南方一百一十二度」。

二十六、建除十二神

擇日家以建、除、滿、平、定、執、破、危、成、收、開、閉，共計十二天周而復始，依據其所值日期特性，定其吉凶。每月交節則疊兩值日，其法從月建上起。因此寅月從寅日起「建」日，卯月從卯日起「建」日。

《選擇宗鏡》言：「『建』為歲君，為元神、為吉凶眾神之主帥，可坐不可向。其在山在方，疊吉星則大吉，疊凶星則凶。『除』為四利太陽，小吉。『滿』為土瘟，為四利喪門，又為天富，小吉。『平』為三台，又為土曲，大吉。『定』為歲、三合，為顯星，吉。又為地、官符、畜官，次凶。『執』為四利之死符，又為小耗，凶。『破』為歲破，為大耗，大凶。『危』為極富星，為谷將星，為四利龍德，吉。『成』為三合，吉；又為飛廉，又為四利、白虎，小凶。『收』為四利福德，小吉；又為八座，小凶。『開』為青龍、太陰，為生氣、華蓋、上吉；又為四利弔客，小凶。『閉』為病符，凶。平成開危最吉。定除次吉，破大凶。」

《十二星斷詩》說：「建宜出行收嫁娶，定宜冠帶滿修倉，破除療病執宜捕，危本安床弊葬良，成開所作成而吉，平乃作事總平常。」

(一)、建日

建日只宜行嫁、謁貴、上書吉。建日忌結婚姻、開倉庫。男為日，女為月，夫建者，月也，女壯之象，故忌之；至於忌開倉庫，猶如甲不開倉，厭惡於月建初轉之時，即有所費。又建日雖非四時之大時，亦一月之間小利之時，吉多可用。兵福利於行師，

但敵在建方，則不利行師。

　　宜施恩封拜、詔命公卿、招賢、舉正直、行幸遣使、上官赴任、臨政親民。與天恩併，宜頒詔、宣政事。又為兵福，宜安撫邊境、選將訓兵、出師。忌祈福、求嗣、上冊進表章、結婚姻、納采問名、解除、整容、剃頭、整手足甲、求醫療病、營建宮室、修宮室、繕城郭、興造動土、豎柱上樑、修倉庫、出貨財、修置產室、破屋壞垣、伐木、栽種、破土」安葬、啟攢。正月建日，又忌出師。又為土府，專忌營建宮室、修宮室、繕城郭、築隄防、興造動土、修倉庫、修置產室、開渠穿井、安碓磑、補垣、修補垣牆、平治道塗、破屋壞垣、栽種、破土。與天德、月德、天德合、月德合、天赦、四相併（天願不得與月健併），只忌營建宮室、修宮室、繕城郭、築隄防、興造動土、修倉庫、修治產室、開渠穿井、安碓磑、補垣、修飾牆垣、平治道塗、破屋壞垣、伐木、栽種、破土，餘皆不忌。

（二）、除日

　　<u>按除者，乃除舊生新之象</u>。除日在建日之後，即丑月寅日，寅月卯日等，有除舊布新之意義。《總要歷》言：「吉期者，吉慶之神也。所值之日，宜出軍行師，攻城寨興弔伐，會親姻。」

　　宜除福、療病、斷邪、塞鼠穴、出行、嫁娶亦吉。埋葬修造，遇吉宿好上加好，生旺亦吉，又曰：「<u>最忌嫁娶埋葬，凡求官、上任、經營、移徙、出行、并起動土俱忌</u>」。

　　宜解除、沐浴、整容、剃頭、整手足甲、求醫療病、掃舍宇。又為吉期，宜施恩封拜、舉正直、行幸遣使、上官赴任、臨政親

民。十月與天馬併，宜詔命公卿、招賢。（驛馬不得與吉期併。）
又為兵寶，宜安撫邊境、選將訓兵、出師。

（三）、滿日

本月支順行第三支，如子月寅日、丑月卯日等。《總要歷》
言：「福德者，月中福德之神也，其日宜祀神祇，求福願，修宮
室，獻封章。」滿日小凶是因為與破日、開日成三合。宜掃舍、
修置產室、牧養、裁衣、經絡、出行、栽植、移花接木、入倉開
庫、店市求財、祭祀祈福、合帳、塞鼠穴、修飾舍宇。

忌動土服藥。孟月忌經商興販、移徙造宅。宜進人口、裁製、
修倉庫、經絡、開市、立券交易、納財、開倉庫、出貨財、補垣
塞穴。又為天巫，宜祭祀祈福。又為福德，宜上冊進表章、慶賜、
賞賀、宴會、修宮室、繕城郭，忌施恩封拜、詔命公卿、招賢、
舉正直、上官赴任、臨政親民、結婚姻、納采問名、求醫療病。
寅申月值守日，子午卯酉月值相日，與月德合、天德合、月德、
月恩、四相併（天赦天願不得與滿日併），則不忌。

（四）、平日

宜修飾垣牆、平治道塗。義取諸平。忌祈福求嗣、上冊進表
章、頒詔、施恩封拜、詔命公卿、招賢、舉正直、宣布政事、慶
賜、賞賀、宴會、冠帶、行幸遣使、安撫邊境、選將訓兵、出師、
上官赴任、臨政親民、結婚姻、納采問名、嫁娶、進人口、搬移』
安床、解除、求醫療病、裁製、營建宮室、修宮室、繕城郭、築
隄防、興造動土、豎柱上樑、修倉庫、鼓鑄、經絡、醞釀、開市、
立券交易、納財、開倉庫、出貨財、修置產室、開渠穿井、栽種、

牧養、納畜、破土、安葬、啟攢。只不忌祭祀、覃恩肆赦、施恩惠、恤孤惸、行惠愛、雪冤枉、緩刑獄、入學、沐浴、整容、剃頭、整手足甲、安碓磑、補垣塞穴、掃舍宇、修飾垣牆、平治道塗、破屋壞垣、伐木、捕捉、畋獵取魚。

（五）、定日

詩曰：「定可冠帶及安床，餘作雖為事不良。招惹官非名死氣，縱逢吉曜也平常。造葬若逢此定日，好事生來卻有妨。」按定者，死氣也。忌做六畜欄、經商、出行、移徙、入宅、詞訟、見官俱凶，只宜冠笄、安床、嫁娶、上任、求官。若造葬，縱得寶義專日及合日月水宿，福不周全也。《鰲頭》、《象吉》宜忌註：「宜入學、祈福、祭祀、裁衣、結婚姻、納采、問名、求嗣、牧養、安置碓磑、冠帶、交易。忌詞訟、出行、栽種。」宜運謀算、畫計策。

（六）、執日

按執乃固執之義，亦曰執持操守之義也。又有威儀權勢，宜捕賊擒兇，此執日宜逢。宜祈福、祭祀、納表、進章、求嗣、畋獵、捕捉、取魚、結婚、立契券。忌入宅、移居、出行遠回、開倉入庫、出納貨財、新船下水、修造六畜欄枋。霜降後立春前，宜畋獵。雨水後立夏前，宜取魚。義取諸執且順時也。

（七）、破日

按破者，剛旺破敗之義，百事俱忌，婚姻不諧。宜求醫療病、破屋壞垣。義取諸破。忌祈福、求嗣、上冊進表章、頒詔、施恩封拜、詔命公卿、招賢、舉正直、宣布政事、慶賜賞賀、宴會、冠帶、

行幸遣使、安撫邊境、選將訓兵、出師、上官赴任、臨政親民、結婚姻、納采問名、嫁娶、進人口、搬移、安床、整容、剃頭、整手足甲、裁製、營建宮室、修宮室、繕城郭、築隄防、興造動土、豎柱上樑、修倉庫、鼓鑄、經絡、醞釀、開市、立券交易、納財、開倉庫、出貨財、修置產室、開渠穿井、安碓磑、補垣塞穴、伐木、栽種、牧養、納畜、破土、安葬、啟攢。又為大耗、忌修倉庫、開市、立券交易、納財、開倉庫、出貨財。與天德、月德、天德合、月德合併（天赦、天願不得與月破併）猶忌。

只不忌祭祀、覃恩肆赦、施恩惠、恤孤孤惸、行惠愛、雪冤枉、緩刑獄、入學、解除、沐浴、求醫療病、掃舍宇、平治道塗、破屋壞垣、捕捉、畋獵、取魚。子午月值災煞，未申月值月刑，與月德、天德合、月德合併，不忌祭祀、覃恩、肆赦等事，仍忌解除、求醫療病、破屋壞垣。不與德合併，諸事皆忌。卯酉月值災煞，又值月厭，雖與德合併，仍諸事皆忌。

（八）、危日

按危者，乃危險之義，高大之象，荒唐之謂。最忌登高、履險、行船。若履險峻淵深之地，必有阻抑作驚之事。若遇寶義專日及好宿，最宜與人交關，全得利益，經營求官，謀為百事俱吉。惟造葬嫁娶俱凶，但安床可也。《鰲頭》、《象吉》宜忌註：「宜祭祀祈福、納表進章、結婚姻、納采問名、捕捉、畋獵、取魚、安床、交易立券。忌登高履險、入山伐木、行船裝載。」

《協紀》宜忌註：「宜安撫邊境、選將訓兵、安床。立冬後立春前，霜降後立春前，宜畋獵，與水後立夏前，宜取魚。」《協紀》說明宜忌取捨說：「按危日取安為義，故宜安床。然安不忘

危,則莫大於安撫訓練之事。伐木、畋獵、取魚,則以陰過盛而物當殺也,各以其節氣者,順時也。」

(九)、成日

按成者,結果成就之義,凡為百事,只有成就之機。但主先難後易,終有和合之義。若遇日吉宿好,百為俱吉。造葬出貴,嫁娶生貴子,求名利遂意,皆成就。若事已成,不必再謀更移,別結冤仇,亦不必謀為去裁也。《鰲頭》、《象吉》宜忌註:「宜祭祀祈福、入學、裁衣、結婚、納采、嫁娶、納表章、解安宅舍、牧養、安碓磑、交易立券、求醫、修產室、移花接木、出行遠回、移徙、冠帶、納畜。忌詞訟。」

《協紀》宜忌註:「宜入學、安撫邊境、搬移、築隄防、開市。又為天喜,宜施恩封拜、舉正直、慶賜賞賀、宴會、行幸遣使、上官赴任、臨政親民、結婚姻、納采問名、嫁娶,五月與天馬併,宜詔命公卿、招賢。(驛馬不得與天喜併。)又為天醫,宜求醫療病。」

(十)、收日

按收者,收天下之溟也。收成之義,又為納藏之象。此日遇寶義專日及好宿,最宜娶妻,定生貴子。葬必出貴。及經商、出行、移徙,俱得利益。買賣金銀財物,收貯于箱,及收買田地屋宇,納財取債,諸事吉利。入學、捕捉、畋獵、收置倉廠等件。若此收日,縱合寶義專日及好宿,亦不宜架造,蓋陽宅宜顯,陰宅要收藏也。《鰲頭》、《象吉》宜忌註:「宜捕捉畋獵、收斂財貨、修置產室、種植、移花接木、祭祀、入學、嫁娶、修倉、捕魚、

納畜、納財取債。忌造宅、安葬、喪事、出行、針刺經絡。」

《協紀》宜忌註:「宜進人口、納財、捕捉、納畜。霜降後立春前,宜畋獵。雨水後立夏前,宜取魚。與月恩四相時德併,宜修倉庫。忌祈福求嗣、上冊進表章、頒詔、施恩封拜、詔命公卿、招賢、舉正直、宣布政事、慶賜賞賀、宴會、冠帶、行幸遣使、安撫邊境、選將訓兵、出師、上官赴任、臨政親民、結婚姻、納采問名、嫁娶、搬移、安床、解除、求醫療病、裁製、營建宮室、修宮室、繕城郭、築隄防、興造動土、豎柱上樑、鼓鑄、經絡、醞釀、開市、立券交易、開倉庫、出貨財、修置產室、開渠穿井、破土、安葬、啟攢。只不忌祭祀、覃恩、肆赦、施恩惠、恤孤惸、行惠愛、雪冤枉、緩刑獄、入學、進人口、沐浴、整容、剃頭、整手足甲、修倉庫、納財、安碓磑、補垣塞穴、掃舍宇、修飾垣牆、平治道塗、破屋壞垣、伐木、捕捉、畋獵、取魚、栽種、牧養、納畜。」

按收日為月建陽氣既盡之地,故所忌與平日,不忌進人口、修倉庫、納財、納畜者,收日之所宜也。不忌栽種、牧養者,平在定錢,定為死氣,平為死神,收在開前,開為生氣,收已有生意,故雖不宜,而亦不忌也。然收日陽氣之盡,其義亦與平日同,故其宜忌取舍,亦略如平日之例。

(十一)、開日

按開者,乃天開也,係生旡之位,最宜架造,主生貴子。開門放水嫁娶移徙出行求財等事,宜用開日。如遇太陽登垣駕之日,主生貴子福祿至。獨埋葬主大災禍,極凶,切不可用。按開日一陽始生,故又為時陽,又為生氣,其日最吉。忌伐木漁獵者,恐

傷生氣也。忌葬者，從俗也。

　　《協紀》宜忌註：「宜祭祀祈福、求嗣、上冊進表章、頒詔、覃恩肆赦、施恩封拜、詔命公卿、招賢、舉正直、施恩惠、恤孤惸、宣政事、行惠愛、雪冤枉、緩刑獄、慶賜賞賀、宴會、入學、行幸遣使、上官赴任、臨政親民、搬移、解除、求醫療病、裁製、修宮室、繕城郭、興造動土、豎柱上樑、開市、修置產室、開渠穿井、安碓磑、栽種、牧養。忌伐木、畋獵、取魚、破土、安葬、啟攢。」

（十二）、閉日

　　按閉者，堅固之意也。最宜埋葬，主得富貴大吉。收金藏寶，不被盜賊偷劫。造六畜欄枋，合帳帷，塞路斷蟻鼠穴，修築牆垣作廁等件。忌醫目、針灸、上任、經商、移出，諸事不宜。又忌架造屋宇，如遇坐牢，閉而不通，定主暗禍。此日娶婦，主本婦靜守不妄動，閨門端正名譽好也。

　　宜築隄防、補垣塞穴。義取諸閉。忌上冊進表章、頒詔、施恩封拜、詔命公卿、招賢、舉正直、宣布政事、慶賜賞賀、宴會、行幸遣使、出師、上官赴任、臨政親民、結婚姻、納采問名、嫁娶、進人口、搬移、安床、求醫療病、療目、營建宮室、修宮室、興造動土、豎柱上樑、開市、開倉庫、出貨財、修置產室、開渠穿井。又為血支，專忌針刺。

　　關於建除十二神，信發堂《廖淵用通書便覽》扼要說明：「建宜出行除療病。滿宜倉庫及池塘。平宜道塗併泥飾。定宜冠帶喜非常。執宜捕捉及漁獵。破宜治病壞牆垣。危宜安床忌履險。成

日百事總禎祥。收宜嫁娶併財貨。開為百吉葬招殃。閉宜合帳並
纏足。埋葬塞穴築隄牆。」

二十七、認識基本神煞

　　年神煞，以太歲最重要，及其隨從太歲之神煞，例如：歲德、
歲德合、歲枝德、歲祿、歲馬、陽貴、陰貴、奏書、博士、三元
紫白等。其他其餘瑣碎怪異之神煞。概置不論。例如蓋山黃道、
通天竅、走馬六壬、四利三元等與歲德、歲德合大同小異。年神
煞應專注對於太歲、歲破、劫煞、災煞、歲煞、伏兵、大禍、五
黃、戊己都天、力士等。其餘尚可制化而不論。歲神不外從流年
干支而起，或順行，或逆行或起三合；或從納甲；或從歲納音；
或從三元而起。

　　所謂月神煞，指某月在某日等。月神煞則有天德、月德、天
德合、月德合、月空、月恩、月建、月厭(地火)、厭對(六儀)、陰
陽不將、天赦、天願、母倉、四相、時德、王官守相民日、四擊、
九空、五墓、四耗四廢四忌四窮、九坎、五虛、三合、驛馬(天
后)、劫煞、災煞、月煞、月刑、月害、大時、遊禍、天吏、六合、
五富、天倉、天賊、要安等。

　　至於日家吉凶神，時家吉凶神，各家通書都有記載，例如《廖
淵用通書遍覽》庚子年日家吉/凶神析義在特八十二頁，吉神例
如有：歲德、歲德合、天赦、天願、益後、續世、天貴、天喜、
天馬、三合、六合、要安、神在、明星、驛馬、月財、吉慶、幽
微、鳴吠、不守塚、顯曲傅星、四離日、四絕日、氣往亡等。凶
神例如有：月破大耗、四離四絕、二往亡日、橫天朱雀、天地轉
殺、天地凶敗、天地二賊、瘟星出入、翻弓人隔、土公忌葬、上

尢不舉、真滅沒、倒家殺、長短星、血支忌、正八座、歸忌、瓦碎、地囊、上朔、臥尸、財離、刀砧、五離、驚走、地火等。其中最為醒目者為月破日,例如寅月申日,卯月酉日,辰月戌日等。

年之善,不如月之善;月之善,不如日之善;日之善,不如時之善。時神有從日干起,例如日祿(甲寅日丙寅時)、日貴(甲子日乙丑時)、福星貴人(甲子日丙寅時)、五不遇時(甲寅日庚午時)、路空(甲子日壬申時)等。從日支起,例如日建、日破、日害、日刑、黃黑道等。隨月將或時柱干支等,例如四大吉時、貴人登天時、九醜時等。時家吉/凶神析義在《廖淵用通書》三十八頁,吉神例如有:太陽天赦、天官貴人、祿元馬元、長生帝旺(甲寅日乙亥時)、傳送功曹、貪狼武曲等。凶神例如有:日時相沖(甲辰日甲戌時)、截路空亡、天兵地兵、白虎朱雀、大退時、六戊時、五不遇時等。

(一)、年神煞吉凶

歲德

天神中最有力的年神,<u>所在之方,萬福咸集,眾殃自避,諸事皆宜</u>。陽干之年與本年干同干之位。例如庚子年在六庚日即是歲德日或壬午年在壬山修作、動土時,歲德到壬方,修之大吉。

歲德合

陽干之年,自本年順屬第六干位,甲年在己;陰干之年則是同干之位,乙年在乙等。因此庚子年必然以乙年為歲德合。<u>歲德合,萬事均吉,陰干適合內事</u>,例如嫁娶、安香等。

太歲

與本年支相同地支,謂之太歲,地神中最有力的年神。即庚子年在子,辛丑年在丑。《協紀辨方書》云:「太歲、歲破不可犯。三煞猶可制化。況其他乎。可見真正凶煞。惟此數者而已。餘如陰府、年剋、打頭火、浮天空亡。協紀利用篇多非議之。不得謂為凶煞。故概置不論。其餘小煞更不足道也。」《通得類情》說:「造葬者,坐太歲極吉,向太歲極凶。然坐之有數端焉。一要太歲不疊戊己陰府、年剋歲刑、大殺金神(不忌安葬)等凶;二要八字與太歲一氣,或三合乃吉,若支沖干剋,則犯歲君而極凶;三要祿馬貴人、八節三奇、九紫三白到山;四要太陽太陰照臨,則發福大而且久。」不得已而修作與葬事則可矣,興造之事可緩議,不如勿犯。可坐不可向,說來簡單事實也不易,因為向太歲就是坐在歲破,而雖可坐太歲,然而子午卯酉年,太歲與大煞同位,三煞與歲破同到方,則坐之亦不吉。

歲破

也稱大耗。由本年支順數第七位,地神中最凶之神。如子年在午。其地不可興造,移徙,嫁娶,遠行,犯者主損財務及有害家長。《選擇求真》說:「歲破節太歲對沖之方,謂君臣比敵、一切造葬修營,皆大凶,例無制法,犯之主破敗。」大耗,虛耗之神,所理之地,不可營造倉庫納財物,犯之有寇賊驚恐之事。

大將軍

太歲神之從神,興造不可犯,有吉星一二,便可修動。《通德類情》說:「按四孟年,大將軍疊災殺最凶,雖有太陽到方,仍忌

之為是。」

奏書

《廣聖曆》說:「奏書者,歲之貴神也,掌奏記,主伺察所理之地,<u>宜祭祀祈福,營建宮室,修飾垣牆</u>。」可舉賢能,有益國事。

博士

博士居奏書對方,有<u>出納王命行政施惠</u>之象。掌天子明堂紀綱政治之神。

力士

天子之護衛羽林軍,歲之惡神,主刑威,掌殺戮,所居之方,<u>不宜抵向,犯之令人多瘟疾</u>。

蠶室

歲之凶神,主絲繭棉帛之事,所理之方<u>不可修動</u>,犯之蠶絲不收。

蠶官

歲中掌絲之神,所理之地,<u>忌營建宮室</u>,犯之蠶母多病,絲繭不收。

蠶命

掌蠶之命神,所理之地,<u>不可舉動百事,犯之傷蠶</u>。以上蠶室、蠶官、蠶命皆非凶殺,養育蠶者忌於其方修作而已。

喪門

喪門者，歲之凶神，與白虎對沖，主死喪哭泣之事，所理之地，不可興舉，犯之者，主盜賊、遺亡、死喪之事。

太陰

歲之凶神，又稱弔客。所理之地，主疾病，不可興修及問病、尋醫、弔孝、送喪。

官符

歲之凶神，歲破神之從神，主官府詞訟之事，所理之方，不可興造土工，否則獄訟。官符並非大凶或有紫白、太陽，或有天赦日可解。官符又稱畜官，歲中牧養之神，所理之方，忌造牛欄馬舍等。

白虎

歲破神之從神，主喪服之災，所理之地，不可興修。吉星照臨可用。

黃幡

兵亂之神，不可開門取土，嫁娶納財買賣，若有造作，主有損亡。

豹尾

與黃幡相對，按官符、弔客、白虎、喪門，取天月德到方可制。惟因辰戌丑未年，黃幡即是太歲，豹尾即是歲破，必不可犯。

病符

主災病。

死 符

一名小耗，歲之虛耗凶神，所理之方<u>不可營塚墓，運動出入，販賣經營造作</u>，置死喪，及有穿鑿，犯之主有傷亡虛驚。

劫 煞

主殺害，所理之方，<u>忌有興造</u>，外來之劫盜傷殺之事。

災 煞

主災病疾厄，所理之方，<u>不可抵向營造</u>，犯之主疾患。

歲 煞

歲煞之地，<u>不可穿鑿修營移徙</u>，犯之者，傷子孫六畜。劫煞、災煞、歲煞，合併稱三煞。三煞極猛，《宗鏡》說：占山造葬皆忌。惟占方可制而修也。制法有三，一要三合局以勝之(如在南方巳午未，則屬火，宜用申子辰三合水局)。二要三合得令之月，三煞休囚之月。三要本命祿馬貴人，及三奇紫白或日月以照臨之。小修則取月日之納音，剋三煞之納音，再得一二吉星到方可也。」

伏兵、大禍

夾處於三煞之間，例如申子辰煞在巳午未，丙丁則是伏兵大禍。所理之方，<u>忌出兵行師及修造</u>，犯之主有兵傷刑戮之疚。

歲 刑

歲刑之地，攻城戰陣，不可犯之，動土興工，亦須迴避，犯之多鬥爭。」辰、午、酉、亥，自刑之地，故歲刑即是太歲，未年與

申年的歲刑就是歲破,故開山立向修方皆忌,其餘之年只忌修方,取太陽六德化之,可用。

大煞

《曆例》說:「大煞者,歲中刺史也,主刑傷鬥殺之事,所理之地,<u>出軍不可向之,並忌修造</u>,犯者,主有刑殺。」

飛廉

《神樞經》說:「飛廉者,歲之廉察,使君之象,亦名大煞,所理之方,不可興工動土,移徙、嫁娶、犯之主官府口舌。疾病遺亡。」飛廉者,力士。與黃幡豹尾同,可有可無。

金神

《洪範篇》說:「金神者,太白之精,百獸之王,主兵戈、喪亂、水旱、瘟疫,所理之地,<u>忌築城池,建宮室、豎樓閣、廣園林、興工、上梁、出軍、征伐、遺徙、嫁娶、遠行、赴任</u>。若犯干神者,其忌尤甚。」《選擇宗鏡》說:「金神忌修方動土,犯之主目疾。蓋目屬肝,干屬木,金能剋木也。葬事不忌。制之以法,以火剋之而已。」

五鬼

《協紀辨方》說:「子午年與官符同位,丑未年與喪門同位,寅申年與太歲同位,卯酉年與太陰同位,辰戌年與白虎同位,巳亥年與歲破同位,各隨其所同位之神,以類相應。」

破敗五鬼

《乾坤寶典》說：「五鬼者，五行之精氣也。主虛耗之事，所理之方，<u>不可興舉</u>，犯之主財物耗散。」

歲祿、羊刃

甲年在寅，乙年在卯，丙戊年在巳，丁己年在午，庚年在申，辛年在酉，壬年在亥，癸年在子，謂之「歲祿」。歲祿前一位，謂之「羊刃」。《協紀辨方》：「歲祿者，歲干臨官方也。五行之性，臨官吉於帝旺，蓋臨官則方盛，而帝旺則太過矣。其地宜營宮室，築垣牆。」

天乙貴人

甲年在未，乙年在申，丙年在酉，丁年在亥，戊庚年在丑，己年在子，辛年在寅，壬年在卯，癸年在巳，謂之「陽貴人」。以甲年在丑，乙年在子，丙年在亥，丁年在酉，戊庚年在未，己年在申，辛年在午，壬年在巳，癸年在卯，謂之「陰貴人」。天乙得陰陽配合之和，故能為吉慶，可解凶厄，天乙貴人不居辰戌方。

陰府太歲

甲己年在艮巽方，乙庚年在兌乾方，丙辛年在坎坤方，丁壬年在乾離方，戊癸年在坤震方，謂之「正陰府」。以甲己之年在丙辛，乙庚年在丁壬方，丙辛年在戊癸方，丁壬年在甲己方，戊癸年在乙庚方，謂之「傍陰府」。<u>忌開山，營造修方不忌。</u>

浮天空亡

其例出於變卦納甲，乃絕命破軍之位；例如甲為乾所納，以乾為本宮卦，中爻變為離，離納壬，故甲年以離壬為破軍。《選擇宗鏡》說：「甲己辛年丙壬，乙庚戊年丁癸，丙癸年乙辛，丁壬年庚甲，山向並忌，止忌向而不忌山非是。」

巡山羅睺

子年在癸，丑年在艮，寅年在甲，卯年在乙，辰年在巽，巳年在丙，午年在丁，未年在坤，申年在庚，酉年在辛，戌年在乾，亥年在壬，謂之「巡山羅睺」。為歲前最接近之方位，<u>指忌立向，開山修方不忌</u>。《通德類情》說：「甲寅、庚申、辛巳、丁亥年，羅睺即歲德，乙卯、辛酉、戊子、壬午年，羅睺即歲德合，再擇天月德、天月德合同到，作向亦自無妨。」

坐煞向煞

寅午戌年在壬癸方，亥卯未年在庚辛方，申子辰年在丙丁方，巳酉丑年在甲乙方，謂之「坐煞」。寅午戌年在丙丁方，亥卯未年在甲乙方，申子辰年在壬癸方，巳酉丑年在庚辛方，謂之「向煞」。

天官符

申子辰年在亥方，巳酉丑年在申方，寅午戌年在巳方，亥卯未年在寅方，謂之「天官符」。天官符為太歲三合五行方旺之氣，例如申子辰屬水，臨官在亥，巳酉丑年屬金，金臨官在申等。修造避之，可取日月納音制之，或取三奇紫白，祿馬貴人二吉星到方，即可修造。

炙退

申子辰年在卯方，巳酉丑年在子方，寅午戌年在酉方，亥卯未年在午方，謂之「炙退」。即十二生旺庫之「死」位，乃太歲不足之氣，只忌修方。因休囚，故選擇旺相月令，或月日時一氣，或月日時三合來修補；有命祿、歲祿，天干堆祿均可用。若修山、修向亦可仿此。

歲馬（驛馬）

寅午戌在申方，亥卯未在巳方，申子辰在寅方，巳酉丑在亥方，謂之「歲馬」，從年支取。驛馬，不安其居，又稱「天后」，居於「病」位，絕處逢生之意。寅為水病，巳為木病，申為火病，亥為金病。

獨火、丙丁獨火

子年在艮方，丑寅年在震方，卯年在坎方，辰巳年在巽方，午年在兌方，未申年在離方，酉年在坤方，戌亥年在乾方，謂之「獨火」。甲己年在子寅方，乙庚年在戌方，丙丁年在申方，丁壬年在午方，戊癸年在辰方，謂之「丙獨火」。甲己年在丑卯方，乙庚年在亥方，丙辛年在酉方，丁壬年在未方，戊癸年在巳方，謂之「丁獨火」。獨火，一名飛禍，又名六害，修營動土犯之，主災，埋葬不忌。《通德類情》說：「按丙丁，火位也，忌修造，然必與年家大煞、朱雀、獨火，或月家飛大煞、飛丙丁，月遊火會合方忌。不會不忌。如與諸火會合，或遇一白水星同到，及冬令申子辰水局，作之亦不忌。」

三元紫白

一百八十年為一周，謂之「三元」。前六十年為上元，中六十年為中元，後六十年為下元。從上元甲子年，中宮起一白，乙丑年起九紫，丙寅年中宮起八白，依此順飛，每年遞退一位。中元甲子年，中宮起四綠。下元甲子年，中宮起七赤。以一白、六白、八白、九紫之方位為吉，稱「三元紫白」。《黃帝遁甲經》說：「三元者，起於九宮也。以休門為一白，死門為二黑，傷門為三碧，杜門為四綠，中宮為五黃，開門為六白，驚門為七赤，生門為八白，景門為九紫。」休、主、景、開為吉。《通德類情》說：「如其方遇紫白飛到則吉，如遇五黃飛到，又疊戊己，動土修營犯之，主災。」《宗鏡》說：「年家九星，固以紫白為吉，然須明其衰旺，如一白冬旺，六白秋旺，九紫夏旺，八白四季旺是也。識其沖伏，如一白到坎，六白到乾，八白到艮，九紫到離為伏；一白到離，六白到巽，八白到坤，九紫到坎為沖是也。辯其宜忌，如作木山，宜一白而忌六白；作金山，宜八白而忌九紫；作水山，宜六白而忌八白是也。」紫白到山，雖太歲坐山，太歲衝命，均可動土、破土。紫白所到之方，不避宅長一切凶年。但若與歲破、劫煞、災煞、歲煞、伏兵、大禍同臨，仍論凶。

年剋山家

乃年家納音，剋坐山墓運之納音。《協紀》說：「墓龍者，本山龍洪範五行之墓庫。變運者，本墓庫之納音隨歲運而變者也。」《通書大全》說：「本年二十四山墓龍變運，某山運為年月納音所剋，即為年月剋某山。惟新建宅舍、新立墳塋論之。若拆修豎造，不動地基，及舊塋附葬者，皆不論。」

羅天大退

甲年在坎方，乙年在震方，丙丁年在艮方，戊己年在坤方，庚辛年在巽方，壬癸年在兌方，謂之「羅天大退」。《協紀》認為無道理不用。《通得類情》說：「按《通書》云：『羅天大退方，不宜修動，主家業退敗。』然觀其例，既不用九宮法，又不用十干法，全數義理，則無實在退敗可知。今人興修者，雖不以此為忌，而《通書》猶載其例，則術家借為漁利之途。」

戊己都天、夾殺都天

甲己年在辰方，乙庚年在子寅方，丙辛年在戌方，丁壬年在申方，戊癸年在午方，謂之「戊都天」。甲己年在巳方，乙庚年在丑卯方，丙辛年在亥方，丁壬年在酉方，戊癸年在未方，，謂之「己都天」，並稱為「戊己都天殺」。甲己年在巽方，乙庚年在甲癸方，丙辛年在乾方，丁壬年在坤方，戊癸年在丁方，謂之「夾殺都天」，簡稱「夾都」，以其位於戊己都天之間。《通德類情》說：「按戊己屬土，與大小月建併忌動土，猶土王用事後忌動土之義。或疊年月家五黃尤凶。若入中宮，則中宮為戊己本家，再見五黃，其凶立見。」《宗鏡》說：「戊己二殺，其性頑鈍，其力勇猛，補之故起，剋之亦起。惟戊癸年戊為歲德，甲己年己為歲德合，可以化之，不作凶論。餘年到方，不宜開山立向修方。若疊太歲，名『堆黃殺』，凶不可制，或與五黃及大小月建併，亦然。」

戊己都天疊太歲，凶不可制，凡修造、葬埋切不可犯。戊癸年戊為歲德；甲己年己為歲德合，可以制化，不作凶論。戊己都天與年三元九星五黃併，為害尤甚。戊己都天如不疊太歲，不併五黃，即為次凶；不論到山、到向、到方，得紫白、歲德、歲德合、陽

貴、陰貴、歲祿，有解雖可用，然必須慎重。

（二）、月神煞吉凶

　　月神煞吉利者例如，天道、天德、天德合、月德、月德合、月空、陽貴人、陰貴人、飛天祿、飛天馬、月三元紫白、八節三奇等。開山、立向、修方能化解惡煞，利於興作。月神煞不利者有，月建、月破、月厭、月刑、月害、劫煞、災煞、月煞、坐煞、孟仲季之五黃等，皆不宜到山、立向、修方。若遇值年大凶煞，更不宜用事。至於嫁娶無須擇月。

　　月家劫煞、災煞、月煞，與年家劫煞、災煞、歲煞，三煞相同。例如庚子年，坐東動土吉課在辛巳月、乙酉月、己丑月，視為月三殺。坐西動土吉課在己卯月、癸未月、丁亥月，視為月三殺。坐北動土吉課在戊寅月、壬午月、丙戌月，視為月三殺。因為年三殺的原因，例如庚子年動土吉課，基於申子辰殺在南，所以坐南的動土吉課，一般是不出現在該年通書中。月家坐煞方，與年家伏兵、大禍相同，因為年凶神伏兵與大禍，夾處在三煞之間，所理之方，忌出兵行師即修造。

　　月破是與歲破相同的凶神，月破所臨之方修造葬埋，切不宜犯。月建雖然是凶煞，但因太歲可坐，同理，月建也可坐，唯慎須吉神輔祐得法。至於月厭、月刑、月害等並不大凶，有吉祥物神煞制化，並無妨礙。

　　凡是戊己都天與月建併，戊己都天與月五黃併，月五黃與月建併等，用之於造葬大事，凶不可制。將上述凶神整合，以庚子年為例：午山值歲破，巳山值劫煞，午山歲破值災煞，未山值歲

煞，丙山值伏兵，丁山值大禍，庚年戊都天在寅、子，己都天在卯、丑，正月寅山、十一月子山、二月卯山、十二月丑山，均不宜造葬，月家吉神同臨仍不可用。假設計算庚子年正月戊寅的凶神，則是寅午戌月殺在北；亥山值劫煞，子山值災煞，丑山值月煞，壬山值坐煞，癸山值坐煞，縱然吉神到方同臨，例無化解，造葬不用，兼山一併如此。

天道、天德

古曆以正月、九月在南方，二月在西南方，三月、七月在北方，四月、十二月在西方，五月在西北方，六月、十月在東方，八月在東北方，十一月在東南方，謂之「天道」。正月丁方或丁日，二月坤方，三月壬方或壬日，四月辛方或辛日，五月乾方，六月甲方或甲日，七月癸方或癸日，八月艮方，九月丙方或丙日，十月乙方或乙日，十一月巽方，十二月庚方或庚日，謂之「天德」。《乾坤寶典》說：「天道者，天之元陽順理之方也，<u>其地宜興舉眾務，向之上吉</u>。」

《考原》說：「按天道者，天德所在之方也。」《乾坤寶典》說：「天德者，天之福德也，所理之方，所值之日，可以興土功營宮室。」「天德者，三合之氣也。如正、五、九月建寅午戌，合火局，故以火為德，二、六、十月建卯未亥，合木局，故以木為德。」《協紀》又說：「又按<u>天道即是天德。專言其方，則曰「天德」</u>，<u>其實一也</u>。」

月德

古曆以正、五、九月在丙方或丙日，二、六、十月在甲方或甲日，

三、七、十一月在壬方或壬日,四、八、十二月在庚方或庚日,謂之「月德」。《天寶曆》說:「月德者,月之德神也。取土修營宜向其方,宴樂上官利用其日。」以三合五行,陽干為德。假令寅午戌三合為火,以丙為德是,各求自旺之幹為應助也。餘仿此。

天德合

古曆以正月壬方或壬日,三月丁方或丁日,四月丙方或丙日,六月己方或己日,七月戊方或戊日,九月辛方或辛日,十月庚方或庚日,十二月乙方或乙日,謂之「天德合」。四仲之月,天德居四維,故無合也。《天寶曆》說:「天德合者,合德之神也。所理之方,宜營構宮室 修築城垣。所值之日,宜覃恩肆赦、命將出師、禱禮山川、祈請福願。」

月德合

古曆以正、五、九月在辛方或辛日,二、六、十月在己方或己日,三、七、十一月丁方或丁日,四、八、十二月在乙方或乙日,謂之「月德合」。《五行論》說:「月德合者,五行之精,扶會為合也。所理之地,眾惡皆消。所值之日,百福並集。利以出師命將,上冊受封、祠祀星辰、營建宮室。」

月空

古曆以寅、午、戌月在壬方或壬日,亥卯為月在庚方或庚日,申、子、辰月在丙方或丙日,巳、酉、丑月在甲方或甲日,謂之「月空」。為月空之神,無甚作用。《天寶曆》說:「月中之陽辰也,所理之日,宜設籌謀陳對策。」宜上書陳言,故天空即奏書也,此對月德之神,亦名之以空而日月空,故利於上表章也。

月恩

古曆以之正月丙，二月丁，三月庚，四月己，五月戊，六月辛，七月壬，八月癸，九月庚，十月乙，十一月甲，十二月辛，謂之「月恩」，或「月恩方」。《五行論》說：「月恩者，陽建所生之干也。子母相從，謂之月恩。其月宜營造、婚姻、移徙、祭祀、上官、納財。」《協紀辨方》說：「按月恩者，母倉之對待也，母倉為義父，月恩為寶父。生令神之神，母倉也，有恩於本令者也。月神所生之神，月恩也，有恩於彼神者也。母倉為本月之母，本月為月恩之母，寅生丙即甲生丙也，卯生丁即乙生丁也，辰戌生庚即戊生庚也。子平家謂之食神，寅卯辰猶母也，丙丁庚猶男子也從地支以生天干，猶母之生子也。故結婚姻則宜子，營造上官，無所不宜。」

月建

古曆以與本月之同之的方向或日子，謂之「月建」。如正月在寅方或寅日，二月在卯方或卯日，三月在辰方或辰日是。《天寶曆》說：「月建者，陽建之神也，所理之方，戰鬥攻伐宜背之，不可抵向；所值之日，宜建封視事，不宜興造土宮結親禮。」不可興造動土營作者，因為月建正當旺勢，不可觸犯。其不可結親禮者，是月陽建此時陽氣旺，陰在建日氣消之時辰，親禮之道，宜陰陽相合，若氣偏則不宜婚配。

月厭（地火）

古曆以正月在戌方或戌日，二月在酉方或酉日，三月在申方或申日，四月未方或未日，五月午方或午日，六月在巳方或巳日，七

月辰方或辰日，八月卯方或卯日，九月在寅方或寅日，十月丑方或丑日，十一月在子方或子日，十二月在亥方或亥日，謂之「月厭」。《歷例》說：「月厭者，正月在戌，逆行十二辰。」《天寶曆》說：「月厭者，陰建之辰也，所理之方，可以禳災祈福避病；所值之日，忌遠行、歸家、移徙、婚嫁。」堪輿家言厭建，叢辰家言地火。地火即是月厭。《神樞經》說：「地火者，月中兇神也，其日忌修築園圃、栽植種蒔。」

厭對（六儀）

古曆以正月在辰方或辰日，二月自卯方或卯日，三月在寅方或寅日，四月在丑方或丑日，五月在子方或子日，六月在亥方或亥日，七月在戌方或戌日，八月在酉方或酉日，九月在申方或申日，十月在未方或未日，十一月在午方或午日，十二月在巳方或巳日，謂之「厭對」，又謂之「六儀」。《天寶曆》說：「厭對者，月厭所衝之辰也，其日忌嫁娶，又為「招搖」，忌乘船渡水。」《神樞經》說：「六儀者，月中吉神也，所值之日，宜牧養生財、栽種樹木、結親納禮、視事臨官。」曹震圭說：「六儀者，月中正禮儀之神也，月厭主暗昧，六儀與之敵衝，以威厲之，使不敢妄失儀容也，故以名之。」

陰陽不將

簡稱「不將」。《協紀辨方》說：「按陰陽不將者，乃堪輿家之吉日，凡事可用，非僅施之嫁娶也。惟六月戊午為「逐陣」，不可用。今世所傳，祇曰嫁娶吉，而又不明歲前歲後之義，且于天子皇后卿士庶民用日妄說，亦覺得支離而難通，遂將「大會」等日一並廢棄而不用，不知此法最古，其於陰陽之義，亦最微妙縝密，

良不可忽也。」

天赦

古曆以正、二、三月戊寅日，四、五、六月甲午日，七、八、九月戊申日，十、十一、十二月甲子日，謂之「天赦」。「春戊寅，夏甲午，秋戊申，冬甲子是也。」《天寶曆》說：「天赦者，赦過宥罪之辰也，天之生育甲與戊，地之成立子午寅申，故以甲戊配成天赦，其日可以<u>緩刑獄，雪冤枉，施恩惠</u>，若與德神會合，<u>尤宜興造</u>。」《協紀辨方》說：「按「曆神原始」曰：「天有五緯，歲星為仁，而甲應之；鎮星為德，而戊應之；仁德之神，莫甲戊若也。」《史記‧天官書》以木土為吉星，又道家以甲戊日為祈禳所宜，<u>天赦與天恩，義相似</u>，必天恩之日乃可施恩，天赦之日乃可赦罪，則亦拘論也。」

天願

古曆以正月乙亥日，二月甲戌日，三月乙酉日，四月甲子日，五月丁未日，六月戊午日，七月己巳日，八月庚辰日，九月辛卯日，十月壬寅日，十一月癸丑日，十二月甲子日，謂之「天願」。《總要曆》說：「天願者，月中喜神也，所值之日，<u>宜嫁娶納財，敦睦親族</u>。」

母倉

古曆以正、二、三月為亥子日，四、五、六月為寅卯日，七、八、九月為辰戌丑末日，十、十一、十二月申酉日，三、六、九十二月土王後加巳午日，謂之「母倉」。《天寶曆》說：「母倉者，五行為當王生者為母倉，如遇土王後則乙巳午為之。其日<u>宜養育群</u>

畜，栽植種蒔。」《協紀辨方》說：「按母倉者，種植、畜牧、納等事之吉辰也。春木以亥子為母，木者亥子所生，水至木成，則休矣，母老待養於子也，故以倉為名。又木生於水，木之所以能旺於春者，由水生之，則木固由水而得養也，故以母為名。」

四相

古曆以正、二、三月丙丁日，四、五、六月戊己日，七、八、九月壬癸日，十、十一、十二月甲乙日，謂之「四相」。《總要曆》說：「四相者，四時王相之辰也，其日修營起土、養育生財、栽植種蒔、移徙遠行。」曹震圭說：「四相者，養育之道，母生子也。春木王生丙丁，夏火王生戊己，秋金王生壬癸，冬水王生甲乙，惟庚辛者金也，能殺萬物，故不用。」

時德（又名四時天德）

古曆以正、二、三月午日，四、五、六月辰日，七、八、九月子日，十、十一、十二月寅日，謂之「時德」，又名「四時天德」。《總要曆》說：「四時天德者，四序中德神也。其日宜慶賜宴樂，拜官賞賀。」曹震圭說：「子寅辰午，乃東方生育之陽辰，故用事吉也。申戌者，西方之殺氣，故不可用也。各以四時所生之陽辰為之，是我生者為德也，亦名時德。按時德與四相同義。春木生午火，夏木生辰土，秋金生子水，冬水生寅木也。四相取天干，時德取地支。」

王日、官日、守日、相日、民日

古曆以春季(一、二、三月)寅日，夏季(四、五、六月)巳日，秋季(七、八、九月)申日，冬季(十、十一、十二月)亥日，謂之「王日」。

春季卯日，夏季午日，秋季酉日，冬季子日，謂之「官日」。春季辰日，夏季未日，秋季戌日，冬季丑日，謂之「相日」。春季巳日，夏季酉日，秋季子日，冬季卯日，謂之「民日」。《壇經》說：「王官相民守日者，皆月內視事之吉辰也，所值之日，<u>遣命將登壇，襲爵受封，上官赴任，臨政親民。</u>」

四擊

古曆以春季戌日，夏季丑日，秋季辰日，冬季未日，謂之「四擊」。《考原》說：「四擊者，四十所衝之墓辰也。如春，月建寅卯辰，與戌衝，故戌為四擊也，餘仿此。」《協紀辨方》說：「按四季以土旺為首日，四擊其衝也，春土旺於辰，而戌擊之，夏土旺於未，而丑擊之，秋冬亦然，故其日<u>忌出軍防邊等事</u>。」

九空

古曆以正、五、九月在辰日，二、六、十月在丑日，三、七、十一月在戌日，四、八、十二月在未日，謂之「九空」。《廣聖曆》說：「九空者，月內殺神也，其日<u>忌修造倉庫，出入貨財</u>。」「九空者，墓庫破散之神也，庫破則空，衝則散。假令寅午戌月，火庫在戌，辰則能衝散也。」

五墓

古曆以正、二月在乙未日，四、五月在丙戌日，七、八月在辛丑日，十、十一月在壬辰日，四季月(三、六、九、十二月)在戊辰日，謂之「五墓」。《廣聖曆》說：「五墓者，四旺之墓辰也，其日<u>忌營造起土、嫁娶、出軍</u>。」曹震圭說：「五墓者，五行旺干自臨墓辰也。十干者，身之象，若營造起土，似臨於

無氣之位也，故忌之。假如正、二月木旺，木墓於未，加以乙未，是自臨墓辰也。餘仿此。」

四耗、四廢、四忌、四窮

古曆以春季壬子日，夏季乙卯日，秋季戊午日，冬季辛酉日，謂之「四耗」，指該日配合該季，元氣被耗盡。春季庚申、辛酉日，夏季壬子、癸亥日，秋季甲寅、乙卯日，冬季丙午、丁巳日，謂之「四廢」，指該日坐在養、胎、絕之季節。春季甲子日，夏季丙子日，秋季庚子日，冬季壬子日，謂之「四忌」。指日主坐在旺月，地支起子。春季乙亥日，夏季丁亥日，秋季辛亥日，冬季癸亥日，謂之「四窮」。

四忌日合四窮日，又為「八龍」「七鳥」「九虎」「六蛇」，即春甲子、乙亥為八龍，夏丙子、丁亥為七鳥，秋庚子、辛亥為九虎，冬壬子、癸亥為六蛇。《總聖曆》說：「四耗者，謂四時休干臨分至之辰也。其日忌會親姻、出師、開倉庫、施債負。」蓋春木旺則水耗，夏火旺則木耗，秋金旺則火土耗，冬水旺，則金耗，故曰四耗。」

　　《廣聖曆》說：「四廢者，四時衰謝之辰也。其日忌出軍征伐，造設寅親，封建拜官，納財開市。」《蓬瀛經》說：「四廢者，是五行無氣，福德不臨之辰，百事忌用。」《神煞起例》：「四忌，春甲子，夏丙子，秋庚子，冬壬子，合四窮日，即為八龍、七鳥、九虎、六蛇。」《總要曆》說：「四窮者，謂亥為陰絕之辰，以四時旺干臨之，故曰四窮。所值之日，不可遠行、征伐、出納財物。」《總要曆》說：「八龍、七鳥、九虎、六蛇，其日皆不可迎婚嫁娶。」

九坎（九焦）

古曆以正月辰日，二月丑日，三月戌日，四月未日，五月卯日，六月子日，七月酉日，八月午日，九月寅日，十月亥日，十一月申日，十二月巳日，謂之「九坎」，或「九焦」。《廣聖曆》說：「九坎者，月中殺神也。其日忌乘船渡水，修堤防，築垣牆，苫蓋屋舍。……九焦者，月中殺神也，其日忌爐冶鑄造、種植、修築園圃。」

五虛

古曆以春季巳、酉、丑日，夏季申、子、辰日，秋季亥、卯、未日，冬季寅、午、戌日，謂之「五虛」。指三合五行坐在絕地。《樞要曆》說：「五虛者，四時絕辰也。其日忌開倉庫，營種蒔，出財寶，放債負。」

三合

古曆以正（寅）月在午、戌日，二（卯）月在未、亥日，三（辰）月在子、申日，四（巳）月在丑、酉日，五（午）月在寅、戌日，六（未）月在卯、亥日，七（申）月在子、辰日，八（酉）月在丑、巳日，九（戌）月在寅、午日，十（亥）月在卯、未日，十一（子）月在辰、申日，十二（丑）月在巳、酉日，謂之「三合」。其日宜結會姻親、和合、交易、修營起造、立木上樑。

驛馬（又名天后）

古曆以正、五、九月在申日，二、六、十月在巳日，三、七、十一月在寅日，四、八、十二月在亥日，謂之「驛馬」，又名「天

后」。《神樞經》說：「驛馬者，驛騎也。其日宜封贈官爵，詔命公卿，遠行赴任，移徙遷居。」《總要歷》說：「天后者，月中福神也。其日宜求醫療病，祈福禮神。」

劫煞

古曆以正、五、九月在亥日，二、六、十月在申日，三、七、十一月在巳日，四、八、十二月在寅時，謂之「劫煞」。《神樞經》說：「劫煞者，劫害之辰也。其日忌臨官視事，納禮成親，戰伐行軍，出入興販。」

災煞（天獄、天火）

古曆以正、五、九月在子日，二、六、十月在酉日，三、七、十一月在午日，四、八、十二月在卯日，謂之「災煞」，又名「天獄」「天火」。《神樞經》說：「天獄者，月中禁神也。其日忌獻封章，興詞訟，赴任，征討」。《玉帳》說：「天火者，月中兇神也。其日忌苫蓋、築壘、垣牆、振旅、興師、會親、娶婦。」按天獄天火實一神也，又天獄即災煞。

月煞（月虛）

古曆以正、五、九月在丑日，二、六、十月在戌日，三、七、十一月在未日，四、八、十二月在辰日，謂之「月煞」，又名「月虛」。《廣聖歷》說：「月煞者，月內之殺神也。其日忌停賓客，興穿掘營，種植，納群畜。」《樞要歷》說：「月虛者，月內需耗之神也。其日忌開倉庫，出財物，結婚，出行。」

月刑

古曆以正月巳日(寅刑巳)，二月子日(子刑卯)，三月辰日(辰刑辰)，四月申日(巳刑申)，五月午日(午刑午)，六月丑日(丑未沖)，七月寅日(寅申沖)，八月酉日(酉酉刑)，九月未日(戌刑未)，十月亥日(亥刑亥)，十一月卯日(子刑卯)，十二月戌日(丑刑戌)，謂之「月刑」。

月害

古曆以正月巳日(寅巳相害)，二月辰日(卯辰相害)，三月卯日(辰卯相害)，四月寅日，五月丑日，六月子日，七月亥日，八月戌日，九月酉日，十月申日，十一月未日，十二月午日，謂之「月害」。《神樞經》說：「月害者，陽建所害之辰也，所值之日，忌攻城野戰，牧養群畜，結會親姻，請醫巫，納奴婢」。

大時(大敗、咸池)

古曆以正、五、九月在卯日，二、六、十月在子日，三、七、十一月在酉日，四、八、十二月在午日，稱大時、大敗、咸池。忌出軍、攻戰、築室、會親，乃月建三合五行沐浴之辰，五行至此敗絕。與歲神大將軍相似。

遊禍

古曆以正、五、九月在巳日，二、六、十月在寅日，三、七、十一月在亥日，四、八、十二月在申日，謂之「遊禍」。月中惡神，該日忌服藥、請醫、祝神、致祭等。三合五行之神，對沖劫煞。

天吏（又名致死）

古曆以正、五、九月在酉日，二、六、十月在午日，三、七、十一月在卯日，二、八、十二在子日，謂之「天吏」，又名「致死」。月中凶神，其日<u>忌臨官赴任，遠行，詞訟</u>。曹震圭說：「天吏者，三合五行死氣之位，五行至此死而無氣，乃天之凶吏，全無生意也，其忌可知。」

六合（又名無翹）

古曆以正月在亥日，二月在戌日，三月在酉日，四月在申日，五月在未日，六月在午日，七月在巳日，八月在辰日，九月在卯日，十月在寅日，十一月在丑日，十二月在子日，謂之「六合」。六合者，月建與月將相合也。《神樞經》說：「六合者，日月合宿之辰也。其日<u>宜會賓客，結婚姻，立契券，合交易</u>。」

兵吉

《總要歷》曰：兵吉者，月內用兵之吉辰也。其日<u>宜出師、命將、攻伐、略地</u>。曹震圭曰：「兵吉，逐月漸退一辰者，是兵家無有妄進、無有躁動之意，故云兵者不祥之器，不得已而用之也。」又《易•師卦》之六四曰：「師左次无咎。言左次則為退舍也，故見可而進，知難而退，師之常也。」又《太白陰經》曰：「未見而戰雖眾必潰，見利而戰雖寡必勝。是兵家不可以妄舉輕進，此陰陽之戒也。」

按：兵吉者，皆太陽後四辰也。太陽前一位為月厭，太陽隔之，則太陽之後一二三四皆厭所不到之地，兵行之吉道也。常處太陽之後，隨太陽以行，則物莫敢犯者矣。其終於四者，并太陽而為

五，則太陽為我軍之伍長。

天倉

古曆以正月寅日，二月丑日，三月子日，四月亥日，五月戌日，六月酉日，七月申日，八月未日，九月午日，十月巳日，十一月辰日，十二月卯日，謂之「天倉」。《曆例》說：「天倉者，正月起寅，逆行十二辰。」《總要曆》說：「天倉者，天庫之神也。其日可以修倉庫、受賞賜、納財、牧養。」神煞起例以收為天倉，方可互觀而自得也。收必有倉，倉於何所，必於其六合之地。

天賊

古曆以正月丑日，二月子日，三月亥日，四月戌日，五月酉日，六月申日，七月未日，八月午日，九月巳日，十月辰日，十一月卯日，十二月寅日，謂之「天賊」。《神樞經》說：「天賊者，月中盜神也，其日忌遠行」。曹震圭說：「天賊者，盜神也，常居天倉之後辰，蓋倉庫之後，必有盜也。」

要安

古曆以正月寅日，二月申日，三月卯日，四月酉日，五月辰日，六月戌日，七月巳日，八月亥日，九月午日，十月子日，十一月未日，十二月丑日，謂之「要安」。《樞要曆》說：「要安者，月中吉神也，所值之日，宜安撫邊境，修葺城隍。」

玉宇

古曆以正月卯日，二月酉日，三月辰日，四月戌日，五月巳日，六月亥日，七月午日，八月子日，九月未日，十月丑日，十一月

申日，十二月寅日，謂之「玉宇」。《樞要曆》說：「玉宇者，月中貴神也，所值之日，<u>宜修宮闕，繕亭台，結婚姻，會賓客。</u>」

金堂

古曆以正月辰日，二月戌日，三月巳日，四月亥日，五月午日，六月子日，七月未日，八月丑日，九月申日，十月寅日，十一月酉日，十二月卯日，謂之「金堂」。《樞要曆》說：「金堂者，月中善神也，所值之日，<u>宜營建宮室，興造修築。</u>」

敬安

古曆以正月未日，二月丑日，三月申日，四月寅日，五月酉日，六月卯日，七月戌日，八月辰日，九月亥日，十月巳日，十一月子日，十二月午日，謂之「敬安」。《樞要曆》說：「敬安者，恭順之神也。所值之日，<u>宜睦親族，敘尊卑，納禮儀，行慶賜。</u>」曹震圭說：「敬安者，是陰陽相會之義也。陽會陰而必敬，陰會陽而必恭，若恭而敬，必得安也。」

普護

古曆以正月申日，二月寅日，三月酉日，四月卯日，五月戌日，六月辰日，七月亥日，八月巳日，九月子日，十月午日，十一月丑日，十二月未日，謂之「普護」。《樞要曆》說：「普護者，神廕之神也。所值之日，<u>宜祭祀禱祠，尋醫避病。</u>」曹震圭說：「普護者，乃月中普護萬物無偏私之神也，常與要安相對。」

福生

古曆以正月酉日，二月卯日，三月戌日，四月辰日，五月亥日，六月巳日，七月子日，八月午日，九月丑日，十月未日，十一月寅日，十二月申日，謂之「福生」。《樞要曆》說：「福生者，月中福神也，所值之日，宜祈福求恩，祀神致祭。」

聖心

古曆以正月亥日，二月巳日，三月子日，四月午日，五月丑日，六月未日，七月寅日，八月申日，九月卯日，十月酉日，十一月辰日，十二月戌日，謂之「聖心」。《樞要曆》說：「聖心者，月中福神也。其日宜上表章，行恩澤，營百事。」

益後

古曆以正月子日，二月午日，三月丑日，四月未日，五月寅日，六月申日，七月卯日，八月酉日，九月辰日，十月戌日，十一月巳日，十二月亥日，謂之「益後」。《樞要曆》說：「益後者，月中福神也。所值之日，宜造宅舍，築垣牆，行嫁娶，安產室。」益後者，於子嗣有補益之神也。

續世

古曆以正月丑日，二月未日，三月寅日，四月申日，五月卯日，六月酉日，七月辰日，八月戌日，九月巳日，十月卯日，十一月午日，十二月子日，謂之「續世」。《樞要曆》說：「續世者，月中善神也。所值之日，宜結婚姻，睦親族，祀神祇，求嗣續。」

陽德

古曆以正、七月在戌日，二、八月在子日，三、九月在寅日，四、十月在辰日，五、十一月在午日，六、十二月在申日，謂之「陽德」。《曆例》說：「正月起戌，順行六陽辰（即戌、子、寅、辰、午、申）。」《總要曆》說：「陽德者，月中德神也。所值之日，宜交易開市，結親姻。」

陰德

古曆以正、七月在酉日，二、八月在未日，三、九月在巳日，四、十月在卯日，五、十一月在丑日，六、十二月在亥日，謂之「陰德」。《曆例》說：「正月起酉，逆行六陰辰（即酉、未、巳、卯、丑、亥）。」《總要曆》說：「陰德者，月內陰德之神也。所值之日，宜明陰隲，行惠愛，雪冤枉，舉正直。」

天馬

古曆以正、七月在午日，二、八月在申日，三、九月在戌日，四、十月在子日，午、十一月在寅日，六、十二月在辰日，謂之「天馬」。《神樞經》說：「天馬者，天之驛騎也。其日宜拜公卿，擇賢良，宣布政事，遠行出征。」

兵禁

古曆以正、七月在寅日，二、八月在子日，三、九月在戌日，四、十月在申日，五、十一月在午日，六、十二月在辰日，謂之「兵禁」。《總要曆》說：「兵禁者，用兵凶辰也。其日忌出師振旅，閱武教戰。」

地囊

《歷例》曰：地囊者，正月庚子、庚午，二月癸未、癸丑，三月甲子、甲寅，四月己卯、己丑，五月戊辰、戊午，六月癸未、癸巳，七月丙寅、丙申，八月丁卯、丁巳，九月戊辰、戊子，十月庚戌、庚子，十一月辛未、辛酉，十二月乙酉、乙未。曹震圭曰：〈月令〉云：孟春之月，天氣下降，地契上騰，天地和草木萌動，蓋草木者震也，故《易》云：動萬物者莫疾乎雷，故正月震納甲為地囊也。按：地囊乃四時三合卦之納甲，蓋三合無土局，而土旺於四季，木火金水之所以生旺墓者，無適非土，故用當時三合卦內外兩初爻之納甲為地囊日。

土符

古曆以正月丑日，二月巳日，三月酉日，四月寅日，五月午日，六月戌日，七月卯日，八月未日，九月亥日，十月辰日，十一月申日，十二月子日，謂之「土符」。《總要歷》說：「土符，土神也，其日忌破土、穿井、開渠、築牆。」

大煞

古曆以正月在戌，二月在巳，三月在午，四月在未，五月在寅，六月在卯，七月在辰，八月在亥，九月在子，十月在丑，十一月在申，十二月在酉，謂之「大煞」。《神樞經》說：「大煞者，月中廉察也。所值之日，忌出軍征討，嫁娶納財，豎柱上樑，移徙置室。」按月之大煞，即歲之飛廉，其義相同。

歸忌

古曆以一、四、七、十月在丑日，二、五、八、十一月在寅日，三、六、九、十二月在子日，謂之「歸忌」。《曆例》說：「孟月（一、四、七、十月）丑，仲月（二、五、八、十月）寅，季月（三、六、九、十二月）子。」《廣聖曆》說：「歸忌者，月內凶神也，其日忌遠行、歸家、移徙、娶婦。」《協紀辨方》說：「亦無忌嫁娶之說，應止忌搬移、遠回，不忌嫁娶。」

往亡

古曆以正月在寅，二月在巳，三月在申，四月在亥，五月在卯，六月在午，七月在酉，八月在子，九月在辰，十月在未，十一月在戌，十二月在丑，謂之「往亡」。《堪輿經》說：「往者，去也；亡者，無也。其日忌拜官上任，遠行，歸家，出軍征討，嫁娶，尋醫。」曹震圭說：「往亡者，往而不反之意也。孟者，初也；仲，中也；季者；末也，蓋歲之始中終之義也。」謂四季者，乃五行終墓之地，是萬物皆歸，往而亡也。

氣往亡

《曆例》曰：氣往亡者，立春後七日、驚蟄後十四日、清明後二十一日、立夏後八日、芒種後十六日、小暑後二十四日、立秋後九日、白露後十八日、寒露後二十七日、立冬後十日、大雪後二十日、小寒後三十日，皆自交節日數之。曹震圭曰：氣往亡者以四立月往亡日三合化象之成數為之。假令正月立春寅為往亡，寅午戌合火局，火之成數七也。四月立夏卯為往亡，亥卯未合木局，木之成數八也。七月立秋酉為往亡，巳酉丑為金局，金之成數九也。

上朔

《堪輿經》曰：上朔日忌宴會、嫁娶、遠行、上官。曹震圭曰：丑寅者艮卦之方也，萬物始終之所也。巳者陽極之辰，亥者陰極之辰，故陽有生發萬物之功者寅也，陰有成終萬物之道者丑也。以陽而來會於極陰，以陰而往會於極陽，則非其相會之道也，其忌可知。按：上朔日為不吉者，惡其陰陽與德俱盡也。陽盡於亥，陰盡於巳，干盡於十。如甲年以甲為德，甲至癸而十，甲年之癸而又臨於亥，則癸為德盡，亥為陽盡也。乙年以庚為德，庚至己而十，乙年之己而又臨於巳，則己為德盡，巳為陰盡也。餘可類推。其以上朔名者，朔有始義又有盡意。

月忌日

《歷例》曰：月忌日只註祭祀、宴會、沐浴、整容、剃頭、整手足甲、求醫療病、補垣、掃舍宇、修飾垣牆、平治道塗、破屋壞垣，餘事不註。《齊東野語》曰：俗以每月初五、十四、二十三日為月忌，凡事必避之，其說不輕。通書曰：俗忌初五、十四、二十三，以五值黃日，配廉貞火升起中宮之土也。其法每月初一日起一白水入中宮，與貪狼木相配，水木相生也。初二日二黑土與巨門土相配，比和也。初三日三碧木能制祿存土也。初四日四綠木與文曲水相生也。初五日五黃土配廉貞火，火加中宮之土，火生土旺、火晦土湮而已。初十十九又起一白貪狼，至十四二十三又值五黃廉貞。前輩云：此俗忌之日，有吉星可用。

通天竅

《通書》曰：<u>通天竅乃楊救貧真訣，凡修造、葬埋、開山、立向、修方，若遇吉星所值，不問太歲、三煞、官符、大將軍諸凶煞，此星並能壓之。</u>其法只用八干四維求年月日時吉星所到之處修之大吉。其例則用雙山五行，各從本年三合長生起，迎財、進寶、庫珠順行三位，其對衝三位為大吉、進田、青龍，共為十二吉山，利用本年三合及其對衝月日時。

黃道黑道

《神樞經》說：「青龍、明堂、金匱、天德、玉堂、司令，皆月內天黃道之神也，所值之日，皆宜興務眾，不避太歲將軍月刑，一切兇惡自然避之。天刑、朱雀、白虎、天牢、元武、勾陳者，月中黑道者也，所理之方，所值之日，<u>皆不可興土功，營屋舍，移徙，遠行，嫁娶，出軍。</u>」

飛天祿、飛天馬

《通書》說：「馬到山頭，人富貴；祿到山頭，旺子孫；若逢祿馬一同到，千祥百福自駢臻。」《選擇宗鏡》說：「祿馬貴人山方皆吉，在本遁內者有力，遁外次之。」又說：「先以五虎遁尋本年馬，干支為真祿馬，次以月建入宮，尋本年真祿馬在何宮，即以吉論。」《協紀辨方》說：「按祿馬為年方吉神，同到尤吉，《通書》年神立成，止取祿馬地支一字，以月建入中宮，順飛九宮，如甲子年，祿馬具在寅，正月寅建入中宮，即祿馬同在中宮；二月卯建入中宮，順數寅在兌七，即祿馬同在兌宮；乙丑年祿在卯，馬在亥，二月卯建入中宮，亥在巽四，即祿在中宮，馬在巽宮。」

飛宮貴人

《選擇宗鏡》說：「歲祿貴馬人山方皆吉，在本甲內者為有力，甲外次之。」又說：「先以五虎遁尋貴系何干支，次以月建入宮，順尋歲貴在何宮，即以吉論。如乙丑年六月建癸未，修乾坎二山方，先以本年五虎遁起戊寅，順尋甲申為真陽貴，戊子為真陰貴，次以月建癸未入中宮，順行陽貴甲申到乾，陰貴戊子到坎二山方，修造皆吉，餘仿此。」又說：「貴人與祿馬取用不同，要在分辨陰陽。陽貴人冬至後用之有力，飛在陽宮尤有力。陰貴人夏治候用之有力，飛在陰宮尤有力。」

飛天官符

《通書》說：「天官符（歲神）忌修方，一年占一字。」《選擇宗鏡》說：「申、子、辰年在亥。巳、酉、丑年在申。寅、午、戌年在巳。亥、卯、未年在寅。以月建入宮，順飛九宮，遇本年天官符所占之字，為本月天官符，每宮占三位。」

飛地官符

《通書》說：「地官符（歲神），忌修方，一年占一字。」《選擇宗鏡》說：「太歲前五位為地官符，以月建入中宮，順飛九宮，遇本年地官符所占之字，為本月地官符，每宮占三位。」

飛大煞（舊名為打頭火）

《通書》說：「打頭火（歲神，又名大煞），忌修方。寅、午、戌年在午，亥、卯、未年在卯，申、子、辰年在子，巳、酉、丑年在酉。蓋子午卯酉是本宮旺鄉，飛宮犯之則凶。」《選擇宗鏡》

說：「打頭火，即三合旺方，又為金匱將星，主火燭，若疊太歲尤凶。蓋太旺則亢，亢則屬火也。其法以所用月建入中宮，順飛九宮，遇本年三合旺方，為本月打頭火，每宮占三位。」天官符為臨官，大煞為帝旺，其曰火者，以其旺極為災，意尤災煞之又名天火耳。打頭火名不雅馴，又嫌名立明色，易致失實，故名曰飛大煞。

小月建

《通書》說：「小月建，即小兒煞，忌修方。」《選擇宗鏡》說：「小月建，忌占方，然占山占向亦忌。子寅辰午申戌為陽年，正月起中宮。丑卯巳未酉亥為陰年，正月起離九，俱順飛九宮。如陽年正月起中宮，二月在乾六，三月在兌七；陰年起離九，二月在坎一，三月在坤二是也，每宮占三位。」《協紀辨方》說：「按小月建，即月建飛宮也。修造最重太歲，次則月建，故忌之。」

大月建

古曆以子、午、卯、酉年正月丑艮寅方，二月庚兌辛方，三月戌乾亥方，四月中宮。《通書》說：「大月建，忌修方動土。」《選擇宗鏡》說：「大月建係月家土煞，占山占向占方占中宮，皆不宜動土，甲丁庚癸年正月起艮八，乙戊辛年正月起中五，丙己壬年正月起坤二，逆行九宮。」月建為土府，故動土忌之，然在山在方，字以定位為重，飛宮為輕，選擇最重太歲而未又用飛太歲者，則月建之輕重可以類推。

丙丁獨火

《通書》說：「丙丁獨火，忌修方。其法以月建入中宮，飛弔得

丙丁二字到方,修作動土犯之凶。」《協紀辨方》說:「按丙丁獨火,乃諸火星之總要,蓋取天干丙丁之氣,照於其上,為火之所由發也。如甲己年丙寅月修作,則以丙寅入中宮,順數丙年中五,丁在乾六,即正月丙丁獨火在中宮與乾宮也。若丁卯月修作,則以丁卯入中宮,丁在中五,戊在乾六,以次順數,丙又在中五,即二月丙丁獨火在中宮也。然後與『年獨火』『飛大煞』併方忌。」

月遊火

《通書》說:「月遊火忌修方,其煞與『打頭火』或『年獨火』併,飛得丙丁二字同到方,其災方發,無凶神併不妨。」月遊火即來年太歲為進氣方旺之辰,於二十四山則又在巡山羅喉前一位,去太歲尚遠,又為四利太陽,本不為凶,第以火未發先炎,故取太歲前一辰曰火月,移一位故曰月遊,然必與打頭火年獨火併,又得丙丁同到,而後為忌。

月紫白

《通書》說:「子午卯酉年為上元,正月八白入中宮:辰戌丑未年為中元正月五煌入中宮;寅申巳亥年為下元,正月二黑入中宮。俱取九星順飛,其入中之星,每月遞退一位。蓋星順行而前,則入中之星,自不得不退行而後也。」

茲將三元九星，例表如下：

上元	中元	下元	正	二	三	四	五	六	七	八	九	十	十一	十二
八白	五黃	二黑	中	乾	兌	艮	離	坎	坤	震	巽	中	乾	兌
九紫	六白	三碧	乾	兌	艮	離	坎	坤	震	巽	中	乾	兌	艮
一白	七赤	四綠	兌	艮	離	坎	坤	震	巽	中	乾	兌	艮	離
二黑	八白	五黃	艮	離	坎	坤	震	巽	中	乾	兌	艮	離	坎
三碧	九紫	六白	離	坎	坤	震	巽	中	乾	兌	艮	離	坎	坤
四綠	一白	七赤	坎	坤	震	巽	中	乾	兌	艮	離	坎	坤	震
五黃	二黑	八白	坤	震	巽	中	乾	兌	艮	離	坎	坤	震	巽
六白	三碧	九紫	震	巽	中	乾	兌	艮	離	坎	坤	震	巽	中
七赤	四綠	一白	巽	中	乾	兌	艮	離	坎	坤	震	巽	中	乾

月剋山家

古曆以甲、己年，正、二月剋乾、亥、兌、丁四金山，三、四月剋震、巽、巳三木山，七、八月剋甲、寅、辰、巽、戌、坎、辛、申八水山，及丑、坤、庚、未五土山，九、十月剋乾、亥、兌、丁四金山，十一、十二月剋離、壬、丙、乙四火山。

乙、庚年正、二月剋四金山，三、四月剋三木山，五、六月剋四火山，九、十月剋四金山，十一、十二月剋八水山及五土山。

丙、辛年三、四月剋四金山，五、六月剋四火山，七、八月剋三木山，十一、十二月剋八水山及五土山。

丁、壬年三、四月剋四火山，五、六月剋八水山及五土山，七、八月剋三木山。

戊、癸年正、二月剋三木山，三、四月剋四火山，七、八月剋八水山及五土山，九、十月剋三木山，謂之「月剋山家」。

八節三奇

古曆以冬至、立春、春分、立夏、夏至、立秋、秋分、立冬（及二至二分加四立）謂之「八節」。從八節起甲子，冬至起坎，立春起艮，春分起震，立夏起巽，俱從甲子順飛。夏至起哩，立秋起坤，秋分起兌，立冬起乾，俱從甲子逆飛。各飛見太歲所泊之宮，及以其宮起本年虎到，依八節順逆飛循三奇（乙丙丁）到方，謂之「八節三奇」。《選擇宗鏡》說：「八節三奇，修作到山到方，主進田產，生貴子，旺丁財。」

（三）、日神煞吉凶

擇日重日，日神煞吉凶，有取一定干支者，例如黃帝死戊午日，土公死乙未日。或按年取干支者，例如甲年癸亥日，乙年己巳日就是上朔日。或按月取日數者，例如每月初五、十四、二十三日為月忌日。肆、按月朔取日數者，例如反支日，忌上表章。伍、按節氣取日數者，例如四離、四絕。

取一定干支者

天恩

古曆以甲子、乙丑、丙寅、丁卯、戊辰、己卯、庚辰、辛巳、壬午、癸未、己酉、庚戌、辛亥、壬子、癸丑等十五日，謂之「天恩」。《天寶曆》說：「天恩者，施德寬下之辰也。天有四禁，常開一門，甲為陽德，配己成養育之功，故甲配子，己配卯酉，各五日而恩也。萬物非土木不生，故以己土配甲成功。其日可以<u>施恩賞、布政事、恤孤惸、興宴樂</u>。」

重日、五合、五離（又名除神）

《天寶曆》說：「重日者，以陰陽混合於亥，陽起於甲子而順，陰起於甲戌而逆，而巳亥而同，故曰重日，其日忌為<u>凶事，利為吉事</u>。」《樞要曆》說：「五合者，月內良日也，其日宜<u>結婚姻，會親友，立券交易</u>。五離者，月中離神也，其日忌<u>結婚姻，會親友，作交關，立契券</u>。」

鳴吠、鳴吠對

古曆以甲午、丙午、庚午、壬午、甲申、丙申、庚申、壬申、乙酉、丁酉、己酉、辛酉、癸酉，謂之「鳴吠日」。以丙子、庚子、壬子、甲寅、丙寅、庚寅、壬寅、乙卯、丁卯、辛卯、癸卯，謂之「鳴吠對日」。《一行經》說：「鳴吠者，五姓安葬之辰也，用之者<u>得金雞鳴，玉犬吠，上下相呼，亡靈安穩，子孫富昌</u>。」「鳴吠對日者，用之<u>破土斬草</u>也。」

寶義制專伐日

《遁甲經》說：「寶日者，幹生枝也；義日者，枝生幹也；制日者，幹克枝也；其日利行軍。伐日者，支克干也，其日忌攻討征伐出軍掠地。專日者，干支五行相同也，其日忌出軍。」《協紀辨方》評說：「按《淮南》以專日為吉，謂以專從事則有功，而《遁甲》則以專日為凶。今按專日所忌止在行軍，其他固當從《淮南》，並以吉日論。」

八專

古曆以甲寅、丁未、己未、庚申、癸丑五日，謂之「八專日」。《曾門經》說：「八專日，忌出軍、嫁娶。」

無祿

古曆以甲辰、乙巳、丙申、丁亥、戊戌、己丑、庚辰、辛巳、壬申、癸亥等十日，謂之「無祿日」。《協紀辨方》評說：「按無祿日乃祿陷旬空，故以為忌，然六壬火珠林之法，填實則不空，非不論年月而概以此十日為祿空也。如甲辰日，寅祿落空，若太歲月建太陽在寅，則不為空，而此年月之甲辰日即不為無祿日矣，餘日倣此。」

觸水龍

古曆以丙子、癸未、癸丑三日，為「觸水龍日」。《協紀辨方》說：「觸水龍者，水之伐日也。龍，水族之長，子為水宮，癸即子也。干為水而支伐之，與支為水而干為支之所伐，皆猶觸水中之龍也。觸水龍，不論日時皆忌此三日，故不圖涉江並忌。」

按年取干支者，有「上朔日」

即甲年癸亥日，乙年己巳日，丙年乙亥日，丁年辛巳日，戊年丁亥日，己年癸巳日，庚年己亥日，辛年乙巳日，壬年辛亥日，癸年丁巳日。

《堪輿經》說：「上朔日，忌宴會、嫁娶、遠行、上官。」《協紀辨方》說：「按上朔日為不吉者，惡其陰陽與德俱盡也。陽盡於亥，陰盡於巳，干盡於十，如甲年以甲為德，甲至癸而十，甲年之癸而又臨於亥，則癸為德盡，亥為陽盡也。」

按月取日數者

長星、短星

其日忌開市、納財、立券、交易、裁衣。曹震圭說：「長星金也，短星火也，謂金火之氣，能毀傷萬物也。」

月忌日

俗以每月初五、十四、二十三日為「月忌日」。《曆例》說：「月忌日，止註祭祀、宴會、沐浴、整容、剃頭、整手足甲、求醫療病、補垣、掃舍宇、修飾垣牆、平治道塗、破屋壞垣、餘事不註。」《通書》說：「此俗忌之日，有吉星可用。」

按月朔取日數者，有「反支日」

即以月朔日支為準，如月朔日支為子丑，則初六日為反支；寅卯朔，初五；辰巳朔，初四；午未朔，初三；申酉朔，初二；戌亥朔，初一。《曆例》說：「其日忌上表章。」

按節氣取日數者

有：一、四離、二、四絕；三、氣往亡。

四離、四絕

古曆以冬至、夏至、春分、秋分前一日，為「四離」。以立春、立夏、立秋、立冬前一日，為「四絕」。李鼎祚說：「四離日，忌出行征伐。四絕日，忌出軍遠行。」曹震圭說：「四離者，冬至前一日水離，夏至前一日火離，春分前一日陽體分而木亦離也，秋分前一日陰體分而金亦離也，故名曰四離。」又說：「立春木旺水絕，立夏火旺木絕，立秋金旺土絕，立冬水旺金絕，故先一日為絕也。」

（四）、時神煞吉凶

　　時神（亦稱時家）有歸納從日干起者，從日支起者，隨月將或當日干支者，隨日六旬者。一般通書在前端均將十天干各自之六個地支，逐一編列吉凶神概況，以方便讀者閱覽。

從日干起者

日祿

古曆以甲日寅時，乙日卯時，丙日巳時，丁日午時，戊日巳時，己日午時，庚日申時，辛日酉時，壬日亥時，癸日子時，謂之「日祿」，或「日祿臨時」，亦稱「八祿時」。《協紀辨方》說：「。按神煞起例有八祿時，本日之祿位也，定為吉時。」

天乙貴人

天乙貴人，在時神亦稱「日貴臨時」，亦分「陽貴」與「陰貴」。甲日未時，乙日申時，丙日酉時，丁日亥時，戊日丑時，己日子時，庚日丑時，辛日寅時，壬日卯時，癸日巳時，為「陽貴」。甲日丑時，乙日子時，丙日亥時，丁日酉時，戊日未時，己日申時，庚日未時，辛日午時，壬日巳時，癸日卯時，為「陰貴」。

喜神

古曆以甲己日艮方寅時，乙庚日乾方戌時，丙辛日坤方申時，丁壬日離方午時，戊癸日巽方辰時，謂之「喜神」。物以相見為喜，須以其他神煞參酌而論。

天官貴人

古曆以甲日酉時，乙日申時，丙日子時，丁日亥時，戊日卯時，己日寅時，庚日午時，辛日巳時，壬日丑未時，癸日辰戌時，謂之「天官貴人」。《協紀辨方》說：「按酉中有辛甲之官也，故甲日酉。申中有庚乙之官也，故乙日申。」

福星貴人

古曆以甲日寅時，乙日丑亥時，丙日子戌時，丁日酉時，戊日申時，己日未時，庚日午時，辛日巳時，壬日辰時，癸日卯時，謂之「福星貴人」。皆本日日干之食神子孫，子孫為寶爻。

五不遇時

古曆以甲日午時，乙日巳時，丙日辰時，丁日卯時，戊日寅時，

己日丑亥時，庚日子戌時，辛日酉時，壬日申時，癸日未時，謂
之「五不遇時」。《神煞起例》說：「五不遇，時干剋日干也。」

路空

古曆以甲己日申酉時，乙庚日午未時，丙辛日辰巳時，丁壬日寅
卯時，戊癸日子丑戌亥時，謂之「截路空亡」，簡稱「路空」。
《考原》說：「截路空亡，遇壬癸也。行路而遇水，則不可行也。
如甲己日，以五鼠遁起甲子，順歷之得壬申癸酉，故甲己日以申
酉為截路空亡也，餘倣此。」

從日支起者

　　一般通書在前端均附註時家吉凶神析義，大約有：日建、日
破；日合、日害、日刑、青龍、明堂、天刑、朱雀、金匱、寶光、
白虎、地兵、天兵、玉堂、天牢、元武、司命、勾陳、日馬、旬
空、大退等。

黃黑道

古曆以寅申起子，卯酉起寅，辰戌起辰，巳亥起午，子午起申，
丑未起戌為青龍，順行十二辰，一青龍、二明堂、三天刑、四朱
雀、五金匱、六寶光、七白虎、八玉堂、九天牢、十元武、十一
司命、十二勾陳。例如「子日」，子午起申，即子日申時起青龍，
酉時為明堂，戌時為天刑，亥時為朱雀，子時為金匱，丑時為寶
光，寅時為白虎，卯時為玉堂，辰時為天牢，巳時為元武，午時
為司命，未時為勾陳。按青龍、明堂、金匱、寶光、玉堂、司命
為黃道吉，天刑、朱雀、白虎、天牢、元武、勾陳為黑道凶。惟
黃道雖吉，若帶刑沖破害及凶神，亦難以吉論，而黑道雖凶，若

帶貴合德祿及吉神,亦難以凶論,故仍當視各神所臨,以定及凶。

按《協紀辨方書》記載「春牛經」:

造春牛芒神,用冬至後辰日,於歲德方取水土成造,用桑柘木為胎骨。牛身高四尺,象四時,頭至尾樁長八尺,象八節。

牛頭色,視年干:甲乙年青色,丙丁年紅色,戊己年黃色,庚辛年白色,壬癸年黑色。(蓋甲乙屬木青色,丙丁屬火紅色,戊己屬土黃色,庚辛屬金白色,壬癸屬水黑色。)

牛身色,視年支:亥子年黑色,寅卯年青色,巳午年紅色,申酉年白色,辰戌丑未年黃色。(蓋亥子屬水黑色,寅卯屬木青色,巳午屬火紅色,申酉屬金白色,辰戌丑未屬土黃色。)

牛腹色,視年納音:金年白素,木年青色,水年黑色,火年紅色,土年黃色。

牛角耳尾色,視立春日干:甲乙日青色,丙丁日紅色,戊己日黃色,庚辛日白色,壬癸日黑色。

牛脛色,視立春日支:亥子日黑色,寅卯日白色,巳午日紅色,申酉日白色,辰戌丑未日黃色。

牛蹄色,視立春日納音:金日白色,木日青色,水日黑色,火日紅色,土日黃色。

牛尾長一尺二寸,象十二月。牛口開口,視年陰陽:陽年口開,陰年口合。

牛籠頭拘繩,視立春日支干:寅申巳亥日用蔴繩,子午卯酉

日用茅繩，辰戌丑未日用絲繩，拘子俱用桑柘木，甲乙日白色，
丙丁日黑色，戊己日青色，庚辛日紅色，壬癸日黃色。牛踏板，
視年陰陽：陽年用縣門左扇，陰年用縣門右扇。

　　芒神身高三尺六寸五分，象三百六十五日。芒神老少，視年
支：寅申巳亥年，面如老人像。子午卯酉年，面如少壯像。辰戌
丑未年，面如童子像。

歲時紀事

求龍治水

曆日中幾龍治水，乃視元旦後第幾日為「辰」支，即為幾龍治水。
譬如正月一日為「辰」支，便為「一龍治水」，若正月五日為「辰」
支，便為「五龍治水」。
據說曆日載幾龍治水，龍少為雨多，龍多則雨少。

求牛耕地

曆日中幾牛耕地，乃視元旦後第幾日為「丑」支，即為幾牛耕地。
譬如正月一日為「丑」支，便為「一牛耕地」，若正月二日為「丑」
支，便為「二牛耕地」。

求得辛法

曆日中幾日得辛，乃視元旦後第幾日為「辛」支，即為幾日得辛。
譬如正月一日為「辛」支，為「一日得辛」；若正月六日為「辛」
支，便為「六日得辛」。
祀典記載，得辛日祈穀於上帝。

求二社日

《曆例》說:「二分(春分’秋分)前後,近戊為社。」又說:「自立春立秋第五個戊字,便為社。」譬如二月初六庚戌日為春分,則二月初四日戊申為春社,八月十六丁巳日為秋分,則八月十七日戊午為秋社。以二分前後,最近之戊日為社日也。若自立春立秋算,均為第五個戊字也。然有時會是第六個戊字,以立春立秋便見戊字的關係,故春社常在二月內,春社祈穀之生;秋社常在八月內,秋社祈穀之熟。

定霉雨

按定霉雨有三說:(一)以芒種後逢丙日入霉,小暑後逢未日出霉(見《神樞經》)。(二)以立夏後逢庚日入霉,芒種後逢壬日出霉(見《埤雅》)。(三)以芒種後壬日入霉,夏至後逢庚日出霉(見《碎金》)。以第一說芒種逢丙之說近是。

定三伏日

夏至後第三庚日為初伏,第四庚日為中伏,立秋後第一庚日為末伏。如庚日夏至,即為第一庚;庚日立秋,即為末伏。

定液雨

立冬後十日為入液,至小雪為出液。其間得雨,謂之「液雨」,亦曰「樂雨」。閩地俗說:「百蟲飲下雨則蟄,至來春二月雷鳴起蟄。」

求臘日法

冬至後三戌，臘祭百神(見《說文》)。按臘祭行於十二月，故世稱十二月為臘月。求臘日法，即自冬至日去後第三戌日為臘也。如冬至日值戌日，為第一戌日，則第三戌日如在十一月內，須用第四戌日在十二月內者為臘。

又《荊楚歲時記》說：「十二月八日為臘日。」俗稱「臘八」。

求姑把蠶

凡四孟(寅申巳亥)年，一姑把蠶，四仲(子午卯酉)年，二姑把蠶；四季(辰戌丑未)年，三姑把蠶。

求蠶食之葉，以元旦後第幾日見納音木便是。譬如正月一日納音便屬木，則為「蠶食一葉」。如正月七日納音始屬木，則為「蠶食七葉」。

第貳章、認識通書──以《廖淵用通書》為例

一、簡便年齡生肖年次干支對照表

「簡便年齡生肖年次干支對照表」：可以自己的生肖經由該表查出生年次，出生年干支，年齡等。例如生肖牛者，14 年次乙丑 96 歲，26 年次丁丑 84 歲，38 年次己丑 72 歲，50 年次辛丑 60 歲，62 年次癸丑 48 歲，74 年次乙丑 36 歲等。

二、凡例

通書在台灣通行的大致有《廖淵用通書遍覽》《黃睿謙七政四餘通曆》《蔡炳圳七政經緯通書》《林先知通書便覽》等。通書之內容大同小異，略述如下：

「凡例」是作者註明自己編書的一些規則，可避免無端質疑。例如《廖淵用通書》註記：

1、「凡通書不宜憲書宜者，如倒家殺火星、天兵、天地凶敗，宜上樑。」「楊公忌正絕烟，宜移徙入宅。」「橫天朱雀初九宜上樑，二五宜移徙，十七宜安葬。」「如受死日宜修造、動土、豎柱、上樑、宜徙、入宅、安床、結婚姻、嫁娶、牧養、納畜、及六禮諸吉事。」「八座并四季、八座，宜安葬、修墳。」「刀砧宜伐木、牧養、納畜。」「乙丑孔子死，丁巳孔子葬，宜入學。」「伏斷宜經絡」「天罡鉤絞、河魁鉤絞全自縊，宜嫁娶。」以上憲書註記「宜」，而協紀通書均註不宜，在《廖淵用通書》俱刪刊。表示《廖淵用通書》採取嚴謹而不犯凶險的態度。

2、凡通書註宜，無註忌，憲書註忌，不註宜者，例如「二至二分，夏至冬至春分秋分之日，均忌上冊受封、上表章、上官赴任、臨政親民、結婚姻、納采嫁娶、進人口、出行、移徙、入宅開市、立券交易、捕捉畋獵取魚等。」「冬至日又不宜伐木」「土王用事後十八日內忌動土、修飾垣牆、破屋壞垣、補垣塞穴、破土、安碓磑、開渠池井、修置產室、修倉庫、築堤防、栽種、修墳。」等。「三伏二社日忌沐浴沐浴剃頭。」「長星短星忌進人口、裁衣經絡、開市立券、交易納財、開倉庫、出貨財，納畜。」「人神所在日，初一、初六、十五及十九、廿一、廿三忌整手足甲。」「十二及十五日，忌剃頭。」、「十五日忌求醫治病。」「初一朔望弦晦日，亦忌求醫治病。」「反支忌上冊受封，上表章，詞訟。」「氣往亡，忌上冊受封、上表章、上官赴任、臨政親民、出行移徙，嫁娶進人口，求醫治病，捕捉、畋獵、取魚。」「歲首之日，忌破土啟攢安喪、行喪等事。」以上條例《憲書》均註忌，《廖淵用通書》俱不取。

3、「上朔、無祿、月忌、月窮、四離、四絕等日，《憲書》只註祭祀、沐浴、解除、剃頭、整手足甲、修飾垣牆、平治道塗、補垣塞穴、掃舍宇、伐木、破屋壞垣，餘事不註而通書餘事有註，本堂通書宜事亦有註。」以通書為重，否則忌例繁複，無所適從。

4、凡舊本通書萬年曆無註俗用事者，「增酢神、安香、洽火、安機械等。如逢凶星增註例，月厭嫁娶，有翁審用。厭對嫁娶，有姑審用。檳榔煞納採，勿用檳榔。埋兒宿，安床新婚審用，天賊，明星丙時，妻宿制。朱雀，鳳凰符制。建星虎、白虎等嫁娶，麟符制。食骨虎、建星虎等安葬，麟符爐火制，土府、符瘟等修造權用，但忌動土之事。」

三、擇日用事術語說明

祭祀：祭拜祖先或祭拜宗廟、神明等活動儀式，特殊祭典。例如：掃墓、祭拜土地公等。

祈福酬神：祈求神明降福，求平安，或答謝還願神恩等事。例如：平安退伍、金榜題名、順利銷售、大病痊癒，順利產子等。

求嗣：向神明祈求後嗣子孫。例如：剖腹、生產、求醫。

開光：神佛像金尊彫刻完成，點眼入神，供奉上位之事。

塑繪：寺廟之繪畫、神像或彫刻及畫彫人像等。指第一刀。

出行：指遠行，出國觀光、考察、洽商及旅行等。一般非經常性的出行。

沐浴：指沐浴齋戒，清洗身體以示慎重。

剃頭：出生嬰兒剃頭或削髮為僧尼。

設醮齋醮：指建立道場設法會，超渡功果，祈求平安等儀式。

裁衣：裁製新娘禮服，或作老人壽衣。

合帳：製作蚊帳之事。

求醫療病：僅指求醫治療、慢性痼疾或動手術。

進人口：收養子女或聘納員工等。

會親友：宴會或訪問友人、親戚、同儕等。

整手足甲：初生嬰兒首次剪手足甲。

解除：清洗清掃宅舍，解災厄等事。

出火：火，指香火，指移動神位到別處安置。

拆卸：拆除建築物或房屋、圍牆等事。

修造：指陽宅房屋、寺廟、倉庫、公共建設等，整修建造事宜。

起基：興造陽宅、填土、挖方等事。

動土：先平基再動土，指興建陽宅第一次動土挖土。

定磉：固定柱下之石頭，俗稱定磉石。

平基：將地面上土石剷平，俗稱整地。

裝潢隔間：指房屋室內裝修等工程。

豎柱上樑：豎立柱子安屋頂中樑。

開柱眼：製作柱子等事。

蓋屋合脊：裝蓋房屋的屋頂等事。

平治道塗：鋪平道路等工程。

安門：建築物裝設門戶、豎立圍牆外大門等工作。

安砛：戶庭正門前之階梯。

訂盟：俗稱訂婚、文定、過定、暗定小聘。

整容：新娘之挽面與新郎之理髮。

嫁娶：男娶女嫁，舉行結婚大典之吉日。

納采、結婚姻：締結婚姻的儀式，授受聘金。

納婿：指男方入贅於女方，同嫁娶，以男方為新娘擇日。

新婚床：指安床給剛結婚的新人所睡的床，因為要生育而不可犯
埋兒宿、陽氣陰胎、天官天嗣沖忌。夫星妻興正沖亦忌。
四柱逢偏印須制。

架馬：指建築架台等事。

安香：安神位及祖先香爐供奉等事。

分居：兄弟分家、各自起爐灶之意。

入廟登座：廟宇落成，將神明安置廟內供奉等。

開市：商店、公司行號工廠、各類事務所等，新開張開幕，或
春節過後首日營業開工等。

立券交易：訂立契約書，交易買賣等事。

納財：購置產業、進貨、收帳、收租、收息、討債、貸款設定、
五穀入倉。

醞釀：指製作醬菜或釀酒之事。

經絡：治絲織布之事，安機械、紡車、試車同。

作染：染造布帛綢緞等事。

結網捕魚：漁夫作魚網，捕取魚類。

豎旗掛匾：指懸掛招牌或各種匾額等。

捕捉：撲滅農作物害蟲或生物。

畋獵：打獵或捕捉禽獸等工作。

造畜稠栖棧：稠，指家禽家畜的小屋，建造六畜所住地方或圍墻等事。

牧養：畜牧牛馬等家禽。

納畜：買入家畜飼養。如雞鴨等。

割蜜：養蜂者要割取蜂巢內的蜂蜜。

教牛馬：訓練牛馬之工作。

作陂：作蓄水池。放水：將水放蓄水池。

修築堤防：修建河堤邊的護堤、柵欄、水道等工事。

修置產室：修理或建築廠房、產室。

開渠穿井：開築下水道水溝及開鑿水井等。

補垣塞穴：修補牆壁或堵塞蟻穴及其他洞穴。

安碓磑磨：安置磨具、油榨機器等事。

開廁：建造廁所。

栽種：種植樹木或接果、重禾田同。

豎造：指新建陽宅、寺廟、倉庫、營造等事。

造葬：「造」謂豎造，新建陽宅。「葬」謂安葬、進金、塔位。

破土：僅指埋葬用的破土，與一般建築房屋的動土不同，破土屬陰宅，動土指陽宅，兩者神煞管轄不同。

修墳：整修墳墓之事或陰宅整修同。

啟攢：指洗骨之事。撿死人的骨骸俗稱拾金。

開生墳：指人未死先作墳墓、謂稱長生墳、壽墳。

合壽木：製作棺材之意。

入殮：將屍體放入棺材之意。

洽火：指將亡人姓名生辰填入祖先牌位，同洽爐。

移柩：舉行安葬前、將棺材移出屋外之事。

立碑：立紀念碑或墓碑。

謝土：建築物或陰宅落成完工謝分金之儀式。

密日：是星期日、乃虛昴房星四宿也。

（參考自《廖淵用通書便覽》）

四、甲日時局至癸日時局

　　擇日重在日時，故凡日破即是大凶，即是甲子日庚午時。甲寅日壬申時等，諸事勿用。擇日若帝旺、祿、貴人、驛馬等諸吉神不現，就靠時局吉神來加持。例如羅紋交貴、大進、日祿、長生、福星、進貴、三合、六合等。不宜有日建、旬空、雷兵、天兵、路空、大退、天賊、白虎、五不遇等。以下是十天干六十時局表。例如：甲子日有甲子時、乙丑時、丙寅時、丁卯時、戊辰時、己巳時、庚午時、辛未時、壬申時、癸酉時、甲戌時、乙亥時等。

（一）、十干日時局

甲

甲不開倉人神在頭　甲子日時局　　的呼辛丑人南
子不問卜　神在目　正沖戊午殺在南　胎神占門碓外東南

甲子時沖戊午 殺在南神占踝 福德日建 金匱大進	乙丑時沖己未 殺在東神占頭 六合 羅紋：武曲	丙寅時沖庚申 殺在北神占耳目 福星喜神 天兵	丁卯時沖辛酉 殺在西神占面 玉堂帝旺 天赦日祿 天刑日	戊辰時沖壬戌 殺在南神占頸 六戊 三合天牢 雷兵	己巳時沖癸亥 殺在東神占乳 元武進貴：黑道 大退
庚午時沖甲子 殺在北神占胸 諸事：：勿用 日時：：相沖	辛未時沖乙丑 殺在西神占腹 日害 貴人太陽 勾陳	壬申時沖丙寅 殺在南神占心 天賊路空 三合青龍	癸酉時沖丁卯 殺在東神占膝 貪狼路空 天官明堂	甲戌時沖戊辰 殺在北神占腰 天刑旬空 比肩國印	乙亥時沖己巳 殺在西神占股 朱雀旬空 長生進貴

甲不開倉人神在頭　甲寅日時局　　的呼癸巳癸未人北
寅不祭祀　神在胸　正沖戊申殺在北　胎神占門爐外東北

甲子時沖戊午 殺在南神占踝 進祿青龍 旬空大進	乙丑時沖己未 殺在東神占頭 右弼 明堂貴人 狗食	丙寅時沖庚申 殺在北神占耳目 喜神福星 日祿天兵	丁卯時沖辛酉 殺在西神占面 貪狼帝旺 天赦 朱雀	戊辰時沖壬戌 殺在南神占頸 六戊 右弼 雷兵	己巳時沖癸亥 殺在東神占乳 日刑 寶光左輔 大退
庚午時沖甲子 殺在北神占胸 不遇 地兵 三合白虎	辛未時沖乙丑 殺在西神占腹 玉堂 羅紋：交貴 武曲	壬申時沖丙寅 殺在南神占心 諸事：：勿用 日破：：大凶	癸酉時沖丁卯 殺在東神占膝 元武路空 天官唐符	甲戌時沖戊辰 殺在北神占腰 司命國印 三合進祿	乙亥時沖己巳 殺在西神占股 木星六合 長生勾陳

甲

甲辰日

甲辰不開倉　人神在頭
甲辰不哭泣　人神腰膝
甲辰日時局　正沖戊戌　殺在南
的胎神呼門雞栖房內東　庚辰人東

甲子時沖戊午 殺在南 神占踝	乙丑時沖己未 殺在東 神占頭	丙寅時沖庚申 殺在北 神占耳目	丁卯時沖辛酉 殺在西 神占面	戊辰時沖壬戌 殺在南 神占頸	己巳時沖癸亥 殺在東 神占乳
水星 三合 天牢 大進	太陰 天乙：貴人 元武	福星 日祿 司命 天兵	帝旺 天赦 狗食 勾陳	青龍 雷日刑 六戊 雷兵	明堂 黃道 五合 大退

庚午時沖甲子 殺在北 神占胸	辛未時沖乙丑 殺在西 神占腹	壬申時沖丙寅 殺在南 神占心	癸酉時沖丁卯 殺在東 神占膝	甲戌時沖戊辰 殺在北 神占腰	乙亥時沖己巳 殺在西 神占股
天刑 貪狼 不遇 地兵	右弼 天乙：貴人 朱雀	三合 金匱 天賊 路空	六合 寶光 唐符 路空	諸事：勿用 日破：大凶	長生 玉堂 六甲：趨乾

甲午日

甲午不開倉　人神在頭
甲午不苦蓋　人神在心
甲午日時局　正沖戊子　殺在北
的胎神占門碓房內北　丁酉庚子人北

甲子時沖戊午 殺在南 神占踝	乙丑時沖己未 殺在東 神占頭	丙寅時沖庚申 殺在北 神占耳目	丁卯時沖辛酉 殺在西 神占面	戊辰時沖壬戌 殺在南 神占頸	己巳時沖癸亥 殺在東 神占乳
諸事：勿用 日破：大凶	寶光 天德貴人 武曲	福星 三合 天兵	玉堂 帝旺天赦 少微	六戊 武曲 天牢 雷兵	狗食 進祿 元武 大退

庚午時沖甲子 殺在北 神占胸	辛未時沖乙丑 殺在西 神占腹	壬申時沖丙寅 殺在南 神占心	癸酉時沖丁卯 殺在東 神占膝	甲戌時沖戊辰 殺在北 神占腰	乙亥時沖己巳 殺在西 神占股
日刑 金星 司命 地兵	六合 羅紋：互貴 勾陳	天賊 青龍 驛馬 路空	唐符 天官 明堂 路空	天刑 三合 右弼 黑道	朱雀 長生 左輔 黑道

甲

甲申日時局　正沖戊寅殺在南		的呼　胎神占門爐	壬辰　外西	人　北
甲不開倉人神在頭　甲申不安床人神頭背				

青龍 貪狼 三合 大進	甲子時沖戊午 殺在南神占踝	明堂 羅紋：交貴 右弼	乙丑時沖己未 殺在東神占頭	諸事：：勿用 日破：：大凶	丙寅時沖庚申 殺在北神占耳目	傳送 朱雀 天赦	丁卯時沖辛酉 殺在西神占面	金匱：六戊 三合：財局	戊辰時沖壬戌 殺在南神占頸	寶光 天地：：合格 大退	己巳時沖癸亥 殺在東神占乳
白虎 進祿 不遇 地兵	庚午時沖甲子 殺在北神占胸	武曲 玉堂 貴人 狗食	辛未時沖乙丑 殺在西神占腹	天賊 長生 天牢 路空	壬申時沖丙寅 殺在南神占心	元武 天官 唐符 路空	癸酉時沖丁卯 殺在東神占膝	鳳輦 司命 國印 黃道	甲戌時沖戊辰 殺在北神占腰	六甲：：趨乾 長生 進貴	乙亥時沖己巳 殺在西神占股

甲戌日時局　正沖戊辰殺在北		的呼　胎神門雞栖	戊子　外西	人　南
甲不開倉人神在頭　甲戌不吃犬人神頭面				

水星 大進 天牢	甲子時沖戊午 殺在南神占踝 比肩	元武 貴人 太陰 日刑	乙丑時沖己未 殺在東神占頭	福星 喜神 日祿 天兵	丙寅時沖庚申 殺在北神占耳目	天赦 六合 帝旺 勾陳	丁卯時沖辛酉 殺在西神占面	諸事：：勿用 日時：：正沖	戊辰時沖壬戌 殺在南神占頸	傳送 明堂 五合 大退	己巳時沖癸亥 殺在東神占乳
不遇 三合 天刑 地兵	庚午時沖甲子 殺在北神占胸	朱雀 貴人 太陽 日刑	辛未時沖乙丑 殺在西神占腹	天賊 金匱 驛馬 路空	壬申時沖丙寅 殺在南神占心	狗食 天官 寶光 路空	癸酉時沖丁卯 殺在東神占膝	白虎 比肩 助旺 日建	甲戌時沖戊辰 殺在北神占腰	功曹 長生 玉堂 木星	乙亥時沖己巳 殺在西神占股

乙

乙丑日

乙丑 不冠帶 栽種 人神在喉、腰、耳　　乙丑日 時局　正沖己未 殺在東　　的呼胎神　辛巳碓磨　廁外東南

丙子時沖庚午	丁丑時沖辛未	戊寅時沖壬申	己卯時沖癸酉	庚辰時沖甲戌	辛巳時沖乙亥
殺在南神占踝	殺在東神占頭	殺在北神占頭	殺在西神占面	殺在南神占頸	殺在東神占乳
六合貴人 天兵天刑	福星日建 金星朱雀	進貴帝旺 金匱六戊	日祿大進 天德寶光	白虎 時居：地兵 日貴	三合玉堂 少微不遇

壬午時沖丙子	癸未時沖丁丑	甲申時沖戊寅	乙酉時沖己卯	丙戌時沖庚辰	丁亥時沖辛巳
殺在北神占胸	殺在西神占腹	殺在南神占心	殺在東神占膝	殺在北神占腰	殺在西神占股
長生貪狼 天牢路空	大凶 諸事：勿用	左輔大退 羅紋：交貴	三合比肩 勾陳：黑道	喜神青龍 天兵日刑	福星明堂 天赦驛馬

乙卯日

乙卯 不穿井 栽種 人神在喉、脾、鼻　　乙卯日 時局　正沖己酉 殺在西　　的呼胎神　戊子丙辰碓磨　門外正東

丙子時沖庚午	丁丑時沖辛未	戊寅時沖壬申	己卯時沖癸酉	庚辰時沖甲戌	辛巳時沖乙亥
殺在南神占踝	殺在東神占頭	殺在北神占頭	殺在西神占面	殺在南神占頸	殺在東神占乳
司命貴人 天兵日刑	福星天赦 勾陳旬空	青龍狗食 六戊雷兵	日祿大進 明堂五符	武曲日害 天刑地兵	木星驛馬 不遇朱雀

壬午時沖丙子	癸未時沖丁丑	甲申時沖戊寅	乙酉時沖己卯	丙戌時沖庚辰	丁亥時沖辛巳
殺在北神占胸	殺在西神占腹	殺在南神占心	殺在東神占膝	殺在北神占腰	殺在西神占股
長生進貴 福德路空	三合天德 進貴路空	貴人白虎 天賊大退	日破：大凶 諸事：勿用	六合喜神 天兵天牢	三合天赦 福星元武

乙

乙巳日時局　正沖己亥殺在東

乙不栽種人神在喉
乙巳不出行人神在手
的呼胎神碓　丙子房內床磨　人東

丙子時沖庚午 殺在南神占踝 喜神 祿貴： 交馳 天兵	丁丑時沖辛未 殺在東神占頭 玉堂 三合 天赦 右弼	戊寅時沖壬申 殺在北神占耳目 進祿 六戊 大進 天牢 雷兵	己卯時沖癸酉 殺在西神占面 貪狼 日祿 大進 元武	庚辰時沖甲戌 殺在南神占頸 狗食 司命 右弼 地兵	辛巳時沖乙亥 殺在東神占乳 不遇 木星 左輔 日建
壬午時沖丙子 殺在北神占胸 青龍： 長生 黃道 路空	癸未時沖丁丑 殺在西神占腹 明堂 武曲 進貴 路空	甲申時沖戊寅 殺在南神占心 天賊 六合 大退 貴人	乙酉時沖己卯 殺在東神占膝 朱雀： 三合 比肩 貴人 黑道	丙戌時沖庚辰 殺在北神占腰 唐符 喜神 金匱 天兵	丁亥時沖辛巳 殺在西神占股 日破： 大凶 諸事： 勿用

乙未日時局　正沖己丑殺在西

乙不栽種人神在喉
乙未不服藥人神頭手
的呼胎神碓磨　丙子房　丙申廁內　人北

丙子時沖庚午 殺在南神占踝 貴人 天兵 喜神 天刑	丁丑時沖辛未 殺在東神占頭 諸事： 大凶 日破： 勿用	戊寅時沖壬申 殺在北神占耳目 福德 帝旺 金匱 六戊	己卯時沖癸酉 殺在西神占面 日祿 三合 大進 寶光	庚辰時沖甲戌 殺在南神占頸 白虎 時居： 日貴 地兵	辛巳時沖乙亥 殺在東神占乳 少微 玉堂 驛馬 不遇
壬午時沖丙子 殺在北神占胸 狗食 六合 路空 長生	癸未時沖丁丑 殺在西神占腹 元武 右弼 日建 路空	甲申時沖戊寅 殺在南神占心 天賊 羅紋 大退 貴	乙酉時沖己卯 殺在東神占膝 比肩： 勾陳 中平： 互貴 黑道	丙戌時沖庚辰 殺在北神占腰 天兵 喜神 青龍 日刑	丁亥時沖辛巳 殺在西神占股 明堂 三合 福星 國印

乙

乙不栽種 人神在喉			乙酉日時局		的呼 丙子 人
乙酉不會客 人神在背			正沖己卯 殺在東		胎神碓磨 門外西北
丙子時沖庚午 殺在南神占踝 羅紋：交貴 司命：天兵	丁丑時沖辛未 殺在東神占頭 三合進貴 福星武曲	戊寅時沖壬申 殺在北神占耳目 青龍帝旺六戊 左輔	己卯時沖癸酉 殺在西神占面 日破：：大凶 諸事：勿用	庚辰時沖甲戌 殺在南神占頸 天地：合格 武曲地兵	辛巳時沖乙亥 殺在東神占乳 三合木星 不遇朱雀
壬午時沖丙子 殺在北神占胸 長生金匱 旬空路空	癸未時沖丁丑 殺在西神占腹 天德寶光 旬空路空	甲申時沖戊寅 殺在南神占心 天官貴人 天賊大退	乙酉時沖己卯 殺在東神占膝 玉堂比肩 貪狼建刑	丙戌時沖庚辰 殺在北神占腰 喜神進貴 唐符天貴	丁亥時沖辛巳 殺在西神占股 福星進貴 驛馬元武

乙不栽種 人神在喉			乙亥日時局		的呼 乙未 人
乙亥不行嫁 人神頭頸			正沖己巳 殺在西		胎神碓磨 床外西南
丙子時沖庚午 殺在南神占踝 羅紋：喜神 貪狼天兵	丁丑時沖辛未 殺在東神占頭 福星進貴 玉堂右弼	戊寅時沖壬申 殺在北神占耳目 六合六戊 天牢：：黑道	己卯時沖癸酉 殺在西神占面 三合大進 日祿貪狼	庚辰時沖甲戌 殺在南神占頸 司命功曹 右弼地兵	辛巳時沖乙亥 殺在東神占乳 日時：：相沖 諸事：勿用
壬午時沖丙子 殺在北神占胸 長生青龍 天貴路空	癸未時沖丁丑 殺在西神占腹 三合明堂 武曲路空	甲申時沖戊寅 殺在南神占心 天官貴人 天賊大退	乙酉時沖己卯 殺在東神占膝 比肩：旬空 朱雀：：黑道	丙戌時沖庚辰 殺在北神占腰 金匱喜神 天兵狗食	丁亥時沖辛巳 殺在西神占股 福星進貴 天德日刑

丙

丙子 不作灶人神在肩／不問卜人神在目　丙子日時局　正沖庚午殺在南　的胎神呼廚灶碓外西　丁丑　人南

戊子時沖壬午　殺在南神占踝｜唐符　天官福星　六戊	己丑時沖癸未　殺在東神占頭｜武曲　寶光　六合進貴	庚寅時沖甲申　殺在北神占耳目｜天賊　地兵　長生驛馬	辛卯時沖乙酉　殺在西神占面｜玉堂　黃道　少微：日刑	壬辰時沖丙戌　殺在南神占頸｜三合　武曲　不遇　路空	癸巳時沖丁亥　殺在東神占乳｜元武　日祿：居時　路空
甲午時沖戊子　殺在北神占胸｜日破：大凶　諸事：勿用	乙未時沖己丑　殺在西神占腹｜日殺　時居：日貴　勾陳	丙寅時沖庚寅　殺在南神占心｜三合　青龍　喜神　天兵	丁酉時沖辛卯　殺在東神占膝｜天赦　貴人　明堂　貪狼	戊戌時沖壬辰　殺在北神占腰｜右弼　天刑　六戊　雷兵	己亥時沖癸巳　殺在西神占股｜羅紋：交貴　狗食：大退

丙寅 不作祭祀人神在胸　丙寅日時局　正沖庚申殺在北　的胎神呼廚灶爐外正　丙午　人南

戊子時沖壬午　殺在南神占踝｜青龍　天官福星　六戊	己丑時沖癸未　殺在東神占頭｜明堂　天狗：下食　國印	庚寅時沖甲申　殺在北神占耳目｜天刑　長生　地兵　水星	辛卯時沖乙酉　殺在西神占面｜貪狼　時居：日貴　朱雀	壬辰時沖丙戌　殺在南神占頸｜金匱　福德　不遇　路空	癸巳時沖丁亥　殺在東神占乳｜日祿　寶光　日刑　路空
甲午時沖戊子　殺在北神占胸｜三合　白虎　大進　帝旺	乙未時沖己丑　殺在西神占腹｜玉堂　武曲　少微：黃道	丙寅時沖庚寅　殺在南神占心｜日破：大凶　諸事：勿用	丁酉時沖辛卯　殺在東神占膝｜天赦　元武　貴人　喜神	戊戌時沖壬辰　殺在北神占腰｜三合　司命　六戊　雷兵	己亥時沖癸巳　殺在西神占股｜六合　貴人　勾陳　大退

丙

丙不作灶人神在肩　丙辰日時局　的呼甲辰甲申人					
丙辰不哭泣人神腰膝　正沖庚戌殺在南　胎神廚灶栖外正東					
天牢 三合 六戊 福星 戊子時沖壬午 殺在南神占踝	元武 太陰國印 旬空 己丑時沖癸未 殺在東神占頭	驛馬 長生地兵 司命 庚寅時沖甲申 殺在北神占耳目	日害 天狗：下食 勾陳 辛卯時沖乙酉 殺在西神占面	不遇 青龍建刑 路空 壬辰時沖丙戌 殺在南神占頸	五符 明堂日祿 路空 癸巳時沖丁亥 殺在東神占乳
貪狼 帝旺大進 天刑 甲午時沖戊子 殺在北神占胸	朱雀：黑道 右弼 日殺 乙未時沖己丑 殺在西神占腹	金匱 喜神三合 天兵 丙寅時沖庚寅 殺在南神占心	天赦 六合貴人 寶光 丁酉時沖辛卯 殺在東神占膝	諸事：：勿用 日破：：大凶 戊戌時沖壬辰 殺在北神占腰	少微大退 玉堂貴人 己亥時沖癸巳 殺在西神占股

丙不作灶人神在肩　丙午日時局　的呼丁巳丁未人					
丙午不苦蓋人神在心　正沖庚子殺在北　胎神廚灶碓房內東					
諸事：：勿用 日破：：大凶 戊子時沖壬午 殺在南神占踝	寶光 天德武曲 己丑時沖癸未 殺在東神占頭	天賊 三合長生地兵 庚寅時沖甲申 殺在北神占耳目	少微：黃道 玉堂進貴 辛卯時沖乙酉 殺在西神占面	不遇 武曲太陽 路空 壬辰時沖丙戌 殺在南神占頸	狗食 日祿五符 路空 癸巳時沖丁亥 殺在東神占乳
司命建刑 帝旺大進 甲午時沖戊子 殺在北神占胸	勾陳：黑道 六合長生 乙未時沖己丑 殺在西神占腹	驛馬 喜神青龍天兵 丙寅時沖庚寅 殺在南神占心	明堂貴人 天赦貪狼 丁酉時沖辛卯 殺在東神占膝	六戊 三合右弼雷兵 戊戌時沖壬辰 殺在北神占腰	左輔祿貴：：交馳 大退 己亥時沖癸巳 殺在西神占股

丙

丙不作灶人神在肩　丙申日時局　的呼乙丑人
申不安床人神頭背　正沖庚寅殺在南　胎神廚灶爐房內北

戊子時沖壬午	己丑時沖癸未	庚寅時沖甲申	辛卯時沖乙酉	壬辰時沖丙戌	癸巳時沖丁亥
殺在南神占踝	殺在東神占頭	殺在北神占耳目	殺在西神占面	殺在南神占頸	殺在東神占乳
貪狼 三合 六戊 青龍	太陰 明堂 右弼 進貴	諸事：勿用 日時：正沖	貪狼 紫微 傳送 朱雀	旬空 三合 金匱 路空	寶光 六合 日祿 路空

甲午時沖戊子	乙未時沖己丑	丙寅時沖庚寅	丁酉時沖辛卯	戊戌時沖壬辰	己亥時沖癸巳
殺在北神占胸	殺在西神占腹	殺在南神占心	殺在東神占膝	殺在北神占腰	殺在西神占股
白虎 帝旺：黑道 大進	天狗 玉堂：下食 進貴	天兵 天牢 喜神 日建	木星 貴人 天赦 元武	六戊 司命 黃道 雷兵	勾陳 羅紋：大退 交貴

丙不作灶人神在肩　丙戌日時局　的呼甲子人
戌不吃犬人神頭面　正沖庚辰殺在北　胎神廚灶栖外西北

戊子時沖壬午	己丑時沖癸未	庚寅時沖甲申	辛卯時沖乙酉	壬辰時沖丙戌	癸巳時沖丁亥
殺在南神占踝	殺在東神占頭	殺在北神占耳目	殺在西神占面	殺在南神占頸	殺在東神占乳
天牢 天官 六戊 福星	日刑 太陰 元武 國印	司命 三合 地兵 長生	勾陳 天地：黑道 合局	諸事：勿用 日時：相沖	明堂 日祿 居時 路空

甲午時沖戊子	乙未時沖己丑	丙寅時沖庚寅	丁酉時沖辛卯	戊戌時沖壬辰	己亥時沖癸巳
殺在北神占胸	殺在西神占腹	殺在南神占心	殺在東神占膝	殺在北神占腰	殺在西神占股
帝旺 三合 貪狼 大進	朱雀 右弼 黑道 日刑	左輔 喜神 天兵	寶光 天赦 狗食	六戊 武曲 白虎 日建	少微 玉堂 貴人 大退

丁

丁不剃頭，人神在心　　丁丑日時局　　的呼癸未　　人正西
丁丑不冠帶，人神腰耳　　正沖辛未殺在東　　胎神倉庫廁外正西

庚子時沖甲午 殺在南神占踝 六合 進貴 狗食 地兵	辛丑時沖乙未 殺在東神占頭 唐符 水星 朱雀	壬寅時沖丙申 殺在北神占耳目 金匱 天賊 路空 大退	癸卯時沖丁酉 殺在西神占面 天德 寶光 不遇 路空	甲辰時沖戊戌 殺在南神占頸 時居：日貴 白虎 日殺	乙巳時沖己亥 殺在東神占乳 三合 帝旺 玉堂 少微
丙午時沖庚子 殺在北神占胸 日祿 喜神 天兵 天牢	丁未時沖辛丑 殺在西神占腹 日破：大凶 諸事：勿用	戊申時沖壬寅 殺在南神占心 司命 進貴 六戊 旬空	己酉時沖癸卯 殺在東神占膝 三合 大進 福星 貴人	庚戌時沖甲辰 殺在北神占腰 青龍 進貴 日刑 地兵	辛亥時沖乙巳 殺在西神占股 明堂 天官 貴人 驛馬

丁不剃頭，人神在心　　丁卯日時局　　的呼甲午甲戌　　人正南
丁卯不穿井，人神脾鼻　　正沖辛酉殺在西　　胎神倉庫門外正南

庚子時沖甲午 殺在南神占踝 司命：黃道 日刑 地兵	辛丑時沖乙未 殺在東神占頭 唐符 武曲 水星 勾陳	壬寅時沖丙申 殺在北神占耳目 青龍 國印 路空 大退	癸卯時沖丁酉 殺在西神占面 明堂 進貴 木星 路空	甲辰時沖戊戌 殺在南神占頸 武曲 不遇 天刑 日害	乙巳時沖己亥 殺在東神占乳 帝旺 進祿 驛馬 朱雀
丙午時沖庚子 殺在北神占胸 日祿 喜神 金匱 天兵	丁未時沖辛丑 殺在西神占腹 三合 天德 天赦 寶光	戊申時沖壬寅 殺在南神占心 太陽 功曹 六戊 白虎	己酉時沖癸卯 殺在東神占膝 日破：大凶 諸事：勿用	庚戌時沖甲辰 殺在北神占腰 六合 右弼 天牢 地兵	辛亥時沖乙巳 殺在西神占股 三合 貴人 左輔 元武

丁

丁巳日時局

乙不剃頭人神在心　丁巳日時局　的呼庚子人
巳不出行人神在手　正沖辛亥殺在東　胎神倉庫床外正東

乙巳時沖己亥	甲辰時沖戊戌	癸卯時沖丁酉	壬寅時沖丙申	辛丑時沖乙未	庚子時沖甲午
殺在東神占乳	殺在南神占頸	殺在西神占面	殺在北神占目	殺在東神占頭	殺在南神占踝
日建 天帝旺 天賊	司命傳送 不遇 狗食	進貴 路空 不遇 元武	進貴 路空 大退 天賊	三合 玉堂 旬空 唐符	貪狼 旬空 地兵

辛亥時沖乙巳	庚戌時沖甲辰	己酉時沖癸卯	戊申時沖壬寅	丁未時沖辛丑	丙午時沖庚子
殺在西神占股	殺在北神占腰	殺在東神占膝	殺在南神占心	殺在西神占腹	殺在北神占胸
日時：：正沖 諸事：勿用	福德金匱 功曹 地兵	三合大進 貴人 長生	六合天刑 六戊 雷兵	天赦明堂 金星 武曲	喜神日祿 青龍 天兵

丁未日時局

丁不剃頭人神在心　丁未日時局　的呼己未人
未不服藥人神頭手　正沖辛丑殺在西　胎神倉庫廁房內東

乙巳時沖己亥	甲辰時沖戊戌	癸卯時沖丁酉	壬寅時沖丙申	辛丑時沖乙未	庚子時沖甲午
殺在東神占乳	殺在南神占頸	殺在西神占面	殺在北神占目	殺在東神占頭	殺在南神占踝
帝旺 玉堂 驛馬 少微	進貴 不遇 白虎 黑道	三合天德 寶光 路空	臨官路空 大退 天賊	日時：：正沖 諸事：勿用	時居：日貴 地兵 天刑

辛亥時沖乙巳	庚戌時沖甲辰	己酉時沖癸卯	戊申時沖壬寅	丁未時沖辛丑	丙午時沖庚子
殺在西神占股	殺在北神占腰	殺在東神占膝	殺在南神占心	殺在西神占腹	殺在北神占胸
天官貴人 明堂 三合	青龍進貴 地兵 日時	貴人大進 福星 長生	左輔進貴 六戊 司命	同類：相資 元武 右弼	喜神日祿 狗食 天兵

丁

丁酉日時局

丁不剃頭 人神在心　丁酉日時局　的呼丁酉 人
酉不會客 人神在背　正沖辛卯殺在東　胎神倉庫門房內 北

庚子時沖甲午	辛丑時沖乙未	壬寅時沖丙申	癸卯時沖丁酉	甲辰時沖戊戌	乙巳時沖己亥
殺在南神占踝	殺在東神占頭	殺在北神占耳目	殺在西神占面	殺在南神占頸	殺在東神占乳
司命：黃道 地兵 鳳輦 武曲	武曲 三合 進祿 勾陳 辛丑時	天賊 青龍 路空 大退	諸事：勿用 日時：相沖	天刑 六合 武曲 不遇	朱雀 三合 生旺 旬空

丙午時沖庚子	丁未時沖辛丑	戊申時沖壬寅	己酉時沖甲辰	庚戌時沖甲辰	辛亥時沖乙巳
殺在北神占胸	殺在西神占腹	殺在南神占心	殺在東神占膝	殺在北神占腰	殺在西神占股
進貴 喜神 日祿 天兵	天德 進貴 天赦 寶光	狗食 六戊 雷兵 白虎	長生 福星 大進 建刑	日害 右弼 天牢 地兵	驛馬 天官 貴人 元武

丁亥日時局

丁不剃頭 人神在心　丁亥日時局　的呼丁巳丁亥 人
亥不行嫁 人神頭頸　正沖辛巳殺在西　胎神倉庫床外 西 北

庚子時沖甲午	辛丑時沖乙未	壬寅時沖丙申	癸卯時沖丁酉	甲辰時沖戊戌	乙巳時沖己亥
殺在南神占踝	殺在東神占頭	殺在北神占耳目	殺在西神占面	殺在南神占頸	殺在東神占乳
白虎 貪狼：中平 地兵	唐符：黃道 玉堂 少微	天賊 天地：合格 路空	不遇 三合 元武 路空	鳳輦 司命 右弼 功曹	諸事：勿用 日破：大凶

丙午時沖庚子	丁未時沖辛丑	戊申時沖壬寅	己酉時沖甲辰	庚戌時沖甲辰	辛亥時沖乙巳
殺在北神占胸	殺在西神占腹	殺在南神占心	殺在東神占膝	殺在北神占腰	殺在西神占股
青龍 祿貴：互馳 天兵	明堂 三合 天赦 武曲	太陽 六戊 天刑 雷兵	福星 貴人 大進 朱雀	狗食 金匱：黃道 地兵	寶光 天官 貴人 日刑

戊

戊不受田 人神在腹　戊子日時局　的呼　己卯　人
戊子不問卜 人神在目　正沖壬午殺在南　胎神房床　外正碓　正北

壬子時沖丙午 殺在南神占踝	癸丑時沖丁未 殺在東神占頭	甲寅時沖戊申 殺在北神占耳目	乙卯時沖己酉 殺在西神占面	丙辰時沖庚戌 殺在南神占頸	丁巳時沖辛亥 殺在東神占乳
唐符 金匱大進 路空	貴人 天地：合格 路空	左輔 長生 不遇 驛馬	少微 天官玉堂	武曲 三合天兵	五符 天赦日祿大退
戊午時沖王子 殺在北神占胸	己未時沖癸丑 殺在西神占腹	庚申時沖甲寅 殺在南神占心	辛酉時沖乙卯 殺在東神占膝	壬戌時沖丙辰 殺在北神占腰	癸亥時沖丁巳 殺在西神占股
諸事：：勿用 日破：：大凶	勾陳 羅紋：互貴 日害	三合地兵 青龍福星	貪狼：天賊 明堂：黃道	天刑：黑道 右弼 路空	狗食 左輔朱雀 路空

戊不受田 人神在腹　戊寅日時局　的呼　甲辰丙午　人
戊寅不祭祀 人神在胸　正沖壬申殺在北　胎神房床　外正爐　正西

壬子時沖丙午 殺在南神占踝	癸丑時沖丁未 殺在東神占頭	甲寅時沖戊申 殺在北神占耳目	乙卯時沖己酉 殺在西神占面	丙辰時沖庚戌 殺在南神占頸	丁巳時沖辛亥 殺在東神占乳
唐符 大進青龍 路空	狗食 明堂貴人 路空	天刑 長生不遇進祿	貪狼 太陽天官朱雀	右弼 喜神金匱天兵	寶光 天赦日祿大退
戊午時沖王子 殺在北神占胸	己未時沖癸丑 殺在西神占腹	庚申時沖甲寅 殺在南神占心	辛酉時沖乙卯 殺在東神占膝	壬戌時沖丙辰 殺在北神占腰	癸亥時沖丁巳 殺在西神占股
三合 生旺：：六戊同居	武曲 玉堂貴人少微	諸事：：勿用 日破：：大凶	辛酉時居：進貴 天賊元武	三合 司命黃道 路空	勾陳 天地：合格 路空

戊

戊不受田人神在腹			戊辰日時局		的呼癸酉癸未人		
辰不哭泣人神腰膝			正沖壬戌殺在南		胎神房床栖外正南		
天牢 三合 路空 王子時沖丙午 殺在南神占踝 大進	元武 路空 癸丑時沖丁未 殺在東神占頭 貴人 國印	驛馬 不遇 甲寅時沖戊申 殺在北神占耳目 長生 司命	勾陳 狗食 乙卯時沖己酉 殺在西神占面 天官 日害	天兵 日刑 丙辰時沖庚戌 殺在南神占頸 喜神 青龍	明堂 大退 丁巳時沖辛亥 殺在東神占乳 日祿 五符		
天刑 六戊 戊午時沖壬子 殺在北神占胸 太陰 貪狼	天乙：貴人 朱雀 己未時沖癸丑 殺在西神占腹 右弼	三合 地兵 庚申時沖甲寅 殺在南神占心 左輔 金匱	六合 天德 天賊 辛酉時沖乙卯 殺在東神占膝 寶光	日時：：相沖 勿用 壬戌時沖丙辰 殺在北神占腰 諸事	玉堂：黃道 路空 癸亥時沖丁巳 殺在西神占股 少微		

戊不受田人神在腹			戊午日時局		的呼辛未人		
午不苫蓋人神在心			正沖壬子殺在北		胎神房床碓房正東		
諸事：：勿用 日時：正沖 王子時沖丙午 殺在南神占踝	日害 路空 癸丑時沖丁未 殺在東神占頭 貴人 寶光	不遇 白虎 甲寅時沖戊申 殺在北神占耳目 三合 生旺	太陽 玉堂 乙卯時沖己酉 殺在西神占面 天官 長生	天兵 天牢 丙辰時沖庚戌 殺在南神占頸 喜神 武曲	狗食：：大退 丁巳時沖辛亥 殺在東神占乳 祿元 同馳		
六戊 司命 建刑 戊午時沖壬子 殺在北神占胸 帝旺	六合 祿貴 勾陳 己未時沖癸丑 殺在西神占腹 交馳	驛馬 福星 地兵 庚申時沖甲寅 殺在南神占心 青龍	貪狼 明堂 天賊 辛酉時沖乙卯 殺在東神占膝 進貴	右弼 路空 壬戌時沖丙辰 殺在北神占腰 三合 財局	朱雀 金星 路空 癸亥時沖丁巳 殺在西神占股 左輔		

戊

戊申日 — 戊不受田　申不安床　人神在頭背腹　戊申日正沖壬寅　時殺在南　局的　胎神呼房床　庚戌爐房內　人東

唐符路空　青龍大進　壬子時沖丙午　殺在南神占踝	國印路空　明堂貴人　癸丑時沖丁未　殺在東神占頭
諸事：勿用　日時：：相沖　甲寅時沖戊申　殺在北神占耳目	太陽進貴　貪狼朱雀　乙卯時沖己酉　殺在西神占面
喜神天兵　三合金匱　丙辰時沖庚戌　殺在南神占頸	刑合大退　寶光日祿　丁巳時沖辛亥　殺在東神占乳
六戊白虎　太陰帝旺　戊午時沖壬子　殺在北神占胸	玉堂：狗食　羅紋：交貴　己未時沖癸丑　殺在西神占腹
天牢地兵　福星進祿　庚申時沖甲寅　殺在南神占心	元武：黑道　功曹：天賊　辛酉時沖乙卯　殺在東神占膝
司命：黃道　鳳輦：路空　壬戌時沖丙辰　殺在北神占腰	勾陳路空　金星日害　癸亥時沖丁巳　殺在西神占股

戊戌日 — 戊不吃犬　戌不安床　人神在頭面　戊戌日正沖壬辰　時殺在北　局的　胎神呼房栖　癸亥爐房內　人南

唐符路空　天牢大進　壬子時沖丙午　殺在南神占踝	日刑路空　貴人國印　癸丑時沖丁未　殺在東神占頭
金星不遇　三合長生　甲寅時沖戊申　殺在北神占耳目	諸事：勿用　日破：：大凶　乙卯時沖己酉　殺在西神占面
天官勾陳　六合太陽　丙辰時沖庚戌　殺在南神占頸	旬空大退　日祿天赦　丁巳時沖辛亥　殺在東神占乳
貪狼六戊　三合帝旺　戊午時沖壬子　殺在北神占胸	右弼朱雀　天乙：貴人　己未時沖癸丑　殺在西神占腹
左輔地兵　福星金匱　庚申時沖甲寅　殺在南神占心	天賊狗食　寶光天德　辛酉時沖乙卯　殺在東神占膝
白虎路空　武曲日建　壬戌時沖丙辰　殺在北神占腰	金星路空　玉堂少微　癸亥時沖丁巳　殺在西神占股

己

己丑日時局

己不破券人神在脾　己丑日時局　的呼丁未人
丑不冠帶人神腰耳　正沖癸未殺在東　胎神占門廁外正北

甲子時沖戊午 殺在南神占踝｜羅紋：交貴 六合 大進	乙丑時沖己未 殺在北神占頭｜不遇 唐符 日建 朱雀	丙寅時沖庚申 殺在東神占耳目｜國印 喜神 金匱 天兵	丁卯時沖辛酉 殺在西神占面｜天德 天赦 黃道 寶光	戊辰時沖壬戌 殺在南神占頸｜六戊 時居 白虎 日貴	己巳時沖癸亥 殺在東神占乳｜玉堂 大退 三合 帝旺
庚午時沖甲子 殺在北神占胸｜貪狼：交馳 祿貴 地兵	辛未時沖乙丑 殺在西神占腹｜諸事：勿用 日破：大凶	壬申時沖丙寅 殺在南神占心｜左輔 路空 司命 貴人	癸酉時沖丁卯 殺在東神占膝｜天賊 路空 三合 長生	甲戌時沖戊辰 殺在北神占腰｜武曲 日刑 青龍 進貴	乙亥時沖己巳 殺在西神占股｜驛馬 不遇 明堂 木星

己卯日時局

己不破券人神在脾　己卯日時局　的呼丁亥己未人
卯不穿井人神脾鼻　正沖癸酉殺在西　胎神占大門外正西

甲子時沖戊午 殺在南神占踝｜司命 貴人 五合	乙丑時沖己未 殺在東神占頭｜勾陳 唐符 武曲 不遇	丙寅時沖庚申 殺在北神占耳目｜天兵 喜神 青龍 狗食	丁卯時沖辛酉 殺在西神占面｜明堂 天赦 黃道 日建	戊辰時沖壬戌 殺在南神占頸｜六戊 武曲 天刑 雷兵	己巳時沖癸亥 殺在東神占乳｜驛馬 朱雀 帝旺 大退
庚午時沖甲子 殺在北神占胸｜福德 金匱 日祿 地兵	辛未時沖乙丑 殺在西神占腹｜福星 三合 天德 寶光	壬申時沖丙寅 殺在南神占心｜旬空 羅紋：交貴 路空	癸酉時沖丁卯 殺在東神占膝｜日時：：正沖 諸事：勿用	甲戌時沖戊辰 殺在北神占腰｜天牢 天地：合局：黑道	乙亥時沖己巳 殺在西神占股｜左輔 不遇 三合 木星

己

己不破券 人神在脾　己巳日時局　的呼甲辰 己未外 人正南
己巳不出行 人神在手　正沖癸亥 殺在東　胎神占門床 外正南

甲子時	乙丑時	丙寅時	丁卯時	戊辰時	己巳時
貪狼 貴人 大進 白虎 殺在南 神占踝 甲子時沖戊午	唐符 三合 不遇 殺在東 神占頭 乙丑時沖己未 玉堂	國印 天官 喜神 天兵 殺在北 神占目 丙寅時沖庚申	元武：黑道 天赦 貪狼 殺在西 神占面 丁卯時沖辛酉	狗食 司命 六戊 右弼 殺在南 神占頸 戊辰時沖壬戌	勾陳 帝旺 大退 左輔 殺在東 神占乳 己巳時沖癸亥

庚午時	辛未時	壬申時	癸酉時	甲戌時	乙亥時
天貴 日祿 地兵 殺在北 神占胸 庚午時沖甲子 青龍	明堂 福星 太陽 武曲 殺在西 神占腹 辛未時沖乙丑	六合 羅紋 路空 殺在南 神占心 壬申時沖丙寅	朱雀 三合 路空 長生 殺在東 神占膝 癸酉時沖丁卯	福德 金匱：黃道 旬空 殺在北 神占腰 甲戌時沖戊辰	諸事：勿用 日破：大凶 殺在西 神占股 乙亥時沖己巳

己不破券 人神在脾　己未日時局　的呼丙戌 戊外 人正東
己未不服藥 人神頭手　正沖癸丑 殺在西　胎神占門廁 外正東

甲子時	乙丑時	丙寅時	丁卯時	戊辰時	己巳時
大進 羅紋：天刑 交貴 殺在南 神占踝 甲子時沖戊午	諸事：勿用 日時：相沖 殺在東 神占頭 乙丑時沖己未	國印 喜神 金匱 天兵 殺在北 神占目 丙寅時沖庚申	寶光 三合天德 天赦 殺在西 神占面 丁卯時沖辛酉	白虎 進貴 六戊 ：黑道 殺在南 神占頸 戊辰時沖壬戌	驛馬 帝旺 大退 玉堂 殺在東 神占乳 己巳時沖癸亥

庚午時	辛未時	壬申時	癸酉時	甲戌時	乙亥時
狗食 祿貴：交馳 地兵 殺在北 神占胸 庚午時沖甲子	日建 福星 右弼 元武 殺在西 神占腹 辛未時沖乙丑	左輔 司命 貴人 路空 殺在南 神占心 壬申時沖丙寅	天賊 長生 勾陳 路空 殺在東 神占膝 癸酉時沖丁卯	武曲 青龍 進貴 日刑 殺在北 神占腰 甲戌時沖戊辰	木星 三合 明堂 不遇 殺在西 神占股 乙亥時沖己巳

己

己酉日

己不破券，人神在脾／酉不會客，人神在背
己酉日 正沖癸卯　殺在東　時局
胎神占　的呼　庚申 門外大　人東北

甲子時沖戊午	乙丑時沖己未	丙寅時沖庚申	丁卯時沖辛酉	戊辰時沖壬戌	己巳時沖癸亥
殺在南神占踝 五合大進 貴人司命	殺在東神占頭 三合武曲 唐符不遇	殺在北神占耳目 喜神青龍 左輔天兵	殺在西神占面 日破：：大凶 諸事：勿用	殺在南神占頸 六合天刑 六戊雷兵	殺在東神占乳 三合生旺 朱雀大退
庚午時沖甲子	辛未時沖乙丑	壬申時沖丙寅	癸酉時沖丁卯	甲戌時沖戊辰	乙亥時沖己巳
殺在北神占胸 金匱日祿 五符地兵	殺在西神占腹 福星進祿 天德寶光	殺在南神占心 貴人路空 狗食	殺在東神占膝 長生玉堂 天賊路空	殺在北神占腰 右弼日害 天牢：：黑道	殺在西神占股 左輔驛馬 不遇元武

己亥日

己不破券，人神在脾／亥不行嫁，人神頭頸
己亥日 正沖癸巳　殺在西　時局
胎神占　的門　辛未 床房內　人南

甲子時沖戊午	乙丑時沖己未	丙寅時沖庚申	丁卯時沖辛酉	戊辰時沖壬戌	己巳時沖癸亥
殺在南神占踝 貴人大進 貪狼白虎	殺在東神占頭 玉堂右弼 唐符不遇	殺在北神占耳目 六合進貴 喜神天兵	殺在西神占面 三合進貴 天赦貪狼	殺在南神占頸 六戊右弼 司命雷兵	殺在東神占乳 日破：：大凶 諸事：勿用
庚午時沖甲子	辛未時沖乙丑	壬申時沖丙寅	癸酉時沖丁卯	甲戌時沖戊辰	乙亥時沖己巳
殺在北神占胸 金星日祿 青龍地兵	殺在西神占腹 明星福星 三合武曲	殺在南神占心 祿貴：交馳 天刑路空	殺在東神占膝 長生朱雀 天賊路空	殺在北神占腰 金匱：：黃道 天狗：：下食	殺在西神占股 天德寶光 不遇建刑

庚

庚子日時局

庚不經絡 人神在腰　庚子日時局　　的呼　乙未人　人南
子不問卜 人神在目　正沖甲午殺在南　胎神占碓磨房內　南

丙子時沖庚午 殺在南神占踝 金匱 日建 天兵不遇	丁丑時沖辛未 殺在東神占頭 六合 貴人 天赦 寶光	戊寅時沖壬申 殺在北神占耳目 六戊 左輔 白虎 驛馬	己卯時沖癸酉 殺在西神占面 唐符 玉堂 進貴 大進	庚辰時沖甲戌 殺在南神占頸 天牢 三合 木星 地兵	辛巳時沖乙亥 殺在東神占乳 元武 長生 太陰 旬空
壬午時沖丙子 殺在北神占胸 勾陳 路空 諸事：：勿用 日破：：大凶	癸未時沖丁丑 殺在西神占腹 貴人 日害 勾陳 路空 太陽 大退	甲申時沖戊寅 殺在南神占心 三合 日祿 太陽 大退	乙酉時沖己卯 殺在東神占膝 帝旺 貪狼 進貴 明堂	丙戌時沖庚辰 殺在北神占腰 右弼 天兵 不遇 喜神	丁亥時沖辛巳 殺在西神占股 左輔 天赦 朱雀 狗食

庚寅日時局

庚不祭祀 人神在腰　庚寅日時局　　的呼　丙申人　人北
寅不祭祀 人神在胸　正沖甲申殺在北　胎神占爐外正北　外正

丙子時沖庚午 殺在南神占踝 青龍 喜神 貪狼 天兵	丁丑時沖辛未 殺在東神占頭 貴人 天赦 明堂 狗食	戊寅時沖壬申 殺在北神占耳目 六戊 長生 雷兵 天刑	己卯時沖癸酉 殺在西神占面 胞胎：：逢印 大進 天賊	庚辰時沖甲戌 殺在南神占頸 福德 金匱 右弼 地兵	辛巳時沖乙亥 殺在東神占乳 天德 寶光 進貴 長生
壬午時沖丙子 殺在北神占胸 福星 路空 旬空 三合	癸未時沖丁丑 殺在西神占腹 玉堂 貴人 武曲 路空	甲申時沖戊寅 殺在南神占心 日時：：正沖 諸事：：勿用	乙酉時沖己卯 殺在東神占膝 帝旺 金星 元武 黑道	丙戌時沖庚辰 殺在北神占腰 三合 喜神 司命 天兵	丁亥時沖辛巳 殺在西神占股 六合 天赦 勾陳 黑道

庚

戊辰日時局

庚辰　不不哭泣　經絡人神　在腰腰膝　　戊辰日時局　正沖甲戌　殺在南　　的胎呼神　戊辰碓磨　戊戌栖外正　人西

丙子時沖庚午	丁丑時沖辛未	戊寅時沖壬申	己卯時沖癸酉	庚辰時沖甲戌	辛巳時沖乙亥
殺在南神占踝	殺在東神占頭	殺在北神占耳目	殺在西神占面	殺在南神占頸	殺在東神占乳
三合 天牢	天赦 貴人	司命：黃道	大進 唐符	青龍 國印	長生 功曹
天兵 不遇	元武：黑道	驛馬 六戊	天賊 狗食	建刑 地兵	明堂：黃道

壬午時沖丙子	癸未時沖丁丑	甲申時沖戊寅	乙酉時沖己卯	丙戌時沖庚辰	丁亥時沖辛巳
殺在北神占胸	殺在西神占腹	殺在南神占心	殺在東神占膝	殺在北神占腰	殺在西神占股
天官 福星	貴人 右弼	三合 日祿	天地：合局 帝旺	日時：相沖	天赦 少微
天刑 路空	朱雀 路空	金匱 大退	天德	諸事：勿用	玉堂：黃道

庚午日時局

庚午　不不苦蓋　經絡人神　在腰在心　　庚午日時局　正沖甲子　殺在北　　的胎呼神　壬戌占碓磨　外正　人南

丙子時沖庚午	丁丑時沖辛未	戊寅時沖壬申	己卯時沖癸酉	庚辰時沖甲戌	辛巳時沖乙亥
殺在南神占踝	殺在東神占頭	殺在北神占耳目	殺在西神占面	殺在南神占頸	殺在東神占乳
日時：相沖	天赦 貴人	三合 生旺	大進 玉堂	比肩 武曲	長生 進貴
諸事：勿用	天德 武曲	左輔 六戊	唐符 天賊	天牢 地兵	太陰 元武

壬午時沖丙子	癸未時沖丁丑	甲申時沖戊寅	乙酉時沖己卯	丙戌時沖庚辰	丁亥時沖辛巳
殺在北神占胸	殺在西神占腹	殺在南神占心	殺在東神占膝	殺在北神占腰	殺在西神占股
福星 司命	六合 貴人	日祿 青龍	帝旺 貪狼	三合 喜神	天赦 左輔
路空 日刑	路空 勾陳	驛馬 大退	明堂：黃道	天兵 不遇	旬空 朱雀

庚

庚申日

庚申不安床　經絡人神在腰頭背
庚申日　時局殺在南　正沖甲寅
的呼胎神　辛巳碓　辛酉磨　爐外東南（人南）

丙子時	丁丑時	戊寅時	己卯時	庚辰時	辛巳時
丙子時沖庚午　殺在南神占踝　三合青龍　天兵不遇	丁丑時沖辛未　殺在東神占頭　貴人天赦　諸事：勿用	戊寅時沖壬申　殺在北神占耳目　日破：大凶	己卯時沖癸酉　殺在西神占面　進貴大進　天賊朱雀	庚辰時沖甲戌　殺在南神占頸　三合金匱　國印地兵	辛巳時沖乙亥　殺在東神占乳　天德長生　寶光刑合

壬午時	癸未時	甲申時	乙酉時	丙戌時	丁亥時
壬午時沖丙子　殺在北神占胸　天官福星　白虎路空	癸未時沖丁丑　殺在西神占腹　玉堂貴人　狗食路空	甲申時沖戊寅　殺在南神占心　日祿五符　天牢大退	乙酉時沖己卯　殺在東神占膝　帝旺進貴　功曹元武	丙戌時沖庚辰　殺在北神占腰　喜神司命　天兵不遇	丁亥時沖辛巳　殺在西神占股　天赦：日害　勾陳黑道

庚戌日

庚戌不吃犬　經絡人神在腰頭面
庚戌日　時局殺在北　正沖甲辰
的呼胎神　辛丑碓　辛丑栖　磨栖外東北（人北）

丙子時	丁丑時	戊寅時	己卯時	庚辰時	辛巳時
丙子時沖庚午　殺在南神占踝　喜神天牢　天兵不遇	丁丑時沖辛未　殺在東神占頭　貴人天赦　元武日刑	戊寅時沖壬申　殺在北神占耳目　三合司命　六戊旬空	己卯時沖癸酉　殺在西神占面　六合大進　天賊勾陳	庚辰時沖甲戌　殺在南神占頸　三合司命　諸事：勿用	辛巳時沖乙亥　殺在東神占乳　太陰明堂　長生傳送

壬午時	癸未時	甲申時	乙酉時	丙戌時	丁亥時
壬午時沖丙子　殺在北神占胸　天官福星　貪狼路空	癸未時沖丁丑　殺在西神占腹　貴人天刑　朱雀路空	甲申時沖戊寅　殺在南神占心　金匱日祿　驛馬大退	乙酉時沖己卯　殺在東神占膝　帝旺天德　寶光狗食	丙戌時沖庚辰　殺在北神占腰　喜神武曲　天兵白虎	丁亥時沖辛巳　殺在西神占股　天赦：少微　玉堂黃道

辛

辛丑日

人神在腰膝耳	辛丑日 正沖乙未 殺在東	時局	的呼	壬子 廚灶 房內 人南

辛丑 不合 醫不冠帶 人神 神在腰 膝耳 辛丑日 正沖乙未 殺在東 時局 的呼 壬子 廚灶 房內 人南

戊子時沖壬午 殺在南神占踝 六合 六戊 進貴	己丑時沖癸未 殺在東神占頭 朱雀 太陰：黑道 日建	庚寅時沖甲申 殺在北神占耳目 金匱 羅紋：交貴 地兵	辛卯時沖乙酉 殺在西神占面 寶光 比局 天德 天賊	壬辰時沖丙戌 殺在南神占頸 白虎 唐符 太陽 路空	癸巳時沖丁亥 殺在東神占乳 玉堂 三合 福星 路空
甲午時沖戊子 殺在北神占胸 大進 羅紋：互貴 貪狼	乙未時沖己丑 殺在西神占腹 諸事：勿用 日時沖 正沖	丙申時沖庚寅 殺在南神占心 左輔 喜神 司命 天兵	丁酉時沖辛卯 殺在東神占膝 日祿 三合 天赦 五符	戊戌時沖壬辰 殺在北神占腰 六戊 青龍 武曲 雷兵	己亥時沖癸巳 殺在西神占股 驛馬 明堂：大退 黃道

辛卯日

人神在脾鼻	辛卯日 正沖乙酉 殺在西	時局	的呼	辛未 門灶 外正 人北

辛卯 不穿井 醫不 人神 神在脾 鼻 辛卯日 正沖乙酉 殺在西 時局 的呼 辛未 門灶 外正 人北

戊子時沖壬午 殺在南神占踝 六戊 司命 長生 日刑	己丑時沖癸未 殺在東神占頭 勾陳 太陰：黑道 武曲	庚寅時沖甲申 殺在北神占耳目 狗食 青龍 貴人 地兵	辛卯時沖乙酉 殺在西神占面 明堂 同類：相資 天賊	壬辰時沖丙戌 殺在南神占頸 天刑 武曲 進貴 路空	癸巳時沖丁亥 殺在東神占乳 朱雀 福星 驛馬 路空
甲午時沖戊子 殺在北神占胸 金匱 貴人 大進 旬空	乙未時沖己丑 殺在西神占腹 天德 三合：財局 寶光	丙申時沖庚寅 殺在南神占心 天兵 喜神 帝旺 白虎	丁酉時沖辛卯 殺在東神占膝 諸事：勿用 日時：相沖 帝旺	戊戌時沖壬辰 殺在北神占腰 六戊 六合 天牢 雷兵	己亥時沖癸巳 殺在西神占股 元武 三合 左輔 大退

辛

辛巳日時局

辛巳不出　合不　醫人行人　神在手・神在膝　正沖乙亥殺在東　的呼　胎神廚灶床外正西　己未人西

時辰	吉凶	神煞
戊子時沖壬午　殺在南神占踝	貪狼	六戊　長生　白虎
己丑時沖癸未　殺在東神占頭	太陰	少微　三合　玉堂
庚寅時沖甲申　殺在北神占耳目	天牢	日刑　貴人　地兵
辛卯時沖乙酉　殺在西神占面	貪狼	天賊　比肩　元武
壬辰時沖丙戌　殺在南神占頸	進貴	狗食　司命　路空
癸巳時沖丁亥　殺在東神占乳	福星進貴	國印　路空
甲午時沖戊子　殺在北神占胸	大進	天官貴人　青龍
乙未時沖己丑　殺在西神占腹	武曲：中平	明堂：黃道
丙申時沖庚寅　殺在南神占心	天地：合局天兵	天赦
丁酉時沖辛卯　殺在東神占膝	日祿	三合　朱雀　天赦
戊戌時沖壬辰　殺在北神占腰	黃道：黃道	六戊　金匱　雷兵
己亥時沖癸巳　殺在西神占股	日破：大凶	諸事：勿用

辛未日時局

辛未不服藥　合不　醫人服藥　人神頭手　正沖乙丑殺在西　的呼　胎神廚灶廁外西南　己亥人南西

時辰	吉凶	神煞
戊子時沖壬午　殺在南神占踝	長生進貴	天刑　六戊
己丑時沖癸未　殺在東神占頭	日破：大凶	諸事：勿用
庚寅時沖甲申　殺在北神占耳目	金匱羅紋：交貴	地兵
辛卯時沖乙酉　殺在西神占面	寶光　三合	天德　天賊
壬辰時沖丙戌　殺在南神占頸	太陽唐符　路空	白虎
癸巳時沖丁亥　殺在東神占乳	玉堂福星　路空	國印
甲午時沖戊子　殺在北神占胸	六合　大進	貴人　天牢
乙未時沖己丑　殺在西神占腹	右弼：日建	元武：黑道
丙申時沖庚寅　殺在南神占心	喜神　左輔　天兵	司命　勾陳不遇
丁酉時沖辛卯　殺在東神占膝	天赦　日祿	不遇
戊戌時沖壬辰　殺在北神占腰	青龍　武曲	六戊　雷兵
己亥時沖癸巳　殺在西神占股	三合　明堂	旬空　大退

辛

辛酉日

辛酉不會　合不會　醫人客　人神在背　人神在膝　正沖乙卯　辛酉日 時局　殺在東　的呼 胎神　庚辰 門灶廚外東　人南東

戊子時沖壬午	己丑時沖癸未	庚寅時沖甲申	辛卯時沖乙酉	壬辰時沖丙戌	癸巳時沖丁亥
殺在南神占踝	殺在東神占頭	殺在北神占耳目	殺在西神占面	殺在南神占頸	殺在東神占乳
司命	三合武曲	貴人	日破：：大凶	六合唐符	三合福星
六戊 長生 旬空	勾陳 旬空	左輔 地兵	諸事：勿用	天刑 路空	國印 路空

甲午時沖戊子	乙未時沖己丑	丙申時沖庚寅	丁酉時沖辛卯	戊戌時沖壬辰	己亥時沖癸巳
殺在北神占胸	殺在西神占腹	殺在南神占心	殺在東神占心	殺在北神占腰	殺在西神占股
貴人大進	天德寶光：吉利	喜神 狗食	祿貴：：交馳	右弼日害	驛馬左輔
金匱 福德	黃道：	天兵 白虎	天赦 建刑	天牢 六戊	元武 大退

辛亥日

辛亥不行　合不行嫁　醫人　人神頭頸　人神在膝　正沖乙巳　辛亥日 時局　殺在西　的呼 胎神　辛亥 床外東 灶廚　人北東

戊子時沖壬午	己丑時沖癸未	庚寅時沖甲申	辛卯時沖乙酉	壬辰時沖丙戌	癸巳時沖丁亥
殺在南神占踝	殺在東神占頭	殺在北神占耳目	殺在西神占面	殺在南神占頸	殺在東神占乳
右弼	玉堂：黃道	六合貴人	三合天賊	司命進祿	日破：：大凶
六戊 長生 白虎	太陰	天牢 地兵	元武 旬空	唐符 路空	諸事：勿用

甲午時沖戊子	乙未時沖己丑	丙申時沖庚寅	丁酉時沖辛卯	戊戌時沖壬辰	己亥時沖癸巳
殺在北神占胸	殺在西神占腹	殺在南神占心	殺在東神占膝	殺在北神占腰	殺在西神占股
天官貴人大進	三合武曲	喜神帝旺	日祿天赦	金匱雷兵	天德寶光
青龍	明堂：黃道	天兵 天刑	進貴朱雀	狗食 六戊	建刑 大退

壬

壬子日時局

壬不汲水　人神在脛
子不問卜　人神在目
壬子日時局
正沖丙午殺在南
的呼乙亥
胎神倉庫碓外東北　人北

庚子時	辛丑時	壬寅時	癸卯時	甲辰時	乙巳時
庚子時沖甲午 殺在南神占踝 帝旺金匱 日建地兵	辛丑時沖乙未 殺在東神占頭 六合長生 寶光武曲	壬寅時沖丙申 殺在北神占耳目 六壬：趨艮 路空 白虎	癸卯時沖丁酉 殺在西神占面 禄貴：交馳 玉堂 路空	甲辰時沖戊戌 殺在南神占頸 三合福星 武曲 天牢	乙巳時沖己亥 殺在東神占乳 羅紋：交貴 天賊 元武

丙午時	丁未時	戊申時	己酉時	庚戌時	辛亥時
丙午時沖庚子 殺在北神占胸 日時：正沖 諸事：勿用	丁未時沖辛丑 殺在西神占腹 天赦國印 日害 勾陳	戊申時沖壬寅 殺在南神占心 三合長生 青龍 六戊	己酉時沖癸卯 殺在東神占膝 明堂大進 進貴貪狼	庚戌時沖甲辰 殺在北神占腰 右弼地兵 天刑：黑道	辛亥時沖乙巳 殺在西神占股 五符日禄 狗食 朱雀

壬寅日時局

壬不汲水　人神在脛
寅不祭祀　人神在胸
壬寅日時局
正沖丙申殺在北
的呼甲辰
胎神倉庫爐房內南　人南

庚子時	辛丑時	壬寅時	癸卯時	甲辰時	乙巳時
庚子時沖甲午 殺在南神占踝 帝旺 青龍貪狼 地兵	辛丑時沖乙未 殺在東神占頭 明堂進貴 天狗：下食	壬寅時沖丙申 殺在北神占耳目 六壬：趨艮 路空大退	癸卯時沖丁酉 殺在西神占面 貴人貪狼 朱雀 路空	甲辰時沖戊戌 殺在南神占頸 三合福星 右弼 金匱 旬空	乙巳時沖己亥 殺在東神占乳 貴人天德 寶光 賊刑

丙午時	丁未時	戊申時	己酉時	庚戌時	辛亥時
丙午時沖庚子 殺在北神占胸 三合喜神 天兵 白虎	丁未時沖辛丑 殺在西神占腹 天赦國印 玉堂武曲	戊申時沖壬寅 殺在南神占心 日時：相沖 諸事：勿用	己酉時沖癸卯 殺在東神占膝 大進傳送 元武：黑道	庚戌時沖甲辰 殺在北神占腰 三合司命 水星地兵	辛亥時沖乙巳 殺在西神占股 禄貴：交馳 六合勾陳

壬

壬辰日時局　殺在南　正沖丙戌　胎神倉庫栖外正北　呼的

壬辰不汲水，人神在脛
壬辰不哭泣，人神腰膝

庚子時沖甲午　殺在南神占踝　三合：地兵　天牢：黑道	辛丑時沖乙未　殺在東神占頭　國印　水星　黑道　元武：	壬寅時沖丙申　殺在北神占耳目　臨官　大退　驛馬　路空	癸卯時沖丁酉　殺在西神占面　勾陳　狗食　路空　堆貴	甲辰時沖戊戌　殺在南神占頸　青龍：黃道　建刑　福星	乙巳時沖己亥　殺在東神占乳　天賊　天官　堆貴　明堂
丙午時沖庚子　殺在北神占胸　天兵　唐符　喜神　貪狼	丁未時沖辛丑　殺在西神占腹　黑道　金星　天赦：　朱雀：黑道	戊申時沖壬寅　殺在南神占心　金匱　三合　長生　六戊	己酉時沖癸卯　殺在東神占膝　天德　六合　大進　寶光	庚戌時沖甲辰　殺在北神占腰　日破：大凶　諸事：勿用	辛亥時沖乙巳　殺在西神占股　玉堂　日祿：居時　少微

壬午日時局　殺在北　正沖丙子　胎神倉庫碓外西北　呼的

壬午不汲水，人神在脛
壬午不苦蓋，人神在心

庚子時沖甲午　殺在南神占踝　日破：大凶　諸事：勿用	辛丑時沖乙未　殺在東神占頭　武曲　天德　進貴　日殺	壬寅時沖丙申　殺在北神占耳目　三合　臨官　大退　天賊	癸卯時沖丁酉　殺在西神占面　少微　堆貴　玉堂　路空	甲辰時沖戊戌　殺在南神占頸　武曲　福星：貴人　天牢	乙巳時沖己亥　殺在東神占乳　天賊　天官　堆貴　元武
丙午時沖庚子　殺在北神占胸　天兵　喜神　司命　日刑	丁未時沖辛丑　殺在西神占腹　天赦　天地：合局　勾陳	戊申時沖壬寅　殺在南神占心　青龍　驛馬　進祿　長生　六戊	己酉時沖癸卯　殺在東神占膝　大進　明堂　進祿　旬空	庚戌時沖甲辰　殺在北神占腰　三合　右弼　天刑　地兵	辛亥時沖乙巳　殺在西神占股　祿貴：交馳　左輔　朱雀

壬

壬不汲水 人神在脛　壬申日時局　的呼丁巳 人
申不安床 人神頭背　正沖丙寅殺在南　胎神倉庫爐外西 南

庚子時沖甲午 殺在南 神占踝 青龍 三合 地兵 帝旺	辛丑時沖乙未 殺在東 神占頭 明堂:: 黃道 水星 右弼	壬寅時沖丙申 殺在北 神占耳目 諸事:: 勿用 日破 大凶	癸卯時沖丁酉 殺在西 神占面 朱雀 堆貴 路空 貪狼	甲辰時沖戊戌 殺在南 神占頸 福星 三合 金匱 右弼	乙巳時沖己亥 殺在東 神占乳 六合 羅紋:: 交貴 天德
丙午時沖庚子 殺在北 神占胸 喜神 天兵 白虎 唐符	丁未時沖辛丑 殺在西 神占腹 武曲 天赦 玉堂 少微	戊申時沖壬寅 殺在南 神占心 六戊 長生 天牢 雷兵	己酉時沖癸卯 殺在東 神占膝 大進 進貴 元武:: 黑道	庚戌時沖甲辰 殺在北 神占腰 旬空 司命: 黃道 地兵	辛亥時沖乙巳 殺在西 神占股 勾陳:: 黑道 日祿:: 居時

壬不汲水 人神在脛　壬戌日時局　的呼辛丑 人
戌不吃犬 人神頭面　正沖丙辰殺在北　胎神倉庫栖外東 南

庚子時沖甲午 殺在南 神占踝 帝旺 旬空 地兵 天牢	辛丑時沖乙未 殺在東 神占頭 水星 旬空 元武 日刑	壬寅時沖丙申 殺在北 神占耳目 三合 臨官 路空 天賊	癸卯時沖丁酉 殺在西 神占面 六合 貴人 路空 勾陳	甲辰時沖戊戌 殺在南 神占頸 日破:: 大凶 諸事:: 勿用	乙巳時沖己亥 殺在東 神占乳 貴人 明堂 天賊 傳送
丙午時沖庚子 殺在北 神占胸 三合 喜神 天兵 天刑	丁未時沖辛丑 殺在西 神占腹 右弼 國印 朱雀 日刑	戊申時沖壬寅 殺在南 神占心 六戊 不遇 驛馬 寶光 天德 狗食	己酉時沖癸卯 殺在東 神占膝 大進 天德 白虎	庚戌時沖甲辰 殺在北 神占腰 武曲 日建 白虎 地兵	辛亥時沖乙巳 殺在西 神占股 玉堂 日祿 五符 少微

癸

癸丑日

癸不詞訟人神在足　　癸丑日時局　的呼甲寅丁亥人
丑不冠帶人神腰耳　　正沖丁未 殺在東　胎神房床廁外東北

丁巳時沖辛亥	殺在東神占乳　玉堂 三合貴人　大退
丙辰時沖庚戌	殺在南神占頸　喜神 天兵　白虎：黑道
乙卯時沖己酉	殺在西神占面　福星長生 天德　貴人
甲寅時沖戊申	殺在北神占耳目　金匱 進貴　天賊
癸丑時沖丁未	殺在東神占頭　金星金匱　朱雀 同類：相資 路空
壬子時沖丙午	殺在南神占踝　狗食日祿路空　大進
癸亥時沖丁巳	殺在西神占股　明堂金星　驛馬路空
壬戌時沖丙辰	殺在北神占腰　青龍武曲　日刑路空
辛酉時沖乙卯	殺在東神占膝　三合：扶元　勾陳：黑道
庚申時沖甲寅	殺在南神占心　司命國印地兵　進貴
己未時沖癸丑	殺在西神占腹　日時相沖　諸事：勿用
戊午時沖壬子	殺在北神占胸　天牢貪狼六戊　進貴

癸卯日

癸不詞訟人神在足　　癸卯日時局　的呼丙辰丁巳人
卯不穿井人神脾鼻　　正沖丁酉 殺在西　胎神房床門房內南

丁巳時沖辛亥	殺在東神占乳　貴人天赦　驛馬大退
丙辰時沖庚戌	殺在南神占頸　喜神武曲　天兵 天刑
乙卯時沖己酉	殺在西神占面　長生祿貴　明堂 交馳
甲寅時沖戊申	殺在北神占耳目　青龍左輔　天賊 狗食
癸丑時沖丁未	殺在東神占頭　勾陳武曲路空　進貴
壬子時沖丙午	殺在南神占踝　日刑日祿路空　大進
癸亥時沖丁巳	殺在西神占股　三合生旺　左輔路空
壬戌時沖丙辰	殺在北神占腰　六合進貴　天牢路空
辛酉時沖乙卯	殺在東神占膝　日破：大凶　諸事：勿用
庚申時沖甲寅	殺在南神占心　白虎：黑道　國印地兵
己未時沖癸丑	殺在西神占腹　寶光三合天德　不遇
戊午時沖壬子	殺在北神占胸　太陰金匱六戊　雷兵

癸

癸巳日

癸巳日　正沖丁亥　時局殺在東　胎神占房床房內　甲午　人北　的呼
巳不出行　詞訟　人神在手　人神在足

時辰	沖	殺/神占	神煞
壬子時	沖丙午	殺在南神占踝	大進　祿貴：交馳　路空
癸丑時	沖丁未	殺在東神占頭	三合　玉堂：黃道　路空
甲寅時	沖戊申	殺在北神占耳目	天牢　天賊　日刑　日害
乙卯時	沖己酉	殺在西神占面	福星　長生　貴人　太陽
丙辰時	沖庚戌	殺在南神占頸	天兵　喜神　司命　狗食
丁巳時	沖辛亥	殺在東神占乳	天赦　貴人　左輔　大退
戊午時	沖壬子	殺在北神占胸	六戊　青龍　進祿　雷兵
己未時	沖癸丑	殺在西神占腹	不遇　明堂　旬空　武曲
庚申時	沖甲寅	殺在南神占心	六合　長生　地兵　朱雀：黑道
辛酉時	沖乙卯	殺在東神占膝	三合　五鬼：黑道　福德
壬戌時	沖丙辰	殺在北神占腰	福德　金匱：黃道　路空
癸亥時	沖丁巳	殺在西神占股	日破：：大凶　諸事：勿用

癸未日

癸未日　正沖丁丑　時局殺在西　胎神占房床廁　外西　甲申　人北　的呼
未不服藥　詞訟　人神頭手

時辰	沖	殺/神占	神煞
壬子時	沖丙午	殺在南神占踝	天刑　日祿　路空　大進
癸丑時	沖丁未	殺在東神占頭	金匱　進貴　福德　天賊
甲寅時	沖戊申	殺在北神占耳目	福星　三合　貴人　長生
乙卯時	沖己酉	殺在西神占面	白虎　喜神　天兵　黑道
丙辰時	沖庚戌	殺在南神占頸	驛馬　玉堂　貴人　大退
丁巳時	沖辛亥	殺在東神占乳	日破：：大凶　諸事：勿用
戊午時	沖壬子	殺在北神占胸	六戊　六合　狗食　進貴
己未時	沖癸丑	殺在西神占腹	不遇　唐符　右弼　元武
庚申時	沖甲寅	殺在南神占心	司命　進貴　地兵
辛酉時	沖乙卯	殺在東神占膝	勾陳　中平　旬空　五鬼
壬戌時	沖丙辰	殺在北神占腰	青龍　武曲　路空　日刑
癸亥時	沖丁巳	殺在西神占股	明堂　三合　帝旺　路空

癸

癸酉日時局

正沖丁卯　殺在東　的呼辛丑人　胎神房床門外西南

癸酉　不會客　詞訟不　人神在足　人神在背

壬子時沖丙午 殺在南神占踝 司命 日祿 路空 大進	癸丑時沖丁未 殺在東神占頭 勾陳 三合 路空 武曲	甲寅時沖戊申 殺在北神占耳目 青龍 功曹 左輔 天賊	乙卯時沖己酉 殺在西神占面 日破：大凶 諸事：勿用	丙辰時沖庚戌 殺在南神占頭 六合 喜神 進貴 天兵	丁巳時沖辛亥 殺在東神占乳 三合：互貴 羅紋：大退
戊午時沖壬子 殺在北神占胸 六戊 金匱 雷兵 太陰	己未時沖癸丑 殺在西神占腹 唐符 天德 不遇 寶光	庚申時沖甲寅 殺在南神占心 狗食 國印 地兵 白虎	辛酉時沖乙卯 殺在東神占膝 貪狼 玉堂 建刑 進祿	壬戌時沖丙辰 殺在北神占腰 天牢 右弼 路空 日害	癸亥時沖丁巳 殺在西神占股 元武 帝旺 路空 左輔

癸亥日時局

正沖丁巳　殺在西　的呼丙寅人　胎神占房床外東南

癸亥　不行嫁　詞訟不行　人神頭頸　人神在足

壬子時沖丙午 殺在南神占踝 白虎 日祿 路空 大進	癸丑時沖丁未 殺在東神占頭 玉堂 旬空 路空 少微	甲寅時沖戊申 殺在北神占耳目 天牢 六合 臨官 天賊	乙卯時沖己酉 殺在西神占面 貴人 三合 長生 元武	丙辰時沖庚戌 殺在南神占頸 喜神 司命 黃道 天兵	丁巳時沖辛亥 殺在東神占乳 諸事：勿用 日時：正沖
戊午時沖壬子 殺在北神占胸 六戊 青龍 雷兵 太陰	己未時沖癸丑 殺在西神占腹 武曲 三合 明堂 不遇	庚申時沖甲寅 殺在南神占心 天刑 國印 地兵	辛酉時沖乙卯 殺在東神占膝 朱雀 時居：：黑道 進祿 驛馬	壬戌時沖丙辰 殺在北神占腰 狗食 金匱 路空 進祿	癸亥時沖丁巳 殺在西神占股 建刑 帝旺 寶光 路空

（二）、貪狼、武曲、左輔聖人登殿時

貪狼 武曲 左輔	此三吉時入中謂聖人登殿										
月＼時	正	二	三	四	五	六	七	八	九	十	十一	十二
子	左	左	祿	貪	貪	廉	武	武	巨	文	文	右
丑	左	祿	貪	貪	廉	武	武	巨	文	文	右	左
寅	祿	貪	貪	廉	武	武	巨	文	文	右	左	左
卯	貪	貪	廉	武	武	巨	文	文	右	左	左	祿
辰	貪	廉	武	武	巨	文	文	右	左	左	祿	貪
巳	廉	武	武	巨	文	文	右	左	左	祿	貪	貪
午	武	武	巨	文	文	右	左	左	祿	貪	貪	廉
未	武	巨	文	文	右	左	左	祿	貪	貪	廉	武
申	巨	文	文	右	左	左	祿	貪	貪	廉	武	武
酉	文	文	右	左	左	祿	貪	貪	廉	武	武	巨
戌	文	右	左	左	祿	貪	貪	廉	武	武	巨	文
亥	右	左	左	祿	貪	貪	廉	武	武	巨	文	文

五、時家吉/凶神析義

(一)、時家吉神的意義

太陽天赦：能解諸凶神官符。宜修方、入宅、豎造、安葬、萬事大吉。

太陰吉時：佐理太陽值太陰日，制九良星、小兒殺、安葬、修作吉。

天官貴人：宜祭祀、祈福、酬神、上官、赴舉、出行、求財、見貴百事吉。

福星貴人：宜祭祀、祈福、酬神、婚娶、出行、求財、入宅、造葬、百事吉。

天乙貴人：宜祈福、求嗣、出行、求財、見貴、婚娶、修作、造葬百事吉。

祿貴交馳、羅紋交貴：進祿進貴，宜祈福、求嗣、出行、求財、婚娶、造葬俱吉。

羅天大進、三合：宜祈福、求嗣、婚娶、修造、入宅、開市、交易、造葬、百事吉。

五合六合喜神：宜祈福、求嗣、婚娶、六禮、出行、求財、開市、交易安床吉。

祿元馬元：宜上官、出行、求財、見貴、嫁娶、入宅開市造葬百事吉。

長生帝旺：宜求嗣、婚娶、移徙、入宅、開市、交易、造葬、修作百事吉。

傳送功曹：宜祭祀、祈福、酬神、設醮吉。

金星水星木星：宜修造、上樑、入宅、安葬吉。

貪狼左輔武曲右弼：宜修作、造葬大吉。

明堂黃道明輔：宜祈福、嫁娶、開市、造葬吉。

金匱黃道福德：宜祈福、嫁娶、入宅、造葬吉。

天德黃道寶光：宜祈福、嫁娶、入宅、造葬吉。

玉堂黃道少微：宜入宅、安床、安灶、開倉庫吉。

司命黃道鳳輦：宜作灶、祀灶、受封、修造吉。

青龍黃道天貴：宜祈福、嫁娶、造葬，百事吉。

唐府五符國印：宜上官、出行、求財、見貴吉。

（二）、時家凶神註解

日/時相沖破：忌祈福、求嗣、上官、出行、結婚嫁娶、修造動土、開市、移徙入宅、安葬百事凶。

截路空亡時：俗忌焚香、開光、祈福、酬神、賽愿、進表章、設醮、上官赴任、出行求財、行船凶。

暗天賊時：忌祭祀、祈福、設醮、宜明星或丙時制。

天兵/地兵凶時：天兵忌上樑、入殮。地兵忌動土、破土。

天狗凶時下食：忌祭祀、祈福、設醮、修齋、明星守護制。

天牢黑道天刑：忌上官、赴任、詞訟、諸眾務，吉多可用。

勾陳黑道元武：俗忌詞訟、諸眾務、若合吉星多可用。

白虎黑道朱雀：白虎、麒麟制，朱雀、鳳凰制，吉多可用。

大退時：忌修、造葬，宜合格局彙氣進補。

六戊時：忌焚香、祈福、設醮、起鼓，明星制。

旬空時：俗忌出行。宜開生墳、合壽木吉。

日建時：忌造船、行船凶，餘合吉多可用。

日殺時：忌眾務。宜黃道合祿貴，吉多用。

日刑時：忌上官、諸眾務，合貴吉多可用。

日害時：忌上官、諸眾務，合貴吉多可用。

雷兵時：俗忌修船大凶，餘不忌他諸事。

五鬼時：從俗謂忌出行，若合吉多可用。

五不遇：俗忌上官、出行。若合吉多可用。

以上節錄自《廖淵用通書便覽》

六、「特」篇要旨

諸家是否有特論見仁見智，以《廖淵用通書》為例，附有「特」篇共約 168 頁，雖然與擇日推演或無直接關係，但又可以廣泛說明與擇日相關的內涵，對於提升堪輿擇日等知識大有助益，對學者尤其有振聾發聵，撥雲見日之效，主要內容如下：

(一)、天符星曜

(二)、羅經理氣詳解

(三)、羅經解略

(四)、定龍向消砂納水元關竅總論

(五)、賴公撥砂歌與十富貴砂

(六)、九星水法斷與九星水法歌

(七)、十分房位總訣

(八)、年月開山立向修方吉神註解

(九)、年月開山立向修方凶神制化註解

(十)、日家吉神析義

(十一)、日家凶神應忌註解

(十二)、五行吉星凶神雜殺起例

（一）、天符星曜

擇日學來自於天文學知識，《廖淵用通書》記載：「夫日月木火土金水，謂之七政。……論太陽，太陽者，乃星中天子之象，德剛體健，為萬宿之祖，諸吉之宗；使天如無日，則萬古長夜。月星如無日，則其體何光？」

《廖淵用通書》對五行木記載有：「論木星，木星者，東方木之精也。名為歲星，又名攝提星，其色青，其性仁，應青龍之位，主生息之權。行有順逆伏留。順軌必致福德文顯，逆軌必生災咎，遇歸垣升殿，更掌祿馬貴元到山到向，大能召吉文顯天下。」

對五行火記載有：「火星者，南方火之精也。名為熒惑，其色赤，其性禮，應朱雀之位，主舒長之權。行有疾遲順逆伏留，順軌必至福祿榮昌，逆軌必主火災瘟疫。」

對五行土記載有：「土星者，中央土之精也。其名鎮星，其色黃，其性信，應勾陳之位，主養成之德行，有順逆留伏。順軌必至富貴興隆，出入溫厚。逆軌則主瘟疸黃腫。」

對五行金記載有：「金星者，西方金之精也，其名太白，其色白，其性義，應白虎之位，主收斂之權，行有遲留順逆。諸星只要順行，惟此亦宜留伏。蓋金性剛銳，當順遲伏留之時，發福無比；若執逆軌疾行，犯其鋒者，必生巨殃。」

對五行水記載有：「水星者，北方水之精也。其名辰星，其色黑，其性智，應玄武之位，主歸藏之氣，只有疾遲伏退，無逆行，當順軌時，必獲禎祥。遇遲留失舍，為福必輕。」

（二）、羅經理氣詳解

　　《廖淵用通書》解釋羅經理氣：粵稽羅經之制，黃帝創其始，周公遵其法，指南針方位分定然。先天祇有十二支神，迨漢張良配至八干四維，羅列於內，名為地盤。楊、賴二公又加中外兩層，號曰天盤，合成三才，其中全度星宿，備載羅列。衍寓河洛五行之奧義，文以卦之奇，體精用宏，變化無窮，洞哉包羅萬象，經緯天地。

　　上可以格天運星度輪回，下可以辨山川方位吉凶，中可定人間陰陽兩宅，而萬事利用之至寶也。今遵古製羅經三十六層，集成逐層開列於後。

　　羅經皆由天池金針之祖氣始定。太極分為兩儀，生為八卦，以定方位也。

第一層：先天八卦變後天八卦方位，正方隅也。

二層：洛書點數，化後天而成。九紫分六甲也。

三層：八煞黃泉渾天五行作用，龍忌來水立向忌剋龍也。

四層：八路四路白虎黃泉，忌向上來水，最忌開門放水也。

五層：九星以應四垣局也。

六層：地盤正針以定位立向者也。

七層：陰陽龍由先天八卦納甲，取配龍向也。

八層：正五行論龍所屬也。

九層：劫煞以坐山論消納也。

十層：穿山七十二龍，以理龍入首也。

十一層：穿山本卦合周易為天統補龍也。

十二層：中針人盤為賴公所設，格龍之用也。

十三層：平分透地六十龍，名曰天紀格龍也。

十四層：透地奇門，取子父財官祿馬貴人也。

十五層：透地卦配六十龍也。

十六層：透地六十龍配廿八宿，以應四吉砂水也。

十七層：定四吉五親，三奇八門九星到方定局也。

十八層：縫針天盤為楊公設制，辨來去之水，以楊公九星天父卦
　　　　消水之用。

十九層：秘授正針一百二十分金為分金之源也。

二十層：分金合內地盤為二八加減也。

廿一層：合外天盤分金以為三七加減也。

廿二層：分旺相孤虛也。

廿三層：分金配地元歸藏為外卦也。

廿四層：納音五行也。

廿五層：十二宮分野也。

廿六層：廿八宿纏分野度也。

廿七層：逐月節氣太陽過宮也。

廿八層：十二月將過宮也。

廿九層：嫐觜十二神纏舍過度。

三十層：十二宮舍天帝天將合符交會也。

卅一層：廿四位天星，應三垣局也。

卅二層：渾天星度五行也。

卅三層：乃坐山廿四向盈縮六十龍透地也。

卅四層：合人盤廿八宿經緯度數也。

卅五層：定差錯空亡也

卅六層：廿八宿配廿四山也。

（三）、羅經解略

細按羅經製度，雖義例甚多而層數甚繁，要皆一理而無二致。故善用羅經者，止一正針而不見其不足；兼用三針而不見其有餘。蓋正針本合龍向與水，而俱用之針也。楊公設縫針為消水之法，賴公設中針為格龍之法，不過註疏此正針而已。中針之子在正針壬子之中，用以納水，乃用正針之氣，借用縫針之法；則縫針之位置實屬正針之用。又楊公以正針辨來龍之陰陽，以縫針辨向水之生旺，賴公以中針辨龍之天星，以正針辨向之陰陽；可知正針耑主陰陽，中針耑主天星，縫針耑主五行。正針之辨陰陽，楊賴二公皆用，而楊公獨少中針者，非不識中針也，蓋楊公之用盈縮度，雖不造中針而已，暗藏中針在內；若有二法，則賴公生平所用，何以皆遵楊盤哉！

（四）、定龍向消砂納水元關竅總論

第一要，要知竅(竅者，水口也)，不知竅，何以知其興。第二要，要知元(元者，向也)，欲求元，要尋竅裏篇。第三要，要知關(觀者，龍也)，欲知關，當向竅山參。夫竅者水口也，然水口實為龍向之要也。

《玉尺經》云：乙丙交而趨戌，夫乙屬東，而丙屬南；此言，龍從東南以來，水從戌、亥、子而出。即龍向之墓、絕、胎出水處也；然龍與向，當以寅上起長生，以定十二宮，為龍向取用。

《玉尺經》云：辛壬會而聚辰，夫辛屬西，而壬屬北，此言龍從西北以來，水從辰、巳、午而出，即龍向之墓、絕、胎出水處也；然龍與向當以申上起長生，以定十二宮，為龍向取用。

　　《玉尺經》云：斗牛納庚丁之氣，夫丁屬南，而庚屬西，此言龍從南西以來，水從丑、寅、卯而出，即龍向之墓、絕、胎出水處也；然龍與向，當以巳上起長生，以定十二宮，為龍向取用。

　　《玉尺經》云：金羊收癸甲之靈，夫癸屬北，而甲屬東，此言，龍從北東以來，水從未、申、酉而出，即龍向之墓、絕、胎出水處也；然龍與向，當以亥上起長生，以定十二宮，為龍向取用。

（五）、八宅法吉凶表

三元男女立命表		甲子	乙丑	丙寅	丁卯	戊辰	己巳	庚午	辛未	壬申	男女生年命對照表
		癸酉	甲戌	乙亥	丙子	丁丑	戊寅	己卯	庚辰	辛巳	
		壬午	癸未	甲申	乙酉	丙戌	丁亥	戊子	己丑	庚寅	
		辛卯	壬辰	癸巳	甲午	乙未	丙申	丁酉	戊戌	己亥	
		庚子	辛丑	壬寅	癸卯	甲辰	乙巳	丙午	丁未	戊申	紫白值年對照表
		己酉	庚戌	辛亥	壬子	癸丑	甲寅	乙卯	丙辰	丁巳	
		戊午	己未	庚申	辛酉	壬戌	癸亥				
宮		坎	離	艮	兌	乾	中	巽	震	坤	
上元	男	一	九	八	七	六	五	四	三	二	
	女	五	六	七	八	九	一	二	三	四	
宮		巽	震	坤	坎	離	艮	兌	乾	中	
中元	男	四	三	二	一	九	八	七	六	五	
	女	二	三	四	五	六	七	八	九	一	
宮		兌	乾	中	巽	震	坤	坎	離	艮	
下元	男	七	六	五	四	三	二	一	九	八	
	女	八	九	一	二	三	四	五	六	七	

八宮吉凶表
◎凡查值中宮者◎則男屬坤◎女寄艮

	乾命	坎命	艮命	震命	巽命	離命	坤命	兌命
乾位	伏位	六煞	天醫	五鬼	禍害	絕命	延年	生氣
坎位	六煞	伏位	五鬼	天醫	生氣	延年	絕命	禍害
艮位	天醫	五鬼	伏位	六煞	絕命	禍害	生氣	延年
震位	五鬼	天醫	六煞	伏位	延年	生氣	禍害	絕命
巽位	禍害	生氣	絕命	延年	伏位	天醫	五鬼	六煞
離位	絕命	延年	禍害	生氣	天醫	伏位	六煞	五鬼
坤位	延年	絕命	生氣	禍害	五鬼	六煞	伏位	天醫
兌位	生氣	禍害	延年	絕命	六煞	五鬼	天醫	伏位

（六）、賴公撥砂歌與十富貴砂

消砂別來有五種，奴旺煞分洩與生。
彼來剋我為七煞，我生彼也是洩名。
旺神即是我見我，彼來生我號食神。
食發科甲人丁誕，旺司財祿多子孫。
生不正向只及旺，兩旺高明過一生。
剋我煞高則禍絕，我生洩氣漸消伶。
我剋奴砂為財帛，居官得祿永和平。
大地由來多帶煞，兩間公位從不勻。
龍氣盛旺煞無力，閃脈悅脈煞最靈。
龍弱砂強洩旺秀，女嫁豪門坦腹英。
為生為旺貴在內，旺秀兼洩在外門。
此為賴公真口訣，惟有挨星法最靈。

一富明堂寬大。二富賓主相迎。
三富龍降虎伏。四富朱雀懸鐘。
五富五山高聳。六富四水歸朝。
七富山山轉腳。八富嶺嶺圓豐。
九富龍高抱虎。十富水口緊閉。

一貴青龍雙擁。二貴龍虎高聳。
三貴嫦娥清秀。四貴旂鼓圓峰。
五貴硯前筆架。六貴官誥覆鐘。
七貴圓生白虎。八貴頓筆青龍。
九貴屏風走馬。十貴水口重重。

（七）、九星水法斷與九星水法歌

九星水法斷

沐浴水來犯桃花，女人淫亂不由他。
投河自縊隨人走，血病官災破敗家。
子午方來田業盡，卯酉流來好賭奢。
若還流破生神位，墮產風流帶鎖枷。
冠帶水來人聰慧，雅致風流好賭奢。
七歲兒童能詩賦，文章博學萬人誇。
水神流去三房苦，髻齔嬰兒死不差。
更損深閨嬌態女，此方停蓄乃為佳。
臨官方位水趨墳，祿馬朝元喜氣新。
少年早入青雲路，賢相籌謀佐聖君。
最忌此方砂水去，成材之子早歸陰。
閨中少婦常啼哭，財穀空虛徹骨貧。

九星水法歌

病死二方水忌來，天門地戶不為乖。
更有科名官爵顯，水若斜飛起禍災。
損妻毒藥刀兵禍，軟腳瘋痴女墮胎。
必主其家遭此病，癆瘵蒸骨瘦形骸。
墓庫之宮怕水臨，破軍流去反為真。
陣上楊兵文武貴，池湖關蓄富如春。
水到充軍千里外，三男二子絕凋零。
絕胎水斷不生兒，無孕無男絕後枝。
縱使胎生不養育，夫妻父子各分離。
此處只宜為出口，祿存流盡佩金魚。

（八）、十分房位總訣

長房位看左砂，土角秀氣主興家。外山拱照大富貴，風吹水走定離家。

二房位看明堂，四水朝來置田庄。賓主相迎大富貴，砂飛斜反主悽惶。

三房位看右砂，山環水轉主興家。木火透峰主富貴，殺沖勢反敗如沙。

四房位看左肩，且看山砂來獲纏。且邊降勢主富貴，勢反風穿定絕煙。

五房位看胎息，山水朝迎案背華。火土分明為大地，胎息無氣嫌勢退。

六房位看右肩，木火透麗出朝賢。降勢有情人丁旺，水牽砂反受煎熬。

七房位左耳明，山水懷抱要有情。文靈護照大富貴，最怕斜反殺上身。

八房位看天停，降勢下穴要有情。山秀案高人財旺，最怕高路八風吹。

九房位看右耳，耳還山護要有情。外扛有情主富貴，風吹空缺主孤貧。

十房位頂上停，賓主後嶂要有情。最怕八風吹動穴，離鄉失井沒人丁。

十來房位空有生，若是從來右逐耳。且看護龍垂垂照，此房斷定旺人丁。

左砂順水長子離鄉，右砂順水三子離外。有峰巒揮水口，離鄉別祖方成貴。

明堂傾溢子難當，左肩受煞四七絕，右肩見白六九孤，入首大煞五房虛。

主星低陷，子息夭亡，頭頂昂飛，定斷二五絕宗枝，此是飛砂總訣，漢仙直斷指迷機。

假如一子吉凶統全身，二子長左仲右與朝坐，三子左長中二右，三四子在青龍前案上，五子在正案上，六子在白虎前案上，其方若生旺，砂高大吉昌，洩氣高強蔭女家，公位空缺其房敗絕，公位有情其房旺發，又公位雖空而有借弔之法，青龍全空而朝山抱在，弔作青龍，為長房之砂；朝山全無而青龍作案，亦弔作朝山為二房之砂，白虎朝山，仲、季弔法倣此。

（九）、年月開山立向修方吉神註解

　　《廖淵用通書》註記有「年月開山立向修方吉神註解」，對於擇日學提供快速閱覽核對之便利性。

> 歲德方

宜祈福、修營、造葬，惟忌鑿掘池塘凶。

> 歲德合

天德合並月德合、修造葬，百事大吉。

> 歲天德

天地極吉之吉神，百事用之俱吉利。

歲月德

此方向宜興造葬、修營，百事皆吉利。

歲天道

陰陽開通之吉神，宜嫁娶、修造葬，吉。

歲天合

與天道利道人道，宜修造葬，百事吉。

歲位德

陰陽交會之辰吉，宜修造葬，百事吉。

歲位合

五行相合之辰吉，而相扶持吉利也。

歲枝德

執守之德宜造葬、修營，百事俱吉利。

歲枝合

枝德相合之辰吉，宜興動，百福助吉。

天德月德

與陰陽貴人憾龍帝星並，宜修作造葬，能發財丁貴。

尊帝二星

此二星為福最大，能制凶神惡煞，宜修造發福無窮。

紫微帝星

年龍月兔日虎時牛，玉皇鑾駕並制凶神，宜修造葬。

蓋山黃道

天心都天寶照，北辰帝星，周仙羅星並，宜修作造葬。

羅天大進

此乃進氣之神，所到之處，六十年大進財丁，旺六畜。

天乙貴人

例從先天后天德合之神，並陰陽貴到山向，發財丁。

祿馬貴人

此星到處，宜修作，主大進官祿、財丁興旺，百事吉利。

飛天祿馬

馬到山人丁旺，祿到山富貴榮昌，貴人齊到出公卿。

飛天赦星

此星能解諸凶煞，與解神、喝散神同，能制伏官符用。

橫財月財

此星乃帝星招財之地，宜造葬、修作、出行、移居、開市。

曆數太陽

乃星中天子照臨方向，百殺潛伏，宜修方、造葬、入宅。

守天太陽

主登科甲大富貴，守殿太陰主出文貴，能制小兒殺。

斗母太陰

及后妃之象，佐理太陽所在方，可制九良星、小月建。

金精鰲極

山屬何司令天地人清濁，又日精月華明炁照穴吉。

八節三奇

乃貴人幹福之炁，能制伏凶星，宜嫁娶、入宅、造葬吉。

三元紫白

凡開山立向修方最吉，九紫可制劍鋒，一白制火星。

四利三元

李淳風押殺三元，又一行禪師名轉天關，宜修造葬。

通天竅馬

年月日時合得此星，大宜修作造葬，主旺財丁、六畜。

催官鬼使

合此星宜修造葬，主催貴加冠晉祿興旺，財丁大吉。

奏書博士

二星太歲之貴神，要歲德、月德同臨化喜神，宜修作。

壬癸水德

宜修作造葬，可制諸火星。

金木水土星

此四星並，宜修造葬吉利。

武曲、貪狼

宜修造，主進財丁，旺六畜。

左輔、右弼

同入中宮，宜修作造葬吉。

五龍捉殺

大能制殺，催官祿，旺財丁。

牛房二星

此二星，宜修作、造葬吉利。

驛馬、臨官

宜修作遠行，百事用之吉。

生氣、青龍

宜修造、安床、嫁娶、有喜臨。

五運六氣

合運氣生旺，自能發福吉。

天倉人倉

百事並吉，最宜修造倉庫。

（十）、年月開山立向修方凶神制化註解

歲破方

與月、日、時沖破，忌造葬修方大凶。坐山難制。

三殺方

諸事忌坐山。不忌向。一字亦忌。難以制化。

坐（向）殺方

坐殺重。向殺輕，審用。新葬可用，修方不可用。

炙退方

忌造葬，修方。宜取山頭生旺，三合彙氣大進補。

天官符

真活官符並，忌修造葬。宜太陽、天赦、解散神制。

地官符

宜太陽皇赦解，喝散貴人或納音五行制化。

剋山家

四柱納音剋傷庫運，忌修造葬，宜柱中納音制。

大月建

忌修方，其殺屬土，宜取太陽木局制，斟酌勿用。

小兒殺

忌修方，宜會斗母、太陰、月宿、母倉制，斟酌勿用。

震宮殺

單忌上樑，宜太陽、三奇、祿馬、貴人制，斟酌勿用。

正傍陰府

活吉死凶，忌修造葬；宜梟印、七殺制化用。

諸家羅睺

俱屬火，忌立向，不忌修方，宜水德輪星制。

太歲堆黃

即太歲戊己土殺，最忌修方大凶，造葬權。

都天太歲

即戊己殺，忌修方凶，造葬權，太陽木局制。

諸家火星

忌修宅舍，不忌墳塋，宜水德輪星水局制。

羅天大退

忌造葬修方，宜山頭生旺彙氣大進補助。

劍鋒殺方

忌喪葬修墳，宜太陽、九紫、木局制，斟酌用。

八座凶方

忌喪葬修墳，宜太陽、華蓋、青龍制，斟酌用。

九良星殺

忌修宅、船、修宮觀，並寺院；宜斗母太陰制。

諸家空亡

宜山頭得令，彙旺氣，大進，四柱填實補用。

李廣劍刃

忌造葬修方，雙全凶。單用宜太陽合貴化。

九天朱雀

忌開山立向，即陰收陽平，宜三德帝奇化。

日流太歲

忌造葬修方，初次旬凶，土王用事旬尤凶。

正八座日

忌安葬，若四季、八座與收同併則凶，餘用。

山方殺日

忌造葬修方，其先天最重，后天稍輕，亦凶。

沖丁殺日

即與分金干同支沖，修方最凶，造葬亦忌。

星曜殺日

此正體五行相剋殺，忌造葬修方，難制化。

曜殺凶日

此渾天卦爻相剋殺，忌造葬修方凶，勿用。

文曲殺日

金火填消滅，忌造葬修方，宜辨陰陽氣睺。

太歲壓神

忌安葬，不忌修墳；若掩土時，祭主避片刻。

古墓殺

單忌祖墳傍附葬方道，他事則不忌。

破敗五鬼

忌立向修作，宜取三德、帝陽奇貴化。

諸家血刃

忌修方動土，三德、太陽、三奇、祿貴化。

金神七殺

天金神重，地金神為輕，宜德貴紫制。

浮天空亡

號破軍，忌立向修方，宜太陽、三奇化。

支退流財

忌開山修方扶旺補運，得三財反吉。

病符喪門

忌修方、安床，三德、太陽、天醫奇貴化。

弔客白虎

忌修方、動土，太陽奇祿貴制，虎麟禳。

天禁朱雀

名山家官符，忌造葬。三德、太陽、奇化。

山家困龍

名巡山大耗，忌造葬，宜德奇竅馬化。

（十一）、日家吉神析義

歲德德合

宜上官、赴任、出行、移居、祈福、婚娶、修造動土。

天德月德

此福德之神，宜祈福、嫁娶、入宅、修造、安葬吉。

天月德合

宜興造、修宅、入宅、安葬、祈福、結婚嫁娶，六禮吉。

[天赦天願]

宜祭祀、祈福、求嗣、齋醮、結婚嫁娶、興修造葬，吉。

[天恩月恩]

宜祈福、齋醮、上官、移徙、結婚嫁娶，造葬，百事吉。

[天福天瑞]

宜上官、結婚、納采、送禮、祈福、入宅、開市，百事吉。

[天倉母倉]

宜結婚嫁娶、牧養納畜、起修造倉庫、納財，大吉。

[四相時德]

宜祭祀、上官、結婚、納采、嫁娶、興造、上樑，修宅吉。

[顯曲傳星]

即斗轉帝星，能轉凶召吉，宜婚娶、入宅，百事吉。

[益後續世]

宜祭祀、祈福、求嗣、結婚、嫁娶、修作、造葬，百事吉。

[大偷修日]

宜拆卸、修造宅、修橋、路、灶、墳塋。

不將季分

宜結婚姻、招贅、嫁娶、納婿，吉利。

上吉次吉

宜修造宅、婚姻、嫁娶，百事吉利。

玉宇金堂

宜修造宅、移居入宅，百事吉利。

福生福厚

宜祈福、設齋醮、入宅、求財、造葬。

青龍黃道

宜祈福、結婚娶、造宅葬，百事吉。

明堂黃道

宜上官、安床、灶、修造宅，入宅吉。

玉堂黃道

宜修灶宅、安床、開倉、作灶、入宅。

金匱黃道

宜修造宅、求嗣、開市、婚娶、入宅。

| 司命黃道 |

宜起造、修作灶、祀灶、受封，吉利。

| 天德黃道 |

宜祈福、修造葬吉，婚娶，百事吉。

| 天貴 |

宜上官、赴任、並受封襲爵，吉利。

| 天喜 |

宜祈福、婚嫁娶，造宅、入宅、開市。

| 天富 |

宜開市、求納財、造倉庫、造葬，吉。

| 天馬 |

宜出行、移居宅、經商、求財、開市。

| 天醫 |

宜求醫療病，並針灸服藥吉利。

| 五富 |

宜開市、修造宅、入宅、作灶、安葬。

三合

宜祈福、婚嫁娶、興造宅、開市吉。

六合

宜祈福、婚嫁娶、入宅、開市、造葬。

五合

宜開光、祈福、醮嫁娶、造船、開市。

陽德

宜結婚姻、嫁娶、開市、造宅、入宅。

陰德

宜祭祀、設齋醮、施恩行惠功果。

大明

天地開通之神,宜安葬百事吉。

普護

宜祈福、齋醮、出行、移徙、嫁娶,百事吉。

要安

宜婚嫁娶、求財、修造葬,百事吉。

生氣

宜安床、移徙、療病、婚嫁娶,求嗣吉。

聖心

宜祭祀、祈福、祀神、齋醮功果、嫁娶。

敬心

宜祭祀、祈福神、設齋醮、賽願吉。

神在

宜祭祀、謝神願、祈福、設齋建醮。

七聖

宜祭祀、設齋醮、祈福賽願,大吉。

明星

宜祈福醮、造葬可制天狗二賊。

驛馬

宜出行、上官、任經商、求財、開市。

月財

宜出行、開市倉、移居、造葬、求財。

滿德

及萬通四吉，忌受死同日。

吉期

宜上官、興造、入宅，諸事吉。

吉慶

諸事大吉，惟忌受死同日。

幽微

諸事大吉，惟忌受死同日。

月空

宜上表、設齋、修造動土，吉。

活曜

及萬通四吉，忌受死同日。

天岳

宜興修、造葬、凡事用之吉。

天后

宜求醫療病、服藥針疚吉。

| 鳴吠 |

宜破土、修墳、安葬傍附葬。

| 鳴吠對 |

宜破土、啟攢、成除服，安葬。

| 不守塚 |

宜破土、啟攢、修墳、安葬吉。

（十二）、日家凶神應忌註解

　　《廖淵用通書》記載有「日家凶神應忌註解」，便於讀者閱覽。茲紀錄如下：

| 月破大耗 |

忌祈福、興造、嫁娶、安葬等。

| 四離、四絕 |

四離日，四絕日，可以用在造葬，死者不忌此日。忌嫁娶、入宅、結婚姻、豎造。

| 氣往亡、往亡 |

忌嫁娶、移徙、上官、療病凶。

| 橫天朱雀 |

忌嫁娶、上梁、移徙、安葬。

天地轉殺

忌修造、池塘、安置產室凶。

天地凶敗

忌出軍、出行、上梁、放水凶。

天賊、地賊

忌興造、入宅、開市、明星可制。

天火火星

忌修造、上梁、安門、作灶，凶。

天翻地覆

忌造船、行船、造橋，餘不忌。

天乙絕氣

忌求嗣、栽種，並進納人口。

瘟星出入

瘟出、瘟入、天瘟。忌入宅、牧養、灶畜椆，納畜。

冰消瓦解

忌蓋屋、上梁、作灶橋、入宅。

翻弓、人隔

弓隔全，忌娶進人口大凶。兩個不能在一起。

魁罡、鉤絞

仝自縊殺忌嫁娶，餘不忌。

神號鬼哭

忌祈福、齋醮、逢天喜則吉。

土公忌葬

土公死，土公葬，黃帝死，忌動土、修墳宅。

天休廢日

及四不祥，忌上官赴任，凶。

九坎空焦

忌開市、出行、求財及栽種。

上兀不舉

及下兀並，忌上官入學凶。

白虎朱雀中

忌宜徙、入宅、安香，麟鳳制。

真滅沒

忌嫁娶、修造葬、入宅開市，凶。

正四廢

忌娶造吉事，不忌安葬墳。

楊公忌

忌出行、移徙、入宅分居，凶。

正絕烟

忌移徙入宅作窯作灶凶。

倒家殺

忌上梁大凶，伏斷忌經絡。

長短星

忌裁衣、立券、交易、開市，凶。

四方耗

忌開市、交易、出行、求財凶。

血支忌

惟忌針灸，次穿耳奄割，凶。

正八座

忌安葬、修墳，不忌修造宅。

鼓輪殺

忌設醮、鳴鼓，逢金鼓宿，凶。

受死

忌娶造吉事，惟安葬不忌。

天狗

忌祭祀、祈福、嫁娶，麟陽制。

重喪

三葬復日，忌喪葬、行喪，凶。

歸忌

忌嫁娶、移徙、遠迴、歸寧，凶。

木馬

與斧殺並忌，架馬、做樑，凶。

瓦碎

忌蓋屋、造橋、造船、築堤防。

滅門

忌安門、修門，若安葬吉用。

紅紗

孟仲合吉用，季月俱大凶。

地囊

及土府大忌，動土、開井，凶。

土符

忌修造動土，開渠、穿井，凶。

土瘟

忌修造動土，穿井、栽種，凶。

陽錯

及陰錯大忌上官安床凶。

月忌

孟仲季之別，戊己凶審用。

遊禍

忌祭祀祈福，療病、服藥，凶。

帝酷

忌祈福、設醮，出破軍大凶。

上朔

憲忌諱親友，上官赴任凶。

天兵

及天兵時忌，上樑蓋屋凶。

臥尸

忌造床安床，伏尸忌療病。

披麻

忌嫁娶入宅，制化從權用。

蚩尤

忌出軍冠帶，冠筓蓋屋凶。

財離

忌開市經商，納財分居凶。

龍禁

忌造船行船，裝載造橋凶。

退日

俗忌造葬，宜合進補。

刀砧

俗忌伐木，架馬、做樑。

赤口

寅辰戌日，制之合用。

四窮

忌結婚姻，開市、交易。

天瘟

忌上樑、治病、入宅等。

月厭

併厭對忌嫁娶行舟。

五離

忌會親友結婚嫁娶。

龍虎

忌伐木，宜取魚、納畜。

驚走

破群忌納畜、造畜椆。

地火

忌栽種月火，忌修窯。

空亡

俗忌畋獵，金火填實。

以上節錄自《廖淵用通書便覽》

（十三）、五行吉星凶神雜殺起例

　　《廖淵用通書》整理說明「五行吉星凶神雜殺起例」，目的在整合讀者對吉凶神煞之計算方式，加深讀者基礎認識。

　　1、年遁月例，即五虎遁。2、日遁時例，即五鼠遁。3、干支所屬，指所屬五行。4、干支陰陽。5、天干長生，甲亥乙生午。6、天干相生，甲乙生丙丁。7、天干化合，甲己合化土。8、地支化合，子丑合化土。9、地支三合。10、歲破例，子午相沖卯酉當。11、三殺例，申子辰殺巳午未。12、坐殺向殺。13、皇天炙退，申子辰年兔遭傷。14、天官符，歲支三合臨官位。15、地官符，歲支五位定官符。16、剋山家，剋山家例論納音，洪範五鼠遁庫尋。 17、大月建，子午卯酉起艮鄉。18、小兒殺，陽年中宮陰起離。19、震宮殺，正卯二寅逆推求。20、干支對沖，甲庚丙壬沖。21、天干相剋，甲乙剋戊己。22、五行生剋，金生水剋木。

23、五行生旺，火生寅旺午。24、四季旺相，春木旺火相。25、正傍陰府，渾天納卦化氣干。26、都天太歲，戊己同臨都天起。27、巡山羅睺，歲前一位是巡山。28、穿山羅睺，年干五虎遁甲干，遁見甲干是穿山。29、坐山羅睺，亥子居乾丑未艮。30、月巡山火，正十二月火星乾。31、月遊火例，子丑年正起艮鄉。32、打頭火例，寅午戌年午位詳。33、丙丁獨火，月建入中遁丙丁。34、飛天獨火，申子辰年歸卯鄉。

天乙貴人

甲戊與庚兼牛羊。

天干陰貴

甲貴見牛庚戊羊。

天干陽貴

庚戊見牛甲見陽。

天官貴人

甲日逢酉乙猴家。

天福貴人

甲逢未上乙尋辰。

福星貴人

甲虎丙鼠乙豬牛。

文昌貴人

甲巳乙午丙戊申，丁己酉位庚亥尋。

天廚貴人

甲丁求蛇丙鼠支，乙戊辛干馬上騎。

烏兔太陽

立春起艮春分震。

九星起例

土金氣羅字陽陰。

九天朱雀

月建入中順數方。

浮天空亡

甲離壬山乙坎癸。

箭刃殺例

甲庚卯酉年為禍，乙辛辰戌殺人多。

山方殺例

例出渾天卦爻中，先天后天曜殺凶。

沖丁殺例

分金干同支沖由，二十四山兼論壽。

星曜殺例

各要正體論五行，干支相剋是曜星。

曜殺例

八卦渾天納卦排，支爻五行相剋哉。

日流太歲

坎山戊子艮戊寅，震忌己卯巽戊辰。

文曲殺例

天干不足地支餘，六十干支去合除。

消滅殺例

月令卦爻論消滅，渾天甲子去排列。

羅天進年

甲子常從兌上遊，順數九宮始復周。

地支進年

申子辰年坤申兌，寅午戌年艮寅震。

羅天進月

羅天大進喜非常，問四尋風順數詳。

羅天進日

二猴四豬六鼠雄，八兔二羊十六龍。

羅天進時

甲己戊癸進子時，乙庚逢卯丙辛午。

劍鋒殺例

支山無論干尋祿，惟有四維逐月詳。

正八座例

太歲起建去尋收，十二宮中順行遊。

羅天退年

甲坎乙震丙丁艮，戊己退坤庚辛巽。

羅天退月

羅天大退少人知，問五尋風逆數推。

羅天退日

一鼠三羊五馬收，九雞一兔十三虎。

羅天退時

甲己戊癸退巳時，乙庚申上丙辛亥。

截路空亡時

壬癸二時截路空，每日五子遁其蹤。

暗天賊時

甲乙申時丙丁寅，戊己酉時庚辛卯。

天地雷兵時

五子元遁認時干，見丙天兵忌上樑。

明星護時

正七起寅二八辰，三九午兮四十申，五十一戌六臘子，傍有日者為明星。

麟鳳吉時

子午加申丑未戌，寅申加子卯酉寅。

正體五行

亥壬子癸大江水，寅甲卯乙巽木宮，庚申辛酉乾金逢，辰戌丑未艮坤土。

洪範五行

甲寅辰巽水流東，戌子辛申水一同，離壬丙乙火為宗，乾亥兌丁

金生處。

斗首五行

壬子巽巳辛戌土，艮寅丁未木元辰，坤申甲卯屬水神，若問金星在何處。

雙山五行

壬子乙辰坤申水，癸丑巽巳庚酉金，甲卯丁未乾亥木，吳公以此論三合。

八卦五行

兌丁巳丑乾甲金，巽辛震庚木元辰，艮丙坤乙土為真，坎癸申辰洪水渙。

納音五行

子午銀燈架壁鉤，辰戌烟滿寺鐘樓，寅申漢地燒柴溫，便是納音甲子頭。

淨陰淨陽

乾甲坤乙坎與癸，申辰離壬並寅戌，和山和水一齊陽；艮丙巽辛兌與丁，巳丑震庚並亥未，和山和水一齊陰。

大衍妙數

甲己子午數屬九，乙庚丑未八當首，丙辛寅申歸七數，丁壬卯酉六數周，戊癸辰戌逢五位，巳亥四數教君求。

七、擇日吉課是擇日的機制

各家通書都列有各項紅課供讀者選用，以信發堂《廖淵用通書》為例，吉課有豎造安葬進金進塔吉課，嫁娶吉課、安床吉課、裁衣合帳吉課、開市營業吉課、訂盟納采完聘吉課、祭墓吉課、牧養納畜吉課、出國旅行觀光吉日課、祈福酬神謝愿吉課、寺廟祈安設醮吉課、齋醮功果吉課、神佛開光點眼吉課、購買新車交車吉日課、除靈服附周堂選便吉課、宜徙入宅安香吉課、作灶吉課、豎招牌掛匾吉課、洽火吉課等。

豎造安葬進金進塔吉課區分「造」與「葬」，針對造葬必須分別清楚；其次向煞忌修宅、修墳，大凶。各年次通書均清楚記載「三殺不取」，例如庚子年的戊寅月，壬午月、丙戌月等。動土吉課也必須注意「三殺不取」，例如坐東建築物，在庚子年的辛巳月、乙酉月、己丑月等；坐西建築物則是不取己卯月、癸未月、丁亥月等。

嫁娶吉課範圍 16 歲至 45 歲，通書逐年列出大利吉利月。翁姑暫避月份，(三德解化)。父母勿送月份，(三德解化)。妨夫妨女俗忌。夫星忌正沖，餘日可用。天嗣正偏沖均忌。胎元忌正沖真沖。注意沖天官天嗣，陽氣陰胎，妻星夫星，胎元滅子胎沖母腹犯桃花等。安床吉課，忌埋兒宿，犯三殺月，例如坐北向南在庚子年戊寅月、壬午月、丙戌月等。安床分一般安床與新婚安床。新婚安床與嫁娶日大忌相沖。

八、日家吉/凶神起例

一般通書中均有日家吉凶神起例，以供讀者演算。例如日吉

神有天德、天德合、月德、月德合、天赦、天恩、天福、天瑞、母倉、不將、天願、月空、月恩、月財、天富、天喜、天倉、天府、天馬、天成、天岳、六合、六儀、五富、生氣、吉期、吉慶、益後、續世、福生、普護、陽德、陰德、要安、敬安、金堂、玉宇、驛馬、聖心、龍德、福德、青龍、金匱、天貴、天良、四相、時德等。

　　日凶神有月破、月殺、受死、往亡、歸忌、遊禍、重喪、三喪、天火、地火、天賊、地賊、天瘟、天刑、地囊、土府、土符、土瘟、月火、血支、血忌、月厭、厭對、天狗、八座、披麻、小耗、陰錯、陽差、白虎、朱雀、紅紗、上朔、月忌、休廢刀砧、四不祥、赤口、四忌、四窮等。

九、豎造全章

　　《廖淵用通書》記載：謂營造宮室、官衙、城郭、寺觀、文廟、神廟、儒學宗祠、樓臺、庭館、倉庫、宅舍等事。以現代社會而言，凡公共建築、商業大樓、工業廠房、集合住宅、別墅工寮、倉庫校舍、臨時招待所等之新建、修建、增建、拆除等營造工程皆屬之。《通書》又說：「夫陽宅者，乃人居聚之區也。人從宅而生，宅旺則人興，宅衰則人敗，故造者不可不謹，擇者不可不慎也。凡擇日造宅，宜先取年月日時大利，正體洪範生旺，得令有氣。

　　五運六氣聚旺，而生扶宅位，金精月華明耀司令，元氣相生比和。斗首元武廉居內有位成格，三德天帝到坐，太陽太陰五星到坐向，歸垣或三方四正有格局拱照；五氣朝元，奇門、太乙、五福到坐；演禽大六壬，四課三傳吉。併合三德、天道、福星、

祿馬、貴人等加臨,又造命課格要合生旺補宅吉。宜歲天月德併
合,天赦願、天月恩、母倉、益後、四相、時德、生氣、枝德、
吉慶、三五合、金堂、五富、玉堂,主事要祿、馬、貴人堆拱,
勿犯沖、煞、刑、刃、官符,忌衝破三煞、刑害、陰府、灸退、
大退、天地官符、震宮殺、天兵方及庫運納音相剋,勿犯山方冲
丁星曜消滅、日流太歲、劫曜都天、文曲燥火,穿山祿命相冲,
併山命財空、祿空、貴空日。

　　忌建、破日,受死,正四廢,真滅沒,日月蝕日、四離絕、
天火,火星、橫天朱雀、土府、土符、土瘟、地囊、冰消瓦解、
瓦陷、瓦碎、天地賊、天兵、日時倒家殺、魯班刀砧、大退、地
柱日、無祿,天瘟。然其中神殺紛紜不一,難以盡宜盡忌,惟在
善擇者制化得宜,自能富貴綿長獲福無窮矣。(以上摘錄自《廖
淵用通書》)。

　　豎造之內容有:入山伐木,架馬做樑,興工拆卸,動土平基,
起基定磉,豎柱上樑,蓋屋泥飾,安造門樓,安修廚灶,穿井導
泉,天井放水,安修碓磑,修築垣牆,建造神廟,修作倉庫,建
造城郭,建造儒學,建造華表,開鑿池塘,修作廁池,修置產室,
修築陂隄,建立橋樑,造船行船,修造宅舍。

十、安葬全章

　　蓋聞葬者,藏也。是人子送終之切事,則選擇家之緊要也。
葬乘旺相之期,則丁財俱興;乘衰敗之期,則凶禍立至。安葬
之法務宜山龍大利,正體洪範生旺有氣,山運龍運俱得旺氣;
五運六氣生扶山龍,又取日精月華明耀祿馬,貴人聚臨,三德
天帝到坐,太陽太陰五星,主恩順度天星轉臨,坐向三合朝拱

照局歸垣升殿，併得斗首元武廉居四柱坐地，有氣成格加合演禽奇門，太乙五福，大六壬四課三傳叶吉。宜歲天月德併合，天赦願母倉，益後，天月恩，時德，三合，五合，六合，明星，福生，三財，大明，鳴吠，鳴吠對，地虎，不食，不守塚。造命陰陽不雜為要。忌沖山，三殺，劍鋒，八座，陰府，灸退，大退，官符，勿犯山方曜殺，星曜消滅。沖丁文曲，日流太歲，都天地燥火庫運，勿剋祿命，勿沖又忌月破，重日，重喪，三喪，正八座，收開日，橫天朱雀，十七日月殺日。仙命勿犯沖殺，刑刃，天罡四煞，官符入地，掃地，無光，祿去，冷地空亡。祭主亦勿犯沖殺，刑刃，歲壓，的呼。餘例趨避，惟在變通妙法制化得宜耳，四離絕權用。

安葬之內容有：入殮，成除服，移柩行喪，斬草破土，啟攢，修理墳墓，開生墳，合壽木等。

十一、婚姻全集

《廖淵用通書便覽》言：「嘗思乾坤定位而陰陽有分，陰陽分而夫婦建，故詩首〈關雎〉，《易》重歸妹，《禮》著大婚，婚姻之事義大矣哉！是以百年非苟且之事，而于歸實人倫之始。夫婦大綱醮配終身，承祖續宗之丕基，繼世紹嗣之彌昌。然余觀古人寅諏，必取其吉辰而剋擇勿流乎鹵莽。雖然神殺浩繁，逐月皆有六禮吉期。至於婚娶必辨乎碎金賦為准，趨吉避凶審溯源流則格局乎成，而瓜瓞衍慶於無窮之妙也。〈周書〉合卦之法用排山掌訣以女命入中宮，陽女順行，乾而轉陰，女逆飛巽而推以尋男命甲子，看泊在何宮，二卦合成六爻。其陽女中宮寄艮卦，陰女中宮寄坤卦。假如男女二命同庚，或並泊中宮，陽女則並為艮卦，

陰女則並為坤卦，俗法多單用地支飛尋即是，然究其大理，必以某甲子干支飛到某甲子干支，方是其子父財官。六爻中宜擇選日期補助扶救，方無錯誤焉耳。至于乾坤二造勿犯沖、殺、刑、刃，宜合生旺祿貴則吉。」

婚姻之內容有：納采，裁衣，安床，造床，男冠女笄，招贅填房。

十二、論周堂

周者，周遍也。堂者，祖先香火堂也。謂周集親眷在堂中行禮，故名之然。周堂諸局，惟嫁娶、納婿、移柩，三局最重。而嫁娶周堂，憲書所重，除值夫婦日不用，如值翁，必堂上行禮方忌；若值姑，從俗出外暫避之，候新娘入房坐床後，回家吉。其值第，乃公侯第也，庶人無第不必忌，或謂婦人之弟出自呂才書，當時只憑外國而已不知傳訛，以為男家弟，則無稽甚矣。如納婿周堂，惟忌進贅，今人親迎鮮行奠雁之禮，何避之嫌。如行嫁白虎周堂，值路門堂日，宜用麒麟符制化。如值床是臥其皮；值灶是食其肉，不禳何妨。然今人仔細，亦用麒麟符制之。如納采、豎造、入宅、安香、安床諸周堂值凶星，合吉日，顯曲傅用之，不可執忌。如分居局，除值債木、爭訟外，俗宜用。如除靈，一局兩字，各分兩層，不可混看。如大月初三，男十一婿十九，值男，廿七，值婿，合分拆明白切不可謂其日，專值男婿也。局中父母、女婦、孫客，仿此。其入宅局亦如此看。如宜柩局，必停喪在家方論，及除靈局所用宜值亡字吉，如若是，值人宜行避之可也。

周堂之內容有：繪像開光，祭祀鬼神，立壇祈禱，祈福醮願，

做祈安醮，求嗣繼續，釋氏傳法，建師入宅，宴會賓友，上冊表章，上官赴任，入學求師，應試赴舉，襲爵受封，給由考滿，偃武訓兵，小兒剃頭，整手足甲，契拜結義，安機經絡，起碨作染，爐冶鑄鎔，結網畋獵，出行求財，開張店肆，立券交易，納財取債，求醫治病，養蠶作繭，種蒔栽植。

十三、本命刑沖合貴祿旺一覽表

─六十甲子本命忌冲殺刑刃便覽

　　各家通書必然附有下表「六十甲子本命忌冲殺刑刃便覽」，諸多擇日事項都與本表相關，學者務必通曉基本學理，各種名詞意義與使用對照方法。

六十甲子本命忌冲殺刑刃便覽

本命	甲子金	甲戌火	甲申水	甲午金	甲辰火	甲寅水	乙丑金	乙亥火	乙酉水	乙未金	乙巳火	乙卯水
三合	辰申	寅午	子辰	寅戌	子申	午戌	巳酉	卯未	丑巳	卯亥	丑酉	未亥
六合	丑	卯	巳	未	酉	亥	子	寅	辰	午	申	戌
堆貴	丑未	丑未	丑未	丑未	丑未	丑未	子申	子申	子申	子申	子申	子申
進貴	乙己		乙己	辛		辛	甲戊庚	丙丁	丙丁	甲戊庚	壬癸	壬癸
進長生	辛		壬	乙		丙戊		甲	丁己		庚	癸
堆長生	亥	亥	亥	亥	亥	亥	午	午	午	午	午	午
帝旺	卯	卯	卯	卯	卯	卯	寅	寅	寅	寅	寅	寅
堆祿	寅	寅	寅	寅	寅	寅	卯	卯	卯	卯	卯	卯
進祿	癸		庚	丁己		甲		壬	辛		丙戊	乙
進馬		寅午戌			申子辰		巳酉丑			亥卯未		
堆馬	寅	申	寅	申	寅	申	亥	巳	亥	巳	亥	巳
相冲	午	辰	寅	子	戌	申	未	巳	卯	丑	亥	酉
三殺	未	丑	未	丑	未	丑	辰	戌	辰	戌	辰	戌
回頭貢殺		亥卯未全			巳酉丑全		寅午戌全			申子辰全		
三刑	卯	丑未	巳	午	辰	巳	戌	亥	酉	戌	寅申	子
箭刃	卯酉	卯酉	卯酉	卯酉	卯酉	卯酉	辰戌	辰戌	辰戌	辰戌	辰戌	辰戌
官符	乙亥	己巳	乙亥	己巳	乙亥	己巳	甲申	戊寅	甲申	戊寅	甲申	戊寅
六害	辛未	癸酉	乙亥	丁丑	丁卯	己巳	壬午	甲申	丙戌	戊子	戊寅	庚辰

六十甲子本命忌冲殺刑刃便覽

本命	丙寅火	丙子水	丙戌土	丙申火	丙午水	丙辰土	丁卯火	丁丑水	丁亥土	丁酉火	丁未水	丁巳土
三合	午戌	辰申	寅午	子辰	寅戌	子申	未亥	巳酉	卯未	丑巳	卯亥	丑酉
六合	亥	丑	卯	巳	未	酉	戌	子	寅	辰	午	申
堆貴	酉亥	酉亥	酉亥	酉亥	酉亥	酉亥	酉亥	酉亥	酉亥	酉亥	酉亥	酉亥
進貴	辛	乙己		乙己	辛		壬癸	甲戊庚	丙丁	丙丁	甲戊庚	壬癸
進長生	丙戊	辛		壬	乙		癸		甲	丁己		庚
堆長生	寅	寅	寅	寅	寅	寅	酉	酉	酉	酉	酉	酉
帝旺	午	午	午	午	午	午	巳	巳	巳	巳	巳	巳
堆祿	巳	巳	巳	巳	巳	巳	午	午	午	午	午	午
進祿	甲	癸		庚	丁己		乙		壬	辛		丙戊
進馬	申子辰			寅午戌					巳酉丑			亥卯未
堆馬	申	寅	申	寅	申	寅	巳	亥	巳	亥	巳	亥
相沖	申	午	辰	寅	子	戌	酉	未	巳	卯	丑	亥
三殺	丑	未	丑	未	丑	未	戌	辰	戌	辰	戌	辰
回頭貢殺			亥卯未全			巳酉丑全	寅午戌全				申子辰全	
三刑	巳	卯	丑未	巳	午	辰	子	戌	亥	酉	戌	寅申
箭刃	子午	子午	子午	子午	子午	子午	丑未	丑未	丑未	丑未	丑未	丑未
官符	癸巳	己亥	癸巳	己亥	癸巳	己亥	壬寅	戊申	壬寅	戊申	壬寅	戊申
六害	癸巳	乙未	丁酉	己亥	辛丑	辛卯	甲辰	丙午	戊申	庚戌	壬子	壬寅

六十甲子本命忌冲殺刑刃便覽

本命	戊辰木	戊寅土	戊子火	戊戌木	戊申土	戊午火	己巳木	己卯土	己丑火	己亥木	己酉土	己未火
三合	子申	午戌	辰申	寅午	子辰	寅戌	丑酉	未亥	巳酉	卯未	丑巳	卯亥
六合	酉	亥	丑	卯	巳	未	申	戌	子	寅	辰	午
堆貴	丑未	丑未	丑未	丑未	丑未	丑未	子申	子申	子申	子申	子申	子申
進貴		辛	乙己		乙己	辛	壬癸	壬癸	甲戊庚	丙丁	丙丁	甲戊庚
進長生		丙戊	辛		壬	乙	庚	癸		甲	丁己	
堆長生	寅	寅	寅	寅	寅	寅	酉	酉	酉	酉	酉	酉
帝旺	午	午	午	午	午	午	巳	巳	巳	巳	巳	巳
堆祿	巳	巳	巳	巳	巳	巳	午	午	午	午	午	午
進祿		甲	癸		庚	丁己	丙戊	乙		壬	辛	
進馬		申子辰			寅午戌		亥卯未			巳酉丑		
堆馬	寅	申	寅	申	寅	申	亥	巳	亥	巳	亥	巳
相沖	戌	申	午	辰	寅	子	亥	酉	未	巳	卯	丑
三殺	未	丑	未	丑	未	丑	辰	戌	辰	戌	辰	戌
回頭貢殺	巳酉丑全			亥卯未全					寅午戌全			申子辰全
三刑	辰	巳	卯	丑未	巳	午	寅申	子	戌	亥	酉	戌
箭刃	子午	子午	子午	子午	子午	子午	丑未	丑未	丑未	丑未	丑未	丑未
官符	癸亥	丁巳	癸亥	丁巳	癸亥	丁巳	壬申	丙寅	壬申	丙寅	壬申	丙寅
六害	乙卯	丁巳	己未	辛酉	癸亥	乙丑	丙寅	戊辰	庚午	壬申	甲戌	丙子

六十甲子本命忌冲殺刑刃便覽

本命	庚午土	庚辰金	庚寅木	庚子土	庚戌金	庚申木	辛未土	辛巳金	辛卯木	辛丑土	辛亥金	辛酉木
三合	寅戌	子申	午戌	辰申	寅午	子辰	卯亥	丑酉	未亥	巳酉	卯未	丑巳
六合	未	酉	亥	丑	卯	巳	午	申	戌	子	寅	辰
堆貴	丑未	丑未	丑未	丑未	丑未	丑未	寅午	寅午	寅午	寅午	寅午	寅午
進貴	辛		辛	乙己		乙己	甲戊庚	壬癸	壬癸	甲戊庚	丙丁	丙丁
進長生	乙		丙戊	辛		壬		庚	癸		甲	丁己
堆長生	巳	巳	巳	巳	巳	巳	子	子	子	子	子	子
帝旺	酉	酉	酉	酉	酉	酉	申	申	申	申	申	申
堆祿	申	申	申	申	申	申	酉	酉	酉	酉	酉	酉
進祿	丁己		甲	癸		庚	丙戊	乙			壬	辛
進馬			申子辰			寅午戌	亥卯未			巳酉丑		
堆馬	申	寅	申	寅	申	寅	巳	亥	巳	亥	巳	亥
相沖	子	戌	申	午	辰	寅	丑	亥	酉	未	巳	卯
三殺	丑	未	丑	未	丑	未	戌	辰	戌	辰	戌	辰
回頭貢殺		巳酉丑全			亥卯未全		申子辰全			寅午戌全		
三刑	午	辰	巳	卯	丑未	巳	戌	寅申	子	戌	亥	酉
箭刃	卯酉	卯酉	卯酉	卯酉	卯酉	卯酉	辰戌	辰戌	辰戌	辰戌	辰戌	辰戌
官符	辛巳	丁亥	辛巳	丁亥	辛巳	丁亥	庚寅	丙申	庚寅	丙申	庚寅	丙申
六害	己丑	己卯	辛巳	癸未	乙酉	丁亥	庚子	庚寅	壬辰	甲午	丙申	戊戌

六十甲子本命忌冲殺刑刃便覽

本命	壬申金	壬午木	壬辰水	壬寅金	壬子木	壬戌水	癸酉金	癸未木	癸巳水	癸卯金	癸丑木	癸亥水
三合	子辰	寅戌	子申	午戌	辰申	寅午	丑巳	卯亥	丑酉	未亥	巳酉	卯未
六合	巳	未	酉	亥	丑	卯	辰	午	申	戌	子	寅
堆貴	卯巳	卯巳	卯巳	卯巳	卯巳	卯巳	卯巳	卯巳	卯巳	卯巳	卯巳	卯巳
進貴	乙己	辛		辛	乙己		丙丁	甲戊庚	壬癸	壬癸	甲戊庚	丙丁
進長生	壬	乙		丙戊	辛		丁己		庚	癸		甲
堆長生	申	申	申	申	申	申	卯	卯	卯	卯	卯	卯
帝旺	子	子	子	子	子	子	亥	亥	亥	亥	亥	亥
堆祿	亥	亥	亥	亥	亥	亥	子	子	子	子	子	子
進祿	庚	丁己		甲	癸		辛		丙戊	乙		壬
進馬	寅午戌			申子辰					亥卯未			巳酉丑
堆馬	寅	申	寅	申	寅	申	亥	巳	亥	巳	亥	巳
相冲	寅	子	戌	申	午	辰	卯	丑	亥	酉	未	巳
三殺	未	丑	未	丑	未	丑	辰	戌	辰	戌	辰	戌
回頭貢殺			巳酉丑全			亥卯未全		申子辰全			寅午戌全	
三刑	巳	午	辰	巳	卯	丑未	酉	戌	寅申	子	戌	亥
箭刃	子午	子午	子午	子午	子午	子午	丑未	丑未	丑未	丑未	丑未	丑未
官符	辛亥	乙巳	辛亥	乙巳	辛亥	乙巳	庚申	甲寅	庚申	甲寅	庚申	甲寅
六害	辛亥	癸丑	癸卯	乙巳	丁未	己酉	壬戌	甲子	甲寅	丙辰	戊午	庚申

◎三合者，本五行生旺墓庫之位，凡物生欲其旺，旺欲其成。三者，九九相親造化萬物，生生不已，合本命，吉利。

◎六合者，天帝左旋而迎天，太陽右轉而合地，天地合德運氣同孚，陰陽相和而各有合，會合本命，迪吉。

◎**天乙貴人**者，陽德從天主之德，陰貴取地主之合，即干德之合氣乃為貴，能統神煞，經世宰物，逢本命，大吉。

◎**祿元**者，祿起十干長生，由生而長，長而居官，臨政則祿。驛馬者，乃先天三合數，備主馳驅，利用貞吉。

選擇鏡宗曰：相主者何？以四柱八字輔相主人之命也，從來皆論生年，宜合生旺祿馬貴人，忌沖殺刑刃。

⊙**本命相沖**，六辰相對而擊沖本命也，最忌天剋地衝及天比地衝，凶。日時沖命，大凶，月沖次之，審用，年沖應制化，不忌。

⊙**本命三殺**，日時均忌，真三殺大凶不能制化：逢貴亦忌。非真三殺取天乙貴人制化從審，如無本命貴人制化，切不可用。如甲子命，用五虎遁，遁真殺位辛未日時為真三殺，大凶不能制化，其餘四未日時為非真三殺，會逢本命堆貴解化審用。

⊙**回頭貢殺**，四柱中三合全局，回頭殺本命也，如本命戊戌，用未年亥月卯時，亥卯未全局殺戌命為回頭貢殺，不能制化。

△**本命三刑**，僅論忌日，須本命天乙貴人解化為合格。如辛卯命用壬子日進貴，解化可用，其餘四子日無貴人解化，不可用。

△**箭刃全**，四柱中忌箭刃全，須本命貴人或柱中三六合解化。

△**官符**，取太陽赦解，貴人解化。

△**六害**，取合德祿貴解化可用。

（本表與說明摘錄自廖淵用通書）

第參章、認識《剋擇講義》

　　《剋擇講義》是臺灣與閩粵部分地區的擇日學「聖經」，共分十二期。依序是第一期：總訣。第二期：嫁娶。第三期：嫁娶女命利月。第四期：嫁娶六十女逐女列便吉凶總局。第五期：續嫁娶六十女逐女列便吉凶總局。第六期：豎造宅舍條目。第七期：安門全章。第八期：安葬全章。第九期：開生墳幷合壽木。第十期：造葬二十四山各山列便吉凶總局。第十一期：續造葬二十四山各山列便吉凶總局。第十二期：祈福章例。

一、總訣

刑冲合會與回頭貢殺

　　《剋擇講義》總訣在第一章〈擇日學基本認識〉已經提到，在這裡較為深入的演練，提供讀者更深入的理解。其中天干之名、地支之名、干支所屬、五行生剋、納音五行、年遁月例、日遁時例。月建節氣、三合五行、天干五合、地支六合、祿元之例、馬元之例、天乙貴人、十二生肖、長生之例、帝旺之例、地支相冲、地支三刑、地支殺例、回頭貢殺、箭刃之例、等，已經在第一章提過，不贅述。但其運用之法敘述如下：

　　1、天干五合：甲己合，乙庚合，丙辛合，丁壬合，戊癸合。以庚子年為例，庚是當位自得，因此庚子年的庚子、庚寅、庚辰、庚午、庚申、庚戌等日就是歲德日。如果是陰干以自己為歲德合，例如庚子年乙酉日。反過來己亥年為例，陰遷就陽，凡是甲日就為歲德，己日則為歲德合。

2、地支六合三合：例如甲子日乙丑時，甲寅日乙亥時，丙辰日丁酉時，丙午日乙未時，丁未日丙午時等，以上為六合。丁丑日己酉時，丁丑日乙巳時，戊子日丙辰時，戊子日庚申時 等，以上稱三合。

3、祿元之例：甲祿在寅，乙祿在卯等。例如甲寅日甲子時，甲辰日丙寅時，己卯日庚午時，辛卯日丁酉時，壬戌日辛亥時等。

4、馬元之例：己卯己巳時，驛馬與帝旺。甲戌日壬申日驛馬。乙酉日丁亥時，驛馬福星進貴。

5、天乙貴人：癸丑日庚申時進貴。戊申日乙酉時進貴。丙寅日己亥時貴人。乙丑日戊寅時進貴。甲午日乙丑時貴人。

6、長生之例：例如庚子日辛巳時，庚辛皆為長生。己酉日己巳時長生帝旺。

7、帝旺之例：例如壬申日庚子時。癸亥日癸亥時。癸卯日癸亥時長生帝旺交馳。

8、地支相沖：指乙丑日癸未時日破大凶，諸事勿用。庚辰月丙戌日，月破大耗辰時凶。

9、地支三刑：三刑忌日不忌時，逢六合貴人，均可解化。如甲子命用卯日，謂之犯刑。如果是乙卯日或己卯日，乙己鼠猴鄉，貴人可解。又例如亥亥自刑，乙亥人用丁亥日，丙丁豬雞位。

10、地支殺例：申子辰殺未，即申子辰年生人，三殺在未日未時。巳酉丑年生人，三殺在辰日辰時。寅午戌年生人，三殺在丑日丑時。亥卯未年生人，三殺在戌日戌時。三殺極凶，無解。

11、回頭貢殺：申子辰貢殺未年生人。寅午戌貢殺丑年生人。巳酉丑貢殺辰年生人。亥卯未貢殺戌年生人。回頭貢殺僅限辰戌丑未年生人，不限三字相連。

12、箭刃之例：忌箭刃齊全，有天乙貴人，三合，六合，即可解化。如隔柱乙丑、己卯、壬寅、己酉，有貴人即可解化。又例如甲戌、丁卯、辛亥、丁酉，亥卯三合。

二、婚姻全章

婚姻是人倫大事，藉之以生生不息。現在婚姻規矩雖然簡化許多，但首重迎娶、登記婚姻等佳期，其次宴請賓客一併注意及之，莫犯六沖。婚姻之內容有：問名、訂盟、結婚姻、納采、裁衣合帳、安床、冠笄、招贅、嫁娶、親迎等事。《廖淵用通書便覽》言：「嘗思乾坤定位而陰陽有分，陰陽分而夫婦建，故詩首〈關雎〉，《易》重歸妹，《禮》著大婚，婚姻之事義大矣哉！是以百年非苟且之事，而于歸實人倫之始。夫婦大綱醮配終身，承祖續宗之丕基，繼世紹嗣之彌昌。然余觀古人寅諏，必取其吉辰而剋擇勿流乎鹵莽。雖然神殺浩繁，逐月皆有六禮吉期。至於婚娶必辨乎碎金賦為准，趨吉避凶審溯源流則格局乎成，而瓜瓞衍慶於無窮之妙也。〈周書〉合卦之法用排山掌訣，以女命入中宮，陽女順行，乾而轉陰，女逆飛巽而推以尋男命甲子，看泊在何宮，二卦合成六爻。其陽女中宮寄艮卦，陰女中宮寄坤卦。假如男女二命同庚，或並泊中宮，陽女則並為艮卦，陰女則並為坤卦，俗法多單用地支飛尋即是，然究其大理，必以某甲子干支飛到某甲子干支，方是其子父財官。六爻中宜擇選日期補助扶救，方無錯誤焉耳。至于乾坤二造勿犯沖、殺、刑、刃，宜合生旺祿貴則吉。」

（一）、《剋擇講義》婚姻六階段

　　1、問名：媒人先將男子甲庚送與女家，後將女子甲庚送與男家，俟三日清吉，即訪問家風相當得妥；方用全帖並列男女甲庚，送與女家；女家亦回金字，此為六禮之一也。擇日法，乾造勿犯沖，勿犯殺，勿犯回頭貢殺。犯刑則取三合、六合或貴人解化。犯箭刃全，則就四柱中取三合或六合，或本命貴人解化。坤造勿犯沖，勿犯殺，勿犯回頭貢殺。犯刑則取三合、六合或貴人解化。犯箭刃全，則就四柱中取三合或六合，或本命貴人解化。其日勿犯六禮忌例，餘則可用。

　　2、訂盟：又稱文定、小聘。富貴家用綢緞盒盤金花表裡之類。常人惟用手指一對，聘銀隨意。此謂六禮之二。擇日方法如前述「問名」。

　　3、納采：亦稱獻綵、大聘。今俗用生麵肉苞盒，担到女家，女家回其紗巾糖荖、綢巾花肚等物。此謂六禮之三也。擇日方法如前述「問名」，擇日勿犯六禮忌例；併女命檳榔殺日，餘則可用。

　　4、納幣：幣者，帛也。納幣之禮在於請期之先，俗稱大送。乃用綢緞盒，担頭釵首飾盛儀。擇日方法如前述「問名」，擇日勿犯六禮忌例；併女命檳榔殺日，餘則可用。

　　5、請期：即將日送與女家，併禮儀全帖，此謂六禮之五也。擇法乾造勿犯沖，勿犯殺等，擇日方法如前述「問名」，擇日勿犯六禮忌例。

　　6、親迎：此北方人及官場多也。以閩之漳州亦有之。即女婿先至女家交拜，然後乘輿齊到男家廟見。今之嫁娶，亦曰嫁娶

也。須論坤造利月,按照嫁娶神煞二百八十六條。擇日法必辨乎碎金賦為准。如果是入贅填房,乃以男嫁女,利月則論男命。即以入贅男當出嫁女來擇日。

(二)、嫁娶乾坤二造忌例

1、乾造沖,大忌不用。三殺,非真亦少用。三刑,三六合貴人解化。箭刃,三六合吊化。沖陽氣,偏沖亦忌。沖妻星,正沖大忌。沖天官,偏沖亦忌。回頭貢殺,大忌不用。

2、坤造沖,大忌不用。三殺,非真亦少用。三刑,三六合貴人解化。箭刃,三六合吊化。沖陰胎,偏沖亦忌。沖夫星,正沖大忌。沖天嗣,偏沖亦忌。回頭貢殺,大忌不用。

《剋擇講義》所言六禮忌例有:
月破:大凶。
受死:從俗忌。
死別:經闢謬,斟酌吉多可用。
白虎:麟符制。
朱雀:鳳符制,白虎朱雀又有虎中雀中,均宜麟鳳符,貼於中宮
　　　行婚禮之場所。
天賊:宜制用,宜妻金狗,或天兵時,或明星均制。
荒蕪:季月凶。
人鬲:吉多可用。
離別:吉多可用。四離、四絕大凶之日,乃八節各前一日。
正四廢:忌勿用。
四忌日:吉多可用。
四窮日:吉多可用。

人民離：從俗忌。

真滅沒：忌勿用。

　　關於婚姻擇日的看法，在《協紀辨方書》記載的忌凶神有：建日、平日、滿日、破日、平日、收日、閉日等。其次，劫殺、災殺、月殺、月刑、月害、月厭、大時、天吏、四忌、四窮、五墓、五離、正四廢等。四離四絕大凶之日，乃八節各前一日，通書一般不用。

　　通書分為甲申、乙酉天地離。丙申、丁酉日月離。戊申、己酉人民離。庚申、辛酉金石離。壬申、癸酉江河離。其中人民離戊申、己酉，不宜用在會親友、結婚、嫁娶。

（三）、《剋擇講義》分別以十二地支說明女命清吉、正檳榔殺、犯沖、盤隔山殺

　　《剋擇講義》以表格說明清吉取用，正檳榔殺，檳榔三殺，犯沖大凶，盤隔山殺，三刑取貴等。例如以子年生女命而言：子日清吉取用。卯日正檳榔殺。午日犯沖大凶。酉日清吉取用。丑日清吉取用。辰日正檳榔殺。未日檳榔三殺。戌日清吉取用。寅日盤隔山殺。巳日正檳榔殺。申日盤隔山殺。亥日盤隔山殺。即以表列方式供擇日核對十二地支生年。

　　正檳榔殺日：己巳、庚辰、辛卯、壬寅、癸丑、己卯、庚寅、戊辰、辛丑、壬子。(檳榔殺日俗雖忌，憲書不忌，合貴人吉。)

　　正檳榔殺月：子、午、卯、酉女，忌正、五、七月。寅、申、巳、亥女，忌二、四、八月。辰、戌、丑、未女，忌三、六、九

月。勿同用人鬲日凶，檳榔或用制化。臺灣最嫌檳榔日，解法用檳榔七顆，向天用刀剖破，入於瓷罐內，紅紙封密閉，令人擲於流水漂去。納綵、納幣時，擲於流水中拋棄。

（四）、合帳、裁衣

婚期已定，就有裁衣合帳等工作，其日男女六冲大忌，三殺大忌勿用，三刑自刑可以三合、三會、貴人化解。如是裁做長生壽衣、壽襖加忌三合入墓，宜妻宿吉。

《剋擇講義‧合帳裁衣碎金賦》言：「二十八宿識者稀，識時便是洩天機；且將水？閉滿成日，女璧土王四季依。月破受死長短星，四廢滅沒火星悲；合帳裁衣如選用，必在天亮卯辰時。」《剋擇講義》又註記：「二十八宿乃天之經緯地之權衡，實不干裁衣之吉凶，惟俗執其疵姑占錄之。」

《廖淵用通書》裁衣：「宜天月德，併合天赦、天願、月恩、四相、時德、滿成開王，三合，重復重日吉宿。忌月破、受死、正四廢、長短星、火星、真滅沒。」關於合帳：「宜水、閉、女、壁、宿、四季土王用事日，併卯辰時。忌月破、受死、四廢、真滅沒、火星、天賊。」

《剋擇講義》所言裁衣合帳忌例有：
月破：忌勿用。
受死日：俗大忌。
開星日：忌合帳。
長星日：忌裁衣。
短星日：忌裁衣。

正四廢：忌勿用。蝕日月，真滅沒，俱為大忌。

火星日：俗忌。

　　乾冠坤笄，六沖、三殺、刑、箭刃、回頭貢殺不可犯，日凶神有月破日大忌、受死日俗大忌、彭祖忌俗大忌、蚩尤日俗忌用、白虎日麟符制、朱雀日鳳符制、正四廢俗忌用、真滅沒俗忌用，朔日逢角宿，望日逢亢宿，弦日逢虛宿，晦日逢婁宿，虛日逢鬼宿，盈日逢牛宿。〈冠笄碎金賦〉言：「吉日令辰兩相逢，始加元服顯祖宗；必將例月？相會合，也須凶星勿刑沖。月破蚩尤與受死，滅沒四廢勿真踪；彭祖百忌火星日，事業一世有幾重。」

三、安床

　　安床之法男女並重，男重官星女重食神，本命生旺祿馬、貴人堆拱，得胎、養、生、旺日。夫星食神通根而生旺有氣，仍能旺夫益子又要日子健旺，無沖陽氣陰胎吉，忌安白虎、天狗、喪門、病符、三殺方，主有疾病墮胎之患。宜天、月德併合，母倉、益後、續世、生氣、三合、五合、六合、天喜、金匱、青龍、黃道要安、吉慶、活曜、福生、成開危日。忌月破、受死、正四廢、真滅沒、四離、四絕、臥尸、申日、火星、平收閉、劫殺、災殺、月刑、月厭、日月蝕日、陰陽錯、埋兒宿日、埋兒時，滅子胎凶俗忌與嫁日相沖凶。而危宿日勿用，若值紅嘴、朱雀、乾宮，宜鳳凰符制。造床忌木馬、斧殺、魯班刀砧。

《尅擇講義‧安床碎金賦》如下：

> 安床條例必先知，有氣乾坤益後宜。

床乃夫婦窩巢生育之處。乾坤兩造生旺有氣為要。

> 祿馬貴人推拱護，官星食神並重施。

此三吉關頭乃尅擇之切。男重官星女重食神有氣。

> 陰胎陽氣無冲好，朱雀乾宮鳳凰期。

陽氣陰胎二者日期勿冲。房內宜貼鳳凰符在乾方。

> 月破火星與受死，亦怕滅沒及臥尸。

此三條凶神選擇不可犯。吉不抵制選擇者不可犯。

> 四離四絕正四廢，凶宿凶時兩埋兒。

此三條亦係凶神不可犯。俗之最忌選擇亦不可犯。

> 冲殺刑刃滅子胎，必主疾病墮胎悲。

冲五宮男女宮即滅子胎。常墜胎之患必犯此凶神。

> 新床大忌冲嫁日，舊榻受胎勿妄移。

嫁娶之日與安床冲不用。有受胎孕者斟酌勿妄動。

> 鳳凰和樂成佳偶，吉夢同占發桂枝。

吉趨凶避自然夫婦和樂。日辰清吉則麟趾螽絲矣。

新人安床非同一般人安床，宜男女分別核對擇日。

1、乾造沖，大忌不用。三殺，非真亦少用。三刑，三六合貴人解化。箭刃，三六合吊化。沖陽氣，偏沖亦忌。沖妻星，正沖大忌。沖天官，偏沖亦忌。回頭貢殺，大忌不用。

2、坤造沖，大忌不用。三殺，非真亦少用。三刑，三六合貴人解化。箭刃，三六合吊化。沖陰胎，偏沖亦忌。沖夫星，正沖大忌。沖天嗣，偏沖亦忌。回頭貢殺，大忌不用。

安床的原因有：因新婚而安床。有因久年不受胎。受孕而少養，養而不寧。心情忐忑，輾轉難眠多夢，人事之不順，以風水之故而調整。等。應如何注意擇日之要點如下：

1、擇日四柱，如逢偏印透出，即稱為「剋子星」。宜就擇日四柱中制化或脫洩；至於安床之日，切不可與嫁娶之日逢沖。如有移徙搬床，注意胎婦孕婦，宜查看六甲胎神，十二個月六十甲子所值方道是否妨礙。所謂新床易安，舊床難移。

2、如有胎婦長有墮胎之患，乃是當年安床之際，有犯病符方，天狗白虎方，或男陽氣、女陰胎、犯沖，而當年嫁娶之日無補救之誤。

3、如受胎孕婦有必要移徙床位，勉強擇日而有犯胎神之虞者，解法宜先用黃紙一張，不拘尺寸，書寫「奉請胎神到此」，焚香默請，安於偏僻無人所到之處，等待事情完畢即泥首化帛，以金帛化之，安然無事。

安床忌例有：月破日(大凶)，臥尸(彰泉各有所重)。受死(俗

大忌)。死別(關謬權用)。離巢(三合主用)。天賊(天兵可制)。彭祖忌(俗大忌)。正四廢(忌勿用)。木馬斧殺(忌造床)。魯班刀砧(忌造床)。四離四絕(大忌勿用)。真滅沒日(大忌勿用)。朱雀乾(鳳凰到此符制，朱雀乾全年惟丁卯、丙子、乙酉、甲午、癸卯、壬子、辛酉等七日，分布於十二月)。陽差日(俗忌用)。陰錯日(俗忌用)。火星日(俗忌用)。《剋擇講義》註釋：「尚有白虎、虎中、朱雀、雀中註在通書中，分明可觀；犯者用麟鳳符貼床帳制之。」

安床最忌女命埋兒凶時。女命，子午卯酉女忌丑時。埋兒，寅申巳亥女忌申時。凶時，辰戌丑未女忌卯時。亦忌諱日家埋兒凶宿，《剋擇講義》記載：「心昂箕婁奎尾參危宿逢之，俱不安；犯此孩兒養最難。」一般通書「十干日時局」均有記載胎神占位。《剋擇講義》在第一期二十九頁記載胎神位置。

安床凶方：《剋擇講義》列出白虎方，天狗方，病符方。例如子年申方，丑年酉方是白虎方。子年戌方，丑年亥方是天狗方。子年亥方，丑年子方是病符方。《剋擇講義》註釋：「此方須以羅經安於中宮二架梁下茶亭，若以宅之吉方凶方，必以生宅之正體論之。」

《剋擇講義》言：「安床有心、昂、箕、婁、奎、尾、參、危、八宿為埋兒宿，犯者小兒難以長成，而漳、廈地方，又誑增角、亢、牛、鬼、軫、五宿，共計十三宿均忌。……依謬就謬，苟日期果佳，萬難捨棄者，即取食神明現，通根有氣，陽氣陰胎會合生旺，男女宮三合包拱，或禽星吞焰。」

四、嫁娶與女命六神

《尅擇講義・嫁娶全章》介紹了女命六神。生我為正印、偏印。我生為傷官、食神。尅我為正官、七殺。我尅為正財、偏財。相同為比肩、劫財。例如甲命屬木，遇見月柱丙寅是食神，遇見日柱戊申是偏財。其餘倣此，不贅附。

正印、偏印
生我者為正印、偏印：正印是陽生陰、陰生陽。偏印是陽生陽、陰生陰。
例如，甲日主，癸水是正印，壬水是偏印。

正財、偏財
我尅者為正財、偏財：正財是陰尅陽、陽尅陰。偏財是陽尅陽、陰尅陰。
例如，乙日主，戊土是正財，己土是偏財。

食神、傷官
我生者為食神、傷官：食神是陽生陽、陰生陰。傷官是陽生陰、陰生陽。
例如，丙日主，戊土是食神，己土是傷官。

正官、七殺
尅我者為正官、七殺：正官是陽尅陰、陰尅陽。七殺是陽尅陽、陰尅陰。
例如，丁日主，壬水是正官，癸水是七殺。

比肩、劫財
同我者為比肩、劫財：比肩是陽同陽、陰同陰。劫財是陽同陰、

陰同陽。

例如，戊日主，戊土是比肩，己土是劫財。

> 十神相生：
> 比劫生食傷　食傷生財　財生官殺　官殺生印　印生比劫
>
> 十神相尅：
> 比劫尅財　財尅印　印尅食傷　食傷尅官殺　官殺尅比劫

　　研究擇日者，若不能精詳熟背於十神生尅、六親所屬、十二生旺庫、地支藏干等，恐怕難以登堂入室。因為牽涉制妻、妨夫、妻旺、身強、婚姻、財官等判斷。

比肩

生年	甲	乙	丙	丁	戊	己	庚	辛	壬	癸
比肩	甲	乙	丙	丁	戊	己	庚	辛	壬	癸

劫財

生年	甲	乙	丙	丁	戊	己	庚	辛	壬	癸
劫財	乙	甲	丁	丙	己	戊	辛	庚	癸	壬

食神

生年	甲	乙	丙	丁	戊	己	庚	辛	壬	癸
食神	丙	丁	戊	己	庚	辛	壬	癸	甲	乙

傷官

生年	甲	乙	丙	丁	戊	己	庚	辛	壬	癸
傷官	丁	丙	己	戊	辛	庚	癸	壬	乙	甲

正財

生年	甲	乙	丙	丁	戊	己	庚	辛	壬	癸
正財	己	戊	辛	庚	癸	壬	乙	甲	丁	丙

偏財

生年	甲	乙	丙	丁	戊	己	庚	辛	壬	癸
偏財	戊	己	庚	辛	壬	癸	甲	乙	丙	丁

正官

生年	甲	乙	丙	丁	戊	己	庚	辛	壬	癸
正官	辛	庚	癸	壬	乙	甲	丁	丙	己	戊

七殺

生年	甲	乙	丙	丁	戊	己	庚	辛	壬	癸
七殺	庚	辛	壬	癸	甲	乙	丙	辛	戊	己

正印

生年	甲	乙	丙	丁	戊	己	庚	辛	壬	癸
正印	癸	壬	乙	甲	丁	丙	己	戊	辛	庚

偏印

生年	甲	乙	丙	丁	戊	己	庚	辛	壬	癸
偏印	壬	癸	甲	乙	丙	丁	戊	己	庚	辛

　　女命六神，有吉有凶。食神、正印、正官、正財、偏財、比肩、劫財、為吉，可用而勿拘其論。傷官、偏印、七殺、官坐官，四者為凶。宜於將四柱中此類安排生剋制化，則吉。六神是由出生年為比肩所排出，例如女命丁卯年，擇定庚子、戊寅、戊子、丁巳，庚為正財，戊為傷官，丁為比肩。生剋制化之法《剋擇講義》分段言：

傷官

　　傷官論一名剋夫，有制為傷官，無制為剋夫。書訣：「傷官不可例言凶，有制還須衣祿豐；課若逢財多稱羨，正印遇者壽如松。」四柱中有傷官，宜就柱中取正財脫洩。取正印以制之。如果陽女可用偏印合化，陰女以七殺合化。例如辛未女命婚課取壬戌、乙巳、戊午、丁巳。以生年為比肩，地支不忌。

偏印

　　偏印論一名剋子星，有制為偏印，無制為梟印。書訣：「偏印號為剋子星，多生少養遭傷悲；格中若得財和比，何愁兒女不

相宜。」柱中犯偏印,如陽女取正財偏財制之,比肩劫財脫洩,傷官合之。陰女取正財化之,比肩劫財脫之,偏財制,所取制之干,則不宜合。例如庚寅女婚課擇日取庚午、戊子、癸卯、乙卯。

七殺

　　七殺論一名偏官,有制稱偏官,無制稱七殺。書訣:「偏官有制化為權,一仁(印)解厄意氣全;食神恭透玄中妙,劫而逢傷合化完。」偏官即七殺,擇日課中雖然七殺僅一位,仍宜取印化之。或食神制亦可。若陰女以傷官合化,陽女以劫財合化。如果七殺兩位,應各有制或化。

官殺兩見

　　官殺兩見一名官殺混雜,書訣:「正官獨現性情純,如雜七殺課便混,法取制殺當留官,官如重露去一群。」課中喜一點官星透露甚妙,如過七殺並見,便是官殺混雜;只能制殺留官,不可制官留殺。如逢官星雙露,則合化一重,或脫洩一重。例如庚申女,取丁未、丙午、庚申、丙子,即官殺混雜。

　　《剋擇講義》註記:「甲己合。乙庚合。丙辛合。丁壬合。戊癸合。謂之五合。四柱中如二柱逢五合,則此二柱自己合化,雖凶亦不忌。雖吉六不能制他凶謂之不論。如四柱中均逢五合,則四柱均不拘吉凶,可用矣。」《剋擇講義・嫁娶周書合卦締婚成爻法》言:「甲、丙、戊、庚、壬為陽。乙、丁、己、辛、癸為陰。子、寅、辰、午、申、戌為陽。丑、亥、酉、未、巳、卯為陰。陽男泊中宮作坤,陰男泊中宮作離。陽女永遠寄在艮,陰女永遠寄在坤。法用排山掌訣,乙女命某甲子入中宮,陽女順乾而轉,陰女逆巽而行。尋所配之男某甲子,泊在何宮寄定,即將

女命為上卦，男命為下卦，合成六爻。上卦為外三爻，下卦為內三爻，合成排演子、父、財、官、兄、比之法。其法則看所合之卦，系何宮所管，由此而推。但卦有體有用。先三十年重體，後三十年重用；如用卦生體卦吉，體卦生用卦凶。體卦剋用卦謂之洩暴亦凶，須取日辰來生體卦則吉。或用動爻來生體卦所用之爻，或以所用之爻比合亦可。若體卦既受用卦剋洩，而日辰又剋洩之則凶矣。從新娘過門後，自下而上數起一爻管五年。體用二卦共管六十年。祿、馬、貴人為吉。如是白虎、沖、刑、刃、空亡、則凶，宜慎之。」體卦起法，《剋擇講義》2 期 3-6 頁。八宮卦表7-10 頁，不贅附。

《剋擇講義》嫁娶碎金賦

嫁娶之法說與知，先將女命定利期。

嫁娶吉課必先明女命利月，乃就女命本位，陽女順進(順進其實是退)一位，並進一位之沖月，二者為大利月；進二位並進二位之沖月，二者為小利月。進三位並進三位之沖月。二者為翁姑月。進四位並進四位之沖月。二者為父母月。進五位並進五位之沖月。二者為之妨夫月。本命位、與對沖月。為之妨婦月。若陰女則均逆退而算。大利月、小利月、均吉可用、翁姑月、則需新婦過門。候三朝登堂拜見翁姑。父母月、乃新嫁出閨時。女家父母勿送上採轎則吉。妨夫月、並妨婦月，俗謂不利。則不取用。

次用男命配選日，女命為主要吉利。

既明利月之通，即配日期之宜。其男命配日，凶者惟七條神殺，其中三條可制化。按嫁娶神殺二百八十六條，諸多係以女命，故

以女命為主。

> 不將季分三合妙，五合六合七合宜。

將者，凶神之名。有陽將、陰將、然嫁娶以將神無犯，故以不將為吉。書云：陽將男死，陰將女亡；陰陽俱將，男女俱傷；陰陽不將，男女吉昌。《協紀》云：凡嫁娶宜不將為佳。倘無不將，如逢天德、月德、天德合、月德合、母倉、黃道、上吉、次吉、月恩、益後、續世、人民合，或日辰合吉亦可用，不必拘執。季分乃嫁娶上吉之神，合不將例，均逐一載明在講義中。三合者，一居白虎之位，一居官符之宮。人以三合為吉，余以三合未必全吉，不必泥執五合者，各有司職，惟戊寅己卯為人民合，最宜婚姻之事，外有甲寅乙卯天地合，宜祈福。丙寅丁卯日月合，宜開光。庚寅辛卯金石合，宜鑄器。壬寅癸卯江河合，宜行船。然不干嫁娶之禮，有合亦可；無合亦可。其六合最為上妙之合，乃天帝左旋而合天，太陽右轉而合地，天地合德，運氣相孚；陰陽相交，故為上吉。七合者，乃乾坤與日期逢合，併天嗣再合，謂之七合，亦妙。

> 周堂值夫並值婦，此日切莫會佳期。

每月初一、初九、十七、二十五、為值夫。初七、十五、二十三，為值婦，均勿嫁娶。按周堂殺尚有值弟、堂、廚、灶、翁、姑等。

> 橫天朱雀四離絕，受死往亡歸忌避。

橫天朱雀，每月惟四日。初一行嫁主再嫁；初九上梁回祿殃；十七埋葬起瘟病；二五移居人財傷。初一忌嫁娶，餘則不干嫁娶事，亦非用鳳凰符所能制也。四離、四絕，即立春、立夏、立秋、立

冬、春分、秋分、夏至、冬至，各前一日，為二氣五行分判之日。
大忌嫁娶；而受死、往亡、歸忌，三者亦嫁娶之凶神，勿犯也。

> 月厭無翁日可用，厭對無姑反利期。

《協紀》云：月厭者，厭魅之神也，其性暗昧私邪，對沖為壓對。
月厭日須無翁則可用，厭對日宜無姑則可取。苟犯月厭、厭對，
如翁姑在，雖行避亦不宜用。

> 二至二分併四立，反日無全休遲疑。

二至，即夏至、冬至。二分即春分、秋分。二至為陰陽爭，二分
為厭建對。四立，乃立春、立夏、立秋、立冬，為四時相尅之際，
名曰八節日，亦忌嫁娶。反目乃是無根謬例。子午女忌四柱中卯
酉全；丑未女忌四柱中辰戌全，寅申女，忌四柱中巳亥全，如有
三合、或六合、或貴人均可改化。

> 自縊無絞全然吉，人鬲無弓正合宜。

自縊忌與鉤絞同日則凶，如犯自縊無全鉤絞，或鉤絞無全自縊，
則不忌也。鉤絞有天罡、有河魁，均忌與自縊同日。陽月平日為
天罡鉤絞，收日為河魁鉤絞；陰月收日為天罡鉤絞，平日為河魁
鉤絞；另有牛鉤絞，乃春申酉，夏亥子，秋寅卯，冬巳午，係忌
作牛桐，與嫁娶無干。人鬲乃箭也。番弓乃弓也。書云：人鬲勿
與番弓同，弓鬲全者便傷人。按自縊併天罡鉤絞、河魁鉤絞、人
鬲、番弓等凶日，載明講義中。

> 正四廢日真滅沒，亥不行嫁箭刃悲。

正四廢，真滅沒，乃四時居休廢之地，百事俱忌，惟安葬不忌。舊文云：伏斷空亡妙玉皇，今更此句。亥乃彭祖忌之日，不能嫁娶，吉不能抵制。惟箭刃一例，若居年月在外尤輕；如居日時在內則重。然日時原不能相冲，如日冲年，或時冲年月，或隔支冲，逢三合、或六合、或天乙貴人解化，自可取用。

> 朱雀坤宮天德解，白虎行嫁麟符移。

九宮俱有朱雀，乃從震宮起甲子，順行九宮，用排山掌一日一宮，至坤位故曰雀坤，忌嫁娶損翁人，無翁不忌，有翁可取天德解化，如無天德可解或用黃紙黑書寫「鳳凰到此」四字，貼於堂內坤方則吉。白虎或六陽辰即名黑道白虎，或十二建星之成日白虎，或同堂圖局之白虎，或行嫁日與女命三合九位之白虎，或攔路之白虎，名目甚多，均宜用紅紙硃書寫「麒麟到此」四字貼制之。

> 真夫星兮並天嗣，日辰切莫衝干支。

真夫星即女命之正官，天嗣即女命之食神；用五虎遁遁至正官之位，屬何地支？即夫星。遁至食神之位，屬何地支？即天嗣。嫁娶日大忌正冲夫星，偏冲可用。正冲天干相剋，地支相冲，為之正冲，如夫星辛未，遇丁丑日為正冲，餘者則為偏冲。嫁娶日冲天嗣，不論正冲偏冲均大忌；惟寅申巳亥之偏冲，則從權取用。正偏冲夫星、天嗣之忌日記載於講義中。

> 男陽氣兮女陰胎，若是冲支定缺兒。

陽氣陰胎起例，其詩訣曰，陽氣陰胎辨若何？且問男女生月初，

生月天干與地支，天進一兮地三和。假如生月丁卯位，進一是戊三是午。其法以<u>男生月，天干進一位，地支進三位，為陽氣</u>。女生月，天干進一位，地支進三位，為陰胎。如丁卯月生，天干進一，地支進三，即是戊午。<u>大忌嫁娶日相冲最凶</u>；雖偏冲亦忌。

嫁年若犯厄與產，本命羅紋貴無忌。

<u>厄，男厄也。產，女產也。男厄忌男婚之年，女產忌女嫁之年。</u><u>宜取日期逢男女命天乙貴人，或男女命遇日期天乙貴人；或貴人登天時，三德得有一德，均可解用。</u>日柱「時不用」羅紋交貴，如丁巳命遇癸酉日(丁貴人酉，癸貴人巳)，乙未命遇庚子日；辛未命遇甲午日，壬寅命遇辛巳日等。

絕房殺月真缺子，食神有氣反多兒。

<u>絕房殺此忌月提也</u>，如逢有利月則不忌；或食神有氣更妙，食神即天嗣也。<u>與娶日有生、旺、祿、馬、貴人，謂之有氣。</u>如甲女食神是丙寅，取丙午日為生，或乙巳日為旺，或甲午日為祿，或申子辰日為馬，或辛日為貴人，均謂之有氣。

坤造食神酉氣定局表

嫁娶坤造食神有氣定局表										
年干	甲	乙	丙	丁	戊	己	庚	辛	壬	癸
食神	丙寅	丁亥	戊戌	己酉	庚申	辛未	壬午	癸巳	甲辰	乙卯
干同旺	丙	丁	戊	己	庚	辛	壬	癸	甲	乙
進貴	辛	丁丙		丙丁	乙己	甲戊庚	辛	壬癸		壬癸
進祿	甲	壬		辛	庚		丁己	丙戊		乙
進馬	申子辰	巳酉丑			寅午戌			亥卯未		
進生	丙戊	甲		丁己	壬		乙	庚		癸
進旺	乙	癸		庚	辛		丙戊	丁己		甲
堆貴	亥酉	亥酉	丑未	子申	丑未	午寅	卯巳	卯巳	丑未	子申
堆祿	巳	午	巳	午	申	酉	亥	子	寅	卯
堆生	寅	酉	寅	酉	巳	子	申	卯	亥	午
堆旺	午	巳	午	巳	酉	申	子	亥	卯	寅
堆馬	申	巳	申	亥	寅	巳	申	亥	寅	巳

> 出門入門時要吉，進房大忌埋兒時。

入門事關重大，毋得忽略，出門亦屬要緊豈容潦草。進房大忌埋兒時，主有多生少養之患。雖食神明現有氣，亦不可用。<u>子午卯酉女，丑時為埋兒時，寅申巳亥女，申時為埋兒時，辰戌丑未女，卯時為埋兒時，不獨忌進房時，就安床時亦大忌。</u>

> 河上翁殺忌會全，若是兩字不怕之。

河上翁殺即回頭貢殺，乾坤二造犯之大凶，吉不能抵制；辰戌丑未命，切宜防之，四柱中如無全，惟兩字者則不忌也。

> 流霞無刃本不忌，紅艷推來是論時。

流霞非大凶，紅艷無大忌，乃與桃花相同之神。其性主淫蕩春意。流霞乃忌日柱中逢刃吉凶，紅艷忌進房之時，課中如有正官，或正印，逢一可制之。

> 夫星天嗣死墓絕，三字無全用為奇。

<u>夫星天嗣死、墓、絕，乃就女命之夫星天干起長生，照十二長生例，陽順陰逆，算至死墓絕三位為是。</u>天嗣死墓絕，亦以女命之天嗣天干起長生，陽順陰逆，算至死墓絕三位為是。課中如逢三字全大忌，吉不抵制。若是二字則不忌。）

> 父滅子胎虎吞胎，三奇二德太陽宜。

滅子胎，即行嫁日冲五男女宮，又有父滅子胎，乃乾命冲坤命男女宮也。又有母滅子胎，乃是坤命日冲男女宮。然此三條，為行嫁日冲五男女宮，大凶不用。如乾坤造冲男女宮，此乃婚姻天緣

配定，不能更易。必須以嫁娶日期，取逢三合，或六合弔化或二德，或三奇，或太陽填實，則吉，此憑選擇家存心積善耳。其白虎乃女命三合位起長生，順其至胎位，再以嫁年起一太歲，二太陽，三喪門，四太陰，五官符，六死符，七歲破，八龍德，九白虎，名白虎同宮，故曰吞胎；宜太陽麟星到本宮，或合照，或六合。或拱照，或貴人登天時，均可制之，所謂白虎化作其麟兒。又有天狗吞胎，制法與白虎吞胎同；即算至十福德，十一天狗位，為天狗吞胎也。<u>五男女宮，即以女命從祿逆算，起一命宮，二財帛，三兄弟，四田宅，五男女</u>也。三奇即四柱中有甲戊庚三字全，謂之三奇(天上三奇)；或四柱中有乙丙丁(人中三奇)三字全，亦謂之三奇；或四柱中有辛壬癸三字全(地下三奇)，均謂之三奇也。二德即天德月德為三德也。太陽，即月將也，按三奇、二德、太陽，此三條乃嫁娶之吉神。非能制滅子胎，併白虎吞胎，及天狗吞胎也，上例均載明《剋擇講義》

> 冲胎胎元日非正，選擇課中勿忌伊。

<u>胎元、居子午卯酉四敗之地，以女命三合位起長生，順算至胎位，故名胎元</u>；與胎元對冲，名曰冲胎；若嫁日之地支，與胎元之地支同；嫁日之天干，與天嗣之天干同，謂之真胎元凶勿用，其餘為非真胎元；則取柱中或三合或六合弔化。冲胎元，天干同天嗣之天干，謂之真冲胎元。天干剋天嗣之天干，謂之正冲胎元；兩者均凶勿用。其餘亦取柱中三合六合弔化。胎元、真胎元均載明《剋擇講義》四五期。(只忌真胎元日，正冲胎元，真冲胎元，如癸酉女胎元是乙卯，真胎元日乙卯正冲胎元辛酉，真冲胎元乙酉。)

> 冲母腹日切須忌，天狗麟陽莫遲疑。

冲母腹，即冲女命日也，大凶勿用，天狗者，即女命支位起一太歲，順行至十一位，即天狗也，如子女為一太歲，丑為二太陽，寅為三喪門，卯為四太陰，辰為五官符，巳為六死符，午為七歲破，未為八龍德，申為九白虎，酉為十福德，<u>戌為十一天狗，則戌日即為子女之天狗日也</u>，餘照倣此。按天狗，太陽麟星三合照臨可化，現亦是少用，又有每月逢滿日亦為天狗，惟七月戌日，十一月寅日，為正天狗勿用，其餘月之滿日天狗，則取太陽，或麒麟星到宮，或三合六合，照臨俱吉，太陽并麒麟星便局，詳載在《剋擇講義》。

> 三殺非真貴人解，夫星透顯會咸池。

三殺即災殺，劫殺，墓庫殺，總名曰三殺，劫殺居寅申巳亥，災殺居子午卯酉，雖犯不忌，惟辰戌丑未居四庫之地，乾坤兩造，有犯須以五虎遁，遁至殺支之位，屬何天干，即謂真三殺，大凶勿用，其餘非真三殺，逢貴人可解化，然余亦罕用，書云行險僥倖，未必得福，故少取也，咸池者桃花也(擇日的桃花從月柱推出)，主淫亂春心，宜就四柱中取正官明現以制之，或正印透露亦可制之，書云：官有離印，印無離官，或取四柱中長生，亦可抵制，咸池逐月忌日，詳載在第三期講義，第四期及第五期講義。

> 驛馬有欄堪取用，孤寡無全用為奇。

驛馬，即女命三合位起長生，尋至病位故曰病馬，亦曰驛馬，即馬元也，馬前一位為欄，馬後一位為鞭，就四柱中取夫星明現制之尤妙，故曰夫星騎馬或馬，前一時欄之，如巳酉丑女，亥日為

驛馬，取子時欄之，名曰回頭馬，其餘申子辰女，寅日為驛馬，取卯時欄之，寅午戌女，申日為驛馬，取酉時欄之，亥卯未女，巳日為驛馬，取午時欄之，孤臣寡宿，四柱有全者大凶，吉不能抵制，單則不忌，亥子丑命忌寅戌全，寅卯辰命忌巳丑全，巳午未命忌申辰全，申酉戌命忌亥未全。按驛馬，并孤臣，寡宿，第四期，第五期講義，有詳明。

> 殺翁天德能解化，月德不怕殺姑期。

女命前一位為殺翁，女命前一位之對沖為殺姑，如子女，丑日為殺翁，未日為殺姑，餘倣此，若逢天德，月德，或歲德，均可抵制，如無德神解化，於新娘進門時，殺翁，翁避在外，殺姑，則姑少避在外亦可，殺翁，殺姑《剋擇講義》第四期并第五期有詳明。

> 殺夫殺婦用何救，天帝天后勿為遲。

殺夫，殺婦，即沖夫妻宮也，(逆算至第七宮，僅忌日不忌時。)以女命從祿，起一命宮逆算，至七妻妾宮，即夫妻宮也，如甲子命，甲祿在寅，寅為一命宮，丑為二財帛，子為三兄弟，亥為四田宅，戌為五男女，酉為六奴僕，申為七妻妾，即夫妻宮，嫁日如沖，主損男女之壽，宜取天帝，或天后，拱照，或三合，或六合，填實。天帝，天后，例在下頁，沖夫妻宮，逐女亦有詳載在第四期，并第五期講義。

> 有人會得三奇貴，破夫殺婦俱無忌。

非謂破夫，殺婦，不忌之理，但是選擇嫁取吉課，必先避凶，而後趨吉，即於課格選成，三期貴人，二德包拱，又與夫婦配合為妙也。

| 嫁年天狗與白虎，忌占一五七宮支 |

天狗與白虎，例從嫁年起一太歲，順至九位是白虎，十一位是天
狗，仍與女命之祿位起一命宮逆算，一位命宮，五位男女宮，七
位夫妻宮，忌與嫁年之白虎，天狗，同宮，如同夫妻宮不制，主
損夫妻壽元，同男女宮不制，主難受胎孕，或生兒難育，同命宮
有制固妙，無制亦可，制天狗，白虎，同夫妻宮，并男女宮之法，
宜取太陽，或麒麟星合照對照，或貴人登天時，均吉，太陽麟星
之例，列在第三期講義，命宮，男女宮，夫妻宮，與天狗白虎同
宮，則逐女載明在第四期第五期《剋擇講義》。

| 天盤麒麟看月將，貴人登天吉時移。 |

天盤，即十二支掌也，月將，即太陽躔次，如雨水、京直、躔亥。
春分、清明、躔戌。谷雨、立夏、躔酉。小滿、芒種、躔申。夏
至、小暑、躔未。大暑、立秋、躔午。處暑、白露、躔巳。秋分、
寒露、躔辰。霜降、立冬、躔卯。小雪、大雪、躔寅。冬至、小
寒、躔丑。大寒、立春、躔子。即以月將加用事之時。尋麒麟星
在何宮，與天狗白虎之宮同，或拱照，或三合均可制，天狗白虎
同男女宮，及夫妻宮，如貴人登天時亦可。按貴人登天時，如月
將，小滿後在甲，用甲日，甲之貴人為丑未，即以丑位呼申，順
至亥位止，可知午為貴人登天時，又以未位呼申，順至亥位止，
即子時亦為貴人登天，每日皆兩時也。

| 女命帶祿喜司支，夫榮子貴慶齊眉。 |

良時吉課，宜趨吉而避凶，祿、馬、貴人乃相逢而司支，然嫁娶
以女為主，若能選四柱生旺拱照，吉星雲集，自妙夫榮子貴之美

也，但泉州安溪縣屬謬例，忌男帶祿來，忌女帶馬歸，此似殊屬妄謬極矣。

> 紅鸞天喜音剋制，破碎刑命祿貴醫。

紅鸞日，即女產年也。而天喜原本與紅鸞對宮，如子女天喜在酉，紅鸞在卯，宜取天喜納音，制紅鸞納音也，如難制，取貴人解化亦可。

> 天狗首尾神忌坐，太白凶方莫向之。

天狗有首、尾、口、腹、背、足等處，忌新人進門踏之。然其例虛謬不足為憑，又有太白方，鶴神方，均忌彩箓來往，併房內合婚禮席棹坐向。有犯者，宜休生開三吉方，併天月德方，太陽方吉，以上所論房內坐向以方道為憑，苟逢房屋逼狹，何得寬容方位，未免有慮主家用事，以余主見，無論如何，箓向，併房內合婚棹位，取天德方，或月德方坐之可耳，天德方，正月丁，二月坤，三月壬，四月辛，五月乾，六月甲，七月癸，八月艮，九月丙，十月乙，十一月巽，十二月庚，月德方，寅、午、戌、月丙方，亥、卯、未、月甲方。申、子、辰，月壬方。巳、酉、丑，月庚方。

> 二德三奇與貴人，諸殺逢之能鮮移。

二德、三奇、貴人。為嫁取上吉之神。小殺逢之，或能解移也。

> 神殺紛紜避難盡，善在制化是真機。

此言神殺紛紜，善在制化為要。

　　《剋擇講義》補遺：「二至二分乃陰陽絕續之交；四離、四絕、為男女精血之固。蓋人身精血流行，原本與天地節氣相應，蓋非時走泄，則氣血不能合度其傷精損神，勝於他時百倍；古人尚且前後七日獨宿，何況新婚燕爾，床第纏綿？」因此四離、四絕，十六天沒有結婚嫁娶日。

　　擇定結婚之日，宜天月德日，併合天赦、天願、母倉、益後、天恩、月恩，四相、時德、民日、三合、五合、六合、天喜、吉期、續世、陽德、玉堂、明堂、執危成開等日。忌女命冲、殺、刑、箭刃、人民離、檳榔殺、若遇過山忌隔山殺。《憲書》忌破、平、收、閉、劫災、月殺、月刑、月害、月厭、大時、天吏、四忌、四窮、五墓、五離、八專、俗忌月破、受死、四廢、四離、四絕、真滅沒。《剋擇講義》又記載天帝、天后、天喜、紅鸞於二期二十五頁起註釋「會海書中云：天喜乃血光之神，紅鸞非吉曜之物。又曰天喜逢吉神則吉，逢凶神則凶。」一併註記嫁娶凶方，太白遊方，天狗遊方，天狗頭尾方，鶴神遊方等，取天月德方即可。

《剋擇講義》第三期

　　《剋擇講義‧嫁娶女命利月》言：「……大利月，小利月，清吉合式，妨翁姑月，則新娘入門後，須候三朝登堂拜見翁姑。妨父母月，則女家父母勿送新娘登轎。妨夫、妨父月，則謂不利不用。……其利月須論節氣，非論月份。陽女，子、寅、辰、午、申、戌，順算而進。陰女，丑、卯、巳、未、酉、亥，逆算而進。」吉凶神煞於《剋擇講義》中有表可循，各家通書中均有記載，各年生女命嫁娶吉課。《剋擇講義‧嫁娶忌例》所提到的有：月破

日(凶大忌)、往亡日(凶大忌)、月厭日(有翁忌)、厭對日(有姑忌)、歸忌日(俗大忌)、受死日(俗大忌)、披蔴日(制化用)、彭祖忌(凶大忌)、白虎日(麟符制)、朱雀日(鳳符制)、建星白虎(麟符制)、咸池日(夫星或正印制)、天狗日(麟將或登天制)、紅紗日(季月丑日方忌)、天賊日(取制用)、人鬲日(忌同番弓大凶)、死別日(協忌關謬)、天地荒蕪(生旺吉日)、天罡絢絞(同自縊凶)、河魁絢絞((同自縊凶)、天寡日(吉多可用)、地寡日(吉多可用)、陽差(俗少忌)、陰錯日(俗少忌)、人民離(俗忌用),正四廢(凶大忌)、四忌日(吉多用)、四窮日(吉多用)、朱雀坤(鳳符制)、離別日(吉多用)、八節日(大忌用)、翻弓日(忌同人鬲)、自縊日(忌同絢絞)、攔路虎(麟符貼轎)、周堂殺(凶大忌)。

結婚姻擇日,男命妻星求法,用出生年干起五虎遁,遁至天干正財位,看所配地支即是妻星。例如甲年生男命,遁至己正財,地支為巳,巳即為妻星。故若辛年生男命,甲年為正財,午為妻星。至於起五虎遁至天干正官位置,其地支就是天官,因此甲年男命天官,即是辛未,天官為未。女命也是用五虎遁遁至正官位,看地支即是夫星;遁至食神之位,看地支即是天嗣。又《剋擇講義》第四期與第五期,列有「嫁娶六十女逐女列便吉凶總局」,分別列出冲胎元、冲夫星、犯驛馬、犯殺翁、冲母腹、犯殺姑、犯三殺、冲天嗣、犯桃花、犯流霞、犯天狗、彭祖忌、逢清吉等,以供讀者參覽。

《剋擇講義》言:「論咸池即是桃花,有二種分別,女命年支帶日桃花,有月令值日之咸池,均取正官正印逢一可制,或女命年干帶日支長生,或嫁日天干進入女命年支之長生,亦可解化妥用。」又說:「女命帶祿,有吉實無凶,但冲夫妻宮,取天帝

到合同宮更妙，或四柱中逢合可用，恐無理妄駁佳期。」

嫁娶周堂局大小月

　　嫁娶周堂局在《剋擇講義》第三期三頁，納婿周堂局在第三期第四頁。指值夫(大凶最忌不用)。值姑(是日姑人勿登堂吉)。值堂(新人後三朝登堂吉)。值翁(新人進門翁勿登堂)。值第(士家之第非女第)。值竈(新人進門竈門遮掩)。值婦(大凶最忌不用)。值廚(新人進門竈門遮掩)。其餘白虎值灶(麟符貼灶)、值堂(麟符貼堂)、值床(麟符貼床)、值睡(麟符貼床)、值門((麟符貼門)、值路((麟符貼轎)、值廚(麟符貼灶)等。僅白虎值死免用。

貴人登天門

　　貴人登天門，乃時家最吉之時，書云年之善，不如月之善，月之善，不如日之善，日之善，不如時之善，是以時乃四柱之結果，為日主之幫助，故一時能成萬事，一善能消千災，如奇門遁甲，非時則不能察吉凶之精微，六壬子平，非時則不能之壽殀之窮通，誠迺時之要也，以此貴人登天門，貴剋擇中之吉時，乃大吉神旺相而登垣，六凶神休囚而失陷，起法經第二期講義略述，茲再詳明而言之，先看太陽躔在何宮，仍將日之天干貴人位，在於何處，以太陽加於貴人位上，不論陰陽均順行，至亥天門位，現出何時，即為貴人登天時也。

《剋擇講義》三期二十一頁嫁娶忌例

　　月破日(凶大忌)。往亡日(凶大忌)。月厭日(有翁忌)。厭對日(有姑忌)。歸忌日(俗大忌)。受死日(俗大忌)。披蔴日(制化用)。彭祖忌(凶大忌)。白虎日(麟符制)。朱雀日(鳳符制)。建星白虎(麟

符制)。咸池日(夫星或正印制)。天狗日(麟將或登天制)。紅紗日(季月丑日方忌)。天賊日(取制用)。人鬲日(忌同番弓大凶)。死別日(協紀闢謬)。天地荒蕪(生旺吉日)。天罡鈎絞(同自縊凶)。河魁鈎絞(同自縊凶)。天寡日(吉多可用)。地寡日(吉多可用)。陽差日(俗少忌)。陰錯日(俗少忌)。人民離(俗忌用)。正四廢(凶大忌)。四忌日(吉多用)。四窮日(吉多用)。朱雀坤(鳳符制)。離別日(吉多用)。八節日(大忌用)。翻弓日(忌同人鬲)。自縊日(忌同鈎絞)。欄路虎(麟符貼簾制吉)。周堂殺(凶大忌)。其餘四離日四絕日,氣往亡日,真滅沒日等均為忌例。

　　妻星、天官之起例。乃從五虎遁,遁至天干正財位,地支看配何字,即是妻星。如男命甲起五虎遁,甲己起丙寅,丁卯,戊辰,己巳,妻星為為己巳,己為甲之正財。遁至天干正官位,甲己起丙寅,丁卯,戊辰,己巳,庚午,辛未,辛為正官地支看配何字,即是天官,故辛未為天官。如男命甲天官為辛未。女命甲之夫星起五虎遁,丙寅,丁卯,戊辰,己巳,庚午,辛未,辛為正官,夫星即是辛未。天嗣為丙寅,丙是食神,故天嗣是丙寅。

　　《剋擇講義》第三期第四期,都是論及六十甲子女命應注意之吉凶。分別以相同表格記載大利月,吉利月,翁姑月,父母月。夫星,天嗣,胎元,某年天狗占方,白虎占方。其次,四柱六神吉凶。何日沖胎元,沖夫星,犯殺翁,犯驛馬,沖夫宮,沖母腹,犯三殺,沖天嗣,沖命宮,犯三刑,犯紅鸞,犯桃花,犯流霞,犯天狗,滅子胎,逢清吉,亥日彭祖忌,男厄女產忌某年,孤辰寡宿忌全凶,某年白虎天狗吞胎,反目煞忌全,夫星死墓絕全,天嗣死墓絕全,某月絕房殺,某時埋兒殺。有論咸池即桃花,有二種分別,女命年支帶日桃花,有月令值日之咸池,均取正官正

印逢一可制。或女命年干帶日支長生，或嫁日天干進入女命年支之長生，亦可解化。

通書對於結婚姻納采的看法

宜天月德併合，天赦願，母倉，益後，天月恩，四相，時德，民日，三五合，六合，天喜，吉期，續世，陽德，玉堂，明堂，執危成開日，忌女命冲殺刑，箭刃，人民離，檳榔殺，若遇過山忌隔山殺，《憲書》忌破平收閉，劫災，月殺，刑害厭，大時天吏，四忌，四窮，五墓，五離，八專。俗忌月破，受死，四廢，四離絕，真滅沒凶。《憲書》檳榔殺亦用，然俗有制檳榔殺法，宜用新罐一個，納采時盒擔住於門外，當天掀開取檳榔七口，入於罐內，用紙封密送於長流之水則制。

五、豎造

依據《剋擇講義》豎造宅舍條目有：動土平基，興工拆卸，企廠作灶，安魯班公，入山伐木，架馬做梁，安分金石，起基行墙，定磉石日，豎柱煽架，穿屏歸岫、上梁上脊，上子孫椽，蓋屋平檐，合脊收規，安梯門樓，粉飾泥黝，入宅歸火，安櫥作灶，安門安砸，放水吉日，開廁池塘，造畜棚欄，造倉庫日。

《剋擇講義》造宅碎金賦

> 由來造宅要推詳，趨吉避凶作短章。

造宅條例浩繁，趨吉避凶，集成短章，名曰碎金賦，其中輯錄分明，不啻如面談也。

> 此中制化兼生剋，好為後人指大綱。

此篇諸例之條分縷晰，或宜者而趨，或忌者而避，制化玄妙，誠為後人張網。提示原則條目。

> 山頭三殺休輕用，四柱逢冲更是殃。

神煞雖多，惟三殺之例不可輕犯，故坐山大忌,在向者則審別之,四柱如有冲山大凶，更不可用。兼向不可冲。坐南,申子辰年犯三煞。不犯年三煞,以坐山亦有月三殺,例如庚子年坐西之建築物,亥卯未月無吉課。

> 陰府雖凶分死活，渾天先後辨山方。

陰府乃山頭納卦合化,受四柱中之剋太凶,如與庫運同者為活則吉,山方殺例由先後天卦爻官鬼忌日大凶,吉不能制。

> 消滅切須查氣候，文曲亦要認陰陽。

陽消陰滅,必須查論氣候,不必濫忌,文曲殺,乃六甲旬空之例,犯之,如有陰陽,或金火填實,使可取用。(金火指四柱納音五行有金或火)。

> 星曜殺日何堪犯，冲丁殺兮豈帶商。

星曜,乃天星開口,地曜殺人,吉不能制。冲丁殺大忌修方,其新葬新造,雖輕亦不可也。

> 日流無用土王事，馬前補助不須惺。

日流太歲初次旬凶,餘若無同土王用事,則取木局,或太陽制之

(一般通書記載在吉凶神雜殺起例)，自可取用，馬前炙退，如有生旺，或得令，任用勿疵。

> 羅天大退雖知謬，趨避也宜依地場。

大退之例，閩廣大忌，至於浙、越、江、皖、豫，并及都城等處均不忌，故此例曰謬例，依地方而取用也。

> 洪範庫音音莫剋，斗首翻化化更長。

洪範庫運，納音勿剋倘柱中有剋，宜就柱中取生剋制化，則吉，但此條惟忌新基起蓋，若修宅不動基址，則不論也。(二十四山都有立春後庫運，例如壬山兼亥兼子，甲己年立春後庫運遁甲戌火，年月日時忌水納音犯剋山運，就柱中取土、木訥音制化。)
《剋擇講義》註釋：「所有動土破土起手，宜從坐山起鋤。若坐地支山，宜從兼處起手。苟兼處不同卦山，須防大小月建並劍鋒之類。」

> 修造兼分四邊看，大小月建星不良。

修宅之例，必分前後左右而看，擇坐修坐擇向修向，非新造之容易也，至於月家，又加忌大小月建，犯之吉難抵制。)

> 天地真活二官符，喝散二解要相逢。

年家，月家，若有天地官符占者，必取真天赦，真解神，真赦神，喝散神，內外解神，并太陽三方拱照，或用納音剋之，均可抵制。

> 燥火忌時無忌日，忌時冲在年月中。

燥火有天地之分，天燥火忌造宅，地燥火忌安葬，忌時冲年月日，犯之用水制則吉。

> 凶殺制神五星在，制神得令可招祥。

凡有神犯者，惟五星力量最大，能制，伏地殺，制神得令，凶神休囚更甚矣。

> 通書載盡許多殺，制化得宜福祿長。

通書中載豎造凶神，應避者有百餘條之例，如合各家之選擇書，則忌例更不計其數，但制化取其得宜，自然福祿綿長矣。

> 五星制化多真秘，選擇之家細較量。

天星能壓地殺，真為選擇家妙秘，五星者，即金木水火土星也。

> 時師拘執諸般殺，矛盾能無笑自相。

古之名師，選擇原原本本，尋源察理無愧為後學之津梁，今之時師，竟執死訣，豈不矛盾貽誤耶。

　　以豎造可能是一家、一宗族的大事，主事人數可能眾多，因此避免錯過良辰吉時，故以宅長一人為重。主眷以主饋一人為要，其餘不必拘執。六冲大凶，三殺罕用，三刑自刑以貴人化解，箭刃須合化，回頭貢殺大凶，吉神難解。年家應避開的凶神有八例，列於下：

三殺向殺

三殺乃三合五行征戰的方向，年月日時俱忌。向殺若舊基修理亦忌，如新基起蓋，則可以權用。三殺可向，不可坐。例如庚子年，申子辰煞在南，壬山丙向(向殺)忌舊基修理，新基起造則從權取用。

歲破沖山

歲破大凶，吉神難以制化，例如己亥年，巳山亥向之新宅起造舊宅修繕，均不用。偏沖，例如丙山兼巳，亥日不用。

羅天大退

不宜修造動土，就地區風俗論述，閩、廣通書避用，浙越江皖不以為凶。

馬前炙退

年家三合死地，休囚不足之位。忌修方，宜合不合生。大進三合補助吉。

正傍陰府

陰府有正傍之分，忌開山營造修方不忌。

山運逢剋

剋山之說，全在制化之功，須查年月日時有剋有制。新基起造須審論，如逢依原舊基址不動則不論。

天地官符

年家之天地官符，歲之凶神，不可興土工。可尋太陽、天赦、或月家之喝散、解神等，有一位吉神即可制化。

六十年空

屬於偽謬，安溪、同安畏之，然實不甚妨礙。
戊己夾都五黃太歲堆黃，係忌諱修繕舊宅與新宅起造無干。

月家凶神亦有八，大致如下：

三殺冲山

三殺最凶猛，冲山之月，坐山極凶，例如坐東新宅動土、入宅、歸火等，該年巳酉丑月均不宜興作。

羅天大退

如逢年家之大進，則抵制有餘；如月家之大進，無妨以之為相抵。

月剋山家

書云，年剋山家家長死，月剋山家損宅母，日剋山家防新婦，時剋山家殺子孫。如果有剋必須就年日時取制化。起基最重要，動土次之，舊基修繕則不論。

天地官符

天地官符，又有遁真的。均須尋太陽、天赦、真天解、真地解、真喝散、真內解、真外解、或遁納音剋制，逢一吉神可制。

正傍陰府

陰府雖從納甲而化,必須年合月令受剋。書云,活陰府進財多;死陰府生災禍。如與洪範庫運同納音,為活陰符則吉。

諸家火星

月家火星其例有八,忌上梁,蓋屋,豎柱,安門。宜取壬、癸水星。水局,一白均可制或居冬令亦吉。如果定磉、安伶則不忌火星。

震宮殺例

《協紀》不重視,通書則切要。大忌上梁,不忌他事。

天兵凶方

單忌上梁,宜太陽祿馬貴人制吉,另有朱雀殺宜用鳳凰符制之。又有大小月建,係忌修理舊宅。

日家凶神應忌條目:

月破日(俱是大凶)。月建日(土府動土放水大忌)。受死日(竪造與修理俱大忌)。天火日(忌上梁蓋屋安門歸軸)。火星日(忌上梁歸軸安門蓋屋凶)。魯班日(併同刀砧忌伐木啓斧)。木馬殺(忌架馬併伐木,他事不忌)。正四廢(大忌不用)。龍虎日(僅忌入山伐木之事)。大退日(偽例,各依地域風俗)。天瘟日(逢吉多可用)。土瘟日(惟忌動土放水)。荒蕪日(旺相人多可用)。

真滅沒(竪造修理均忌)。土公死(例忌乙未日動土,大凶不用)。地囊日(惟忌動土放水開池塘凶)。地柱日(單忌定磉石不忌別事)。土公忌(黃帝死)。正紅紗(丑日,大忌辰戌丑未月)。炁往亡(大忌

入宅宜徙出火)。歸忌日(大忌入宅宜徙出火)。瓦解日(子午頭殺忌上梁)。瓦碎日(忌修造蓋屋開井,初旬凶)。瓦陷日(忌開井修造蓋屋凶)。天兵日(併天兵時單忌上梁蓋屋;天兵丙時,地兵庚時忌動土)。橫天日(初九忌上梁,二五忌宜徙)。天空日(單忌上梁,金火日吉)。四離地(四離並四絕從俗忌用,喪事不忌)。

倒家殺(單忌上梁之事,他事不忌)。彭祖忌(單忌午日惟嫌蓋)。絕烟火(從火忌入宅、宜徙並作灶)。楊公忌(大忌入宅歸火出火移徙)。赤帝死(丁巳日單忌蓋屋,不忌他事)。瘟星日(忌出火宜徙入宅吉多用)。凶敗日(八卦凶顯曲傅不忌)。門大夫(俗例單忌安門不用,新工成不忌)。八風日(單忌蓋屋凶,別事均不忌)。門光星(單忌安門之事,吉不能制)。滅門日(單忌安門,不忌別事)。天賊日(此條宜取明星或婁宿制)。伏斷日(忌經絡伐木凶,餘權用)。月忌日(惟忌入宅,吉多可用)。地火日(用水制或冬令一白制吉)。白虎日(白虎並虎中麒麟符貼制)。朱雀日(並雀中用鳳凰符制)。雀坎日(惟忌放水,宜用鳳凰符制)。月獨火(用水制或秋冬令制之吉)。離巢日(其例有二吉多准用)。

伐木架馬做梁忌例:

近代伐木工程屬於大型專業,惟一般整地若基地中有相當量體之樹木,則整地平基之外,應該兼顧伐木一欄。架馬則是建築工程內外部之鷹架搭建,或裝潢木工進場施作時架設機台作業。其忌例有:

月破(大凶不用)。受死(大凶不用)。魯班(大凶不用)。刀砧(大凶不用)。斧殺(大凶不用)。木馬(架馬不用)。天賊(丙時或婁宿時制吉)。天火(做梁不用)。危日(吉多可用)。龍虎(吉多可用)。山鬲

(吉多可用)。正四廢(忌勿用)。真滅沒(忌勿用)，朱雀巽(忌入山，鳳符制)。四離絕(忌入山)。

避宅出火忌例：

月破(大凶勿用)。受死(俗忌勿用)。天火(避忌勿用)。天瘟(多吉可用)。天賊(明星可制)。往亡(大忌勿用)。歸忌(大忌勿用)。離巢(吉多可用)。橫天雀(俗忌用)。楊公忌(俗忌用)。月忌日(吉多用)。冰消瓦碎(泉俗忌)。正四廢(忌勿用)。正絕烟(忌勿用)。四離絕(忌勿用)。大退日(趨避依俗而用通書)。

真滅沒(憲書不忌而通書大忌)。氣往亡(憲書協紀通書俱忌)。火星日(憲書不忌而通書則忌)。虎中日(日家有註便宜，用紅箋硃書麒麟到此制則吉)。雀中日(日家有註便宜，用黃箋黑書鳳凰到此貼制吉)。二至(分)日(即冬至夏至春分秋分，通書亦經常刪去出火)。正紅紗(忌丑日大凶，乃忌四季之月，而孟仲月吉多用)。

《尅擇講義》動土平基碎金賦

> 細談動土與君聽，好似懷胎未見形。

編集碎金賦，為後人張網。動土如受胎，未見男女形。

> 白地中宮何處認，坐山為主檢分明。

新地無方偶，可認何中有。動土安分金，石主在坐山。

> 如逢舊基重翻蓋，基址須當早立成。

舊屋倒堂須查有無換基。基址另換則須以新宅論。

> 新基庫音急須論，舊基應教月建停。

新基或翻基均須論庫音。舊屋原舊基論大小月建。

> 日辰仍要尋清吉，月破受死不安寧。

先論山頭後查日辰清吉。月破受死均大凶不可用。

> 土符土府地囊殺，天賊天火天瘟星。

此三條亦忌動土之忌神。宜忌制法可看動土忌例。

> 正四廢日真滅沒，戊己土王鄰不靈。

正四廢并真滅沒亦大忌。戊己二日在土王後大凶。

> 黃帝土公死葬日，庚時啓土業凋零。

此條憲書不忌通信則忌。<u>庚時惟忌動土</u>其餘不忌。黃帝死戊午日，土公死乙未日，土公忌癸未日。

動土平基忌例：

月破(大凶不用)。受死(俗忌不用)。土符(新基大凶)。土府(大凶不用)。土瘟(俗忌勿用)。天瘟(吉多可用)。天賊(明星可制)。天火(新地水制)。冰消瓦碎(俗忌用)。正四廢(凶大忌)，地囊日(凶大忌)。土公死(俗忌用)。土公忌(俗忌用)。黃帝死(俗忌用)。

　大退日(俗忌依地方而趨避)。四離絕日(憲協通書俱忌不用)。真滅沒(憲書不忌，通書大忌)。土忌殺(土王用事後，俗忌戊己二日不宜動土，吉不制)。伏斷日(逢戊日或庚辛日凶)。土公箭(通書不

甚忌)。時家忌例：<u>庚時不用，退時俗忌；日時相冲，過午罕用</u>。

《尅擇講義》起基定礎碎金賦

| 編成定礎起基歌，好似嬰孩與早禾。 |

編輯歌章以為後人津梁。起基良辰如小兒之初生。

| 成敗榮枯從此卜，吉凶禍福定無訛。 |

起基與動土日關係最大。動土與起基吉凶均要緊。

| 動土邪氣不侵入，定基旺氣不嫌多。 |

最要山頭旺相不犯休囚。豎造以定基最要生旺也。

| 正體最宜生旺相，體旺人榮發福高。 |

正體即山頭根本極宜旺。正體生旺自然宅旺人榮。

| 除將月建併月破，忌與瓦陷瓦碎羅。 |

月建即土府，并月破均忌。瓦碎忌初旬，瓦陷宜審用。

| 四離四絕正四廢，天瘟天火真滅沒。 |

此三條凶例，吉不能抵制。天瘟天火審用，真滅沒凶。

| 受死大退地柱日，下礎發搥依序譜。 |

退日趨俗而用其餘不用。下礎照依月令起手發搥。

> 造化樞機留妙秘，何須同室起操戈。

選擇此歌真為妙秘之訣。吉凶神煞了然明白之至。

起基定磉忌例

月破(大凶不用)。月建(凶不用)。天火(水局可制)。天賊(明星可制)。受死(俗忌不用)。天瘟(吉多可制)。荒蕪(旺相堪用)。瓦陷(吉多准用)。正四廢(忌勿用)。地柱日(忌定磉)。冰消瓦碎(俗忌用)。劖削血刃(忌發槌凶)。魯班跌蹼殺(忌發槌凶)。劖削血刃與魯班跌蹼殺，以方論方，以日論日，吉多可用。真滅沒日(大忌不用)。羅天大退(謬例俗忌)。四離絕日。

《剋擇講義》豎柱上梁碎金賦

> 上梁凶殺最為繁，好似加冠元首尊。

上梁條例實屬浮雲多端。上梁如人加冠乃要切也。

> 二十二條大凶殺，條分縷晰滙其源。

章例條分縷晰註明易閱。逐條註明制化趨避輕重。

> 橫天朱雀真滅沒，倒家殺日切莫犯。

此憲書雖不忌，從俗大忌。俗雖大忌而憲書則不忌。

> 冰消瓦解凶頭日，瓦碎又嫌旬初元。

遇子午日為子午頭殺凶。冰消瓦碎大忌初旬，餘用。

> 天火火星正四廢，天兵兵時受死冤。

此三條上梁大凶不可用。天兵日天兵時，惟忌上梁。

> 月破天瘟及天賊，四離四絕凶敗奔。

月破凶不用，天瘟天賊制用。吉不能制，從俗勿用可也。

> 羅天大退震宮殺，天空尤宜金火墩。

退例依俗，震宮殺不可用。天空日宜用金火制之吉。

> 課格安排清且吉，自然福曜照高門。

凶神刪去自然課格清純。課格既清純則福祉頻頒。

豎柱上梁忌例

月破日(忌勿用)。受死日(忌勿用)。天火日(忌勿用)。天賊日(明星制)。天瘟日(吉多用)。荒蕪日(吉多用)。獨火日(用水制)。地火日(用水制)。冰消瓦碎(泉俗忌)。橫天朱雀(俗忌用)。天地凶敗(俗忌用)。天兵日(俗忌用)。正四廢(忌勿用)。

《剋擇講義》註釋：「時家天兵時，逢丙大忌上樑；如是別事，則反為喜吉之神。」真滅沒日(大忌勿用)。羅天退日(俗例謬忌)。倒家殺日、四離四絕、伏斷凶日《剋擇講義》註釋：「伏斷之例遇伐日，則大凶；並會庚辛日元凶，如逢三合、六合或顯曲傳星則可用。」伏斷日忌上梁、入宅。

冰消瓦解，忌逢子午日，大忌上梁，與瓦碎無關。白虎、虎中、朱雀、雀中並戌日，乃謂建星。白虎日均宜用麒麟符、鳳凰

符貼制之。時家天兵時，逢丙大忌上梁，如是別件事則反為喜吉之神。其餘真滅沒日，大忌勿用，羅天退日，俗例謬忌。倒家殺日忌用。四離絕日忌用。

蓋屋合脊忌例

月破(大凶不用)。受死(俗忌不用)。天火(俗忌不用)。獨火(用水局制)。天賊(明星可制)。彭祖忌(俗忌不用)。天瘟(吉多可用)。瓦陷(俗忌不用)。

蓋屋合椿忌例

天兵日(俗忌用)。赤帝死(俗忌用)。冰消瓦碎(俗忌用)。正四廢(俗忌用)。八風日(俗忌用)。真滅沒(俗忌用)。大退日(依地方而趨宜，究之不忌)。火星日(憲書無此蓋屋之條例，而俗甚忌)。四離絕日(此例亦避用，但通書無刪，選擇者宜斟酌)。白虎中(用麒麟到此貼利之吉)。朱雀中(用鳳凰到此貼制之吉)。

《尅擇講義》入宅歸火碎金賦

> 新屋入宅與造同，最要竅馬大利方。

新屋入宅與造宅利相同。最要大利則能人旺宅榮。

> 舊屋分居及移徙，為堂為室辦其通。

舊屋分居移徙無利可權。廳堂要大利，臥室免大利。

> 木主奉處正宮位，三殺須防柱裡冲。

宅以木主奉處為之中宮。三殺冲山不可犯之，大凶。

> 臥室勿稽利不利，惟安乾坤床在中。

如是移徙內室臥房免利。臥室有乾坤造擇安床日。

> 虎雀到中麟鳳制，天瘟受死必相攻。

虎雀到中宜書麟鳳符制。受死俗大忌，天瘟吉多用。

> 天火星賊楊公忌，四廢絕烟瘟入殃。

惟天賊可制，其餘均勿用。此三條凶神雖吉亦不用。

> 月破大退及歸忌，橫天朱雀往亡空。

惟大退趨俗而宜，餘不用。二往亡大凶，橫天亦不用。

> 離巢離絕真滅沒，瓦陷瓦碎勿相蒙。

離巢吉多用，離絕滅沒凶。不動水土之事，從權可用。

歸火入宅忌例

月破(大凶不用)。受死(俗忌不用)。天火(俗忌不用)。往亡凶(忌不用)。歸忌(大忌不用)。天賊(明星可制)。天瘟(吉多可用)。地賊(吉多可用)。瓦陷(吉多可用)。荒蕪(宅旺可用)。蚩尤(從俗)。紅紗(丑日大忌)。天牢(吉多可用)。白虎(麒麟符制)。朱雀(鳳凰符制)。離巢(吉多可用)。瘟出日(吉多用)。瘟入日(凶不用)。橫天朱雀(俗大忌)。楊公忌(俗大忌)。

冰消瓦碎(俗微忌)。正四廢(凶忌用)。正絕烟(俗忌用)。火星日(俗忌用)。雀中日、虎中日(鳳凰符與麒麟符制)，真滅沒(大凶

大忌,最忌不用)。氣往亡(大忌勿用)。四離絕日、分至日、大退日、伏斷日、離巢日,俱不取。歸火入宅須核對周堂局,《尅擇講義》註解:「此周堂局如吉神則妙,如值凶神者,逢顯曲傅星則吉。」

安砣章例

砣在人廳口,名曰丁砣,應宜論坐,其餘均不論。如舊宅安砣,須審問後落論坐,外落論向,選擇之時須辨明之。

日凶神

月破日(凶忌用)。受死日(俗忌用)。天賊日(明星制)。天火日(俗忌制)。紅紗日(丑日凶)。月建日(即土府)。天瘟日(吉多用)。正四廢(忌勿用)。冰消瓦碎(俗忌用)。真滅沒(凶勿用)。大退日(俗謬忌)。四離絕(俗忌用)。

《尅擇講義》第七期 安門全章

門光星詩

江湖深萬丈,東海浪悠悠;水漲波濤急,撐船泊淺洲;得魚便沽酒,一醉臥江流。附注:此詩大月從「江」字算下,小月從流字算上,逢三點水字傍,為清吉。

《尅擇講義》安門碎金賦

安門最要在元辰,內戶任張免致詢。

門乃宅之咽喉亦大關要。若宅內門戶則免論可也。

> 但把定方分坐向，為將居宅配舊新。

若外牆偏門則宜審方道。新屋與舊屋擇日法不同。

> 新當論坐休論向，左右偏門隨宅身。

新造之宅擇日應宜論坐。新宅大門雖打偏亦論坐。

> 舊者論向方舍坐，或左或右方自循。

舊宅安門擇日應宜論向。左右偏門則論自己方道。

> 要知月火天瘟忌，猶是天火月破瞋。

月火與滅門局例亦凶惡。天火月破二例亦大忌也。

> 四絕四離二賊害，大夫大退火星均。

二賊可制四離絕則不用。此三條俗均忌從俗勿用。

> 滅門受死荒蕪訏，瓦碎雀離滅沒真。

受死滅門不用荒蕪可用。滅沒忌瓦碎俗忌雀離制。

> 奚止門光分黑白，季月紅紗名勿陳。

門光星須分黑圈與白圈。四季丑日為正紅紗大忌。

安門全章忌例

月破日(忌勿用)。受死日(俗忌用)。天火日(忌勿用)。滅門日(忌勿用)。天賊日(明星制)。紅紗日(丑日凶)。天瘟日(吉多用)。

地賊日(丙時制)。正四廢(忌勿用)。冰消瓦碎(俗忌用)。門大夫死(俗謬忌)。門大夫葬(俗謬忌)。真滅沒(忌勿用)。四離絕(俗忌用)。火星日(俗大忌)。《尅擇講義》註釋:「尚有天牢、小耗、陽錯陰差、四耗、伏斷、九土鬼等,逢吉多可用。」

放水全章忌例

土符日(忌勿用)。土府日(忌勿用)。月破日(忌勿用)。受死日(俗忌用)。土瘟日(俗忌用)。紅紗日(丑日凶)。瓦陷日(俗忌用)。月閉日(俗忌用)。冰消瓦碎(俗忌用)。地囊日(忌勿用)。正四廢(忌勿用)。朱雀坎(鳳符制)。真滅沒(忌勿用)。大退日(俗略忌)。

造橋章例

《尅擇講義》註釋:「法以來水為坐,去水為向,擇日與豎造相同,總要年月日時大利。勿犯三殺、歲破、並造橋凶日。」逐條陳述如下:
興工打石與伐木剪料同。
動土下木椿與下基相同。
定石基與啓基定磉相同。
上橋梁與上梁相同。
蓋石板與蓋屋相同。
開橋啟行與入宅相同。
安石欄杆與安門同。
安石翁仲與安佛同。

造橋忌例

月破日(忌勿用)。土符日(忌動土)。受死日(忌勿用)。瓦陷日

(忌勿用)。土府日(忌動土)。厄星日(忌勿用)。紅紗日(丑日凶)。往亡日(忌往來)。四殺日(忌勿用)。殺主殺師(忌勿用)。殺勸首殺工匠(忌勿用)。正四廢(忌勿用)。觸水龍(忌勿用)。八風日(忌勿用)。地囊日(忌動土)。土公死(忌動土)。土公葬(忌動土)。

　　黃帝死(忌動土)。楊公忌(忌往來)。冰消瓦碎(忌勿用)。龍禁日(忌勿用)。天翻日(忌勿用)。地覆日(忌勿用)。天空日(單忌上橋梁，如逢金火日可用)。地空日(單忌下木椿定石基，此與金火日不干)。瓦解日(即冰消瓦解名曰子午頭殺，單忌上橋梁)。羅天退日(依地俗趨避)。四離絕日(造橋俱忌)。真滅沒日(造橋俱忌)㐅往亡日(惟忌開橋往來)。

作灶全章

　　陽年申子辰、寅午戌作灶，宜坐東向西。陰年巳酉丑、亥卯未坐灶，宜坐北向南。《剋擇講義》註釋：「灶式以雙連為成格，長七尺九寸，下應九州，上應北斗；濶四尺應四時，高三尺應三才。灶門濶一尺二寸應十二時；安兩釜應日月，穴大八吋應八風。作灶時，宜用豬肝一小塊煮熟，以水調合香末併合淨土沙，安於灶基中，可卜合家和順。取土水宜天月歲德方，亭部方，極富方，二倉方，生氣方吉。」

作灶吉日

　　作灶吉日，《剋擇講義・第七期》說：天倉方。地倉方。人倉方。天德方。月德方。亭部方。極富方。生氒方。《剋擇講義》註釋：「灶列五祀之中，實為一家之主，關係匪輕，所擇之日，不可不慎。最要宅母主饋之食神勿冲破俱得明現為妙。」例如，

主事冲大凶，三殺勿用，三刑要有貴人化解，箭刃全要用三合與貴人化解，<u>冲陽氣勿用，天官正冲勿用</u>。主餽(宅母)冲大凶，三殺勿用，三刑要有貴人化解，箭刃全要用三合與貴人化解，<u>冲陰胎勿用，冲天嗣偏冲亦忌</u>。例如主餽甲木，遁真食神丙寅，正冲食神。又例如主餽戊土，遁真食神庚申，正冲食神丙寅。如下圖。

主餽 天干	甲	乙	丙	丁	戊	己	庚	辛	壬	癸
遁真 食神	丙寅	丁亥	戊戌	己酉	庚申	辛未	壬午	癸巳	甲寅	乙卯
正冲 食神	壬申	癸巳	甲辰	乙卯	丙寅	丁丑	戊子	己亥	庚戌	辛酉

作灶忌例

月破日(忌勿用)。受死日(俗忌用)。天火日(俗忌用)。天賊日(明星制)。天瘟日(吉多用)。百忌日(忌祀灶)。天狗日(忌祀灶)。遊禍日(忌祀灶)。彭祖百忌日(俗忌用)。冰消瓦碎日(俗忌用)。拆灶凶日、修灶凶日、太微宮(俗忌用)。正四廢(俗忌用)。

灶君死(俗忌用)。正絕烟(俗忌用)。火星日(俗忌用)。四離絕日、真滅沒。赤眼圖(時日同論)，赤眼(吉用)。招瘟(凶忌)。疾病(凶忌)。錢財(吉用)。狐狸(凶忌)。牢獄(權用)。風火(凶忌)。瘡毒(凶忌)。田蚕(吉用)。富貴(吉用)。招客(權用)。進口(吉用)。

六、修宅全章

修宅年家凶神

歲破冲山

《協紀書》云：歲破，例無制法。似此凶之猛也。然太歲乃人君之象。歲破乃弒君之賊。我泉俗以冲兼籌三分，從權取用，究亦非是。庚子年南方三煞都不用，丑山未向也不用。

三殺向殺

三殺者，乃三合五行征戰也。年月日時俱忌向殺之例；舊宅修理，亦甚忌也。修後論坐，修前論坐向，修左論左，修右論右。修大門坐向都論，大小月建勿修宅。

太歲堆黃

六十年之中，惟十二年有犯其殺。即本年太歲之坐山；以本年天干五虎遁，遁逢戊己二字，臨太歲山，故曰太歲堆黃，忌修宅。太歲堆黃要查第十期造葬二十四山吉凶總局，其中有某山太歲堆黃在某年。

五黃土殺

此亦年家之凶例，逐年記載在在通書首一頁，內犯之，宜太陽木星或木局或春令制吉。第十期造葬二十四山吉凶總局，其中有某山五黃土殺。

都天夾殺

戊己都天及都天夾殺,亦年家修方之凶例。俗取太陽木局或金局洩氣而用。看通書太陽節氣或三元太陽。

羅天大退

大退之名,則曰偽退,退既稱偽,謬之可知。逢擇乃既地俗而趨避也。如閩廣地方俱避用,而浙江、皖,此例則全不以為凶也。《尅擇講義》「二十四山吉凶總局」有記載羅天大退在某年。

馬前炙退

此係年家三合死地,乃休囚不足之位;宜補不宜尅,宜合不宜生。如生者即愈死矣。法詳《尅擇講義》「二十四山吉凶總局」,宜大進、三合補助。

丙丁獨火

年家火星雖有數條,惟丙丁獨為准,乃從年家之天干五虎遁,遁至本山為是。宜取壬癸水德或水星一白星,均可制化也。

修宅月家凶神

月破冲山

年之歲破,即月之冲山謂之。月令提綱冲,均與歲破同凶,不可用。雖冲兼籌可權,究竟亦非正理。

三殺向殺

三殺不可犯，向殺亦須避。然修方以坐論坐；若坐山大利，而向上犯三殺，必須另加擇吉，不可旋及俱修為妙。

羅天大退

退之例，業經登載前面，不待言；避固可知也，如逢有年家之大進，此則抵制之有餘，如月家之大進，此亦進退相抵之自然也

大小月建

此大小月建，係月家修方之大殺，吉雖抵制，逐年均有載在通書首二頁。

天地官符

有真天地符其例《協紀》活法，宜天赦、解神、喝散皇恩或太陽，以及歲諸吉神均可取用。

諸家火星

月家火星計八條，宜一白水星或壬癸水德便可取用。諸例通書有註。

正傍陰府

陰府雖從納甲而化，必須年合、月合受尅。書云：活陰府進財多，死陰府生災禍，如與洪範庫運同納音為活陰府則吉。

真太歲到中宮月

真太歲到中宮,甲戌年九月,庚辰年三月,乙酉年八月,辛卯年二月,丙申年七月,壬寅年正月,丁未年六月,壬子年十一月,癸亥年十月,六十年之中,惟此九年有犯,如再遇官符或白虎或大退到中宮,其禍尤烈,則不可用也。

修宅忌例

月破(大凶)。月建(俗忌)。受死(俗忌)。土瘟(修可權用)。土符(修可權用)。天火(俗忌不用)。獨火(用水制吉)。天瘟(吉多可用)。冰消瓦碎(俗忌用)。土公死(俗忌用)。土公忌(俗忌用)。黃帝死(俗忌用)。正四廢(忌勿用)。真滅沒(忌勿用)。大退日(俗忌用)。火星日(俗忌用)。

七、安葬全章

安葬年家凶神占山訣

> 欲選營葬見生方,須知歲破死路強;
> 三殺遠遁為謀利,假使占犯難逃亡。
> 羅天大退休縱礙,馬前有難助化工;
> 陰府剋運山家例,年家吉凶滋味長。

安葬月家凶神占山訣

> 年家大利月稱情,三殺無犯喜門庭;
> 劍鋒八座一例推,月無冲破退無靈。
> 陰府死活山家載,剋運例同一樣排;
> 箭刃官符宜安靜,年月清吉日時裁。

安葬日家凶神占犯訣

年月清純日時求，三殺冲山不自由；
陰府剋運柱中看，橫天八座不堪留。
重日重喪並三喪，退日月破開及收；
歲神的呼均避塋，白虎有制樂山邱。

安葬時家凶神占犯訣

時乃四柱之結果，年月日期之幫助；
陰府剋運依前例，日時相冲乃自顧。
三殺退時山頭冲，回頭貢殺四柱中；
化命諸空一局棋，主事得合是和融。

安葬山家凶神占犯訣

既得年月日時清，也須山向共地靈；
運若有剋尋利化，殺如無犯最可欽。
羅天大退體縱寬，冲坐冲兼別重輕；
箭射雙全蕭墻至，陰府死活認庫音。
馬前炙退不須惶，補助資扶是妙方；
三山羅猴未為患，一派汪洋別有功。
劍鋒八座一例同，就是荊榛夾路逢；
消滅須辨氣與睺，犯之恰似燭當風。
星曜殺兮山方排，冲丁殺兮是禍胎；
文曲金火陰陽次，日流莫臨土王開。
空亡燥火闢其謬，天罡四殺協紀裁；
安葬諸例詳於此，諸君請讀不疑猜。

年家凶神應避條目有八

三殺向殺

三殺年月日時俱大忌，向殺修墳亦大忌，新葬可權。

羅天大退

退屬偽謬之例，選擇乃就地俗而趨避，實不足為訝。

馬前炙退

馬前炙退宜補不宜剋。宜合不宜生。

天地官符

太陽或天赦或月家之喝散、解神等，如遇一條便可制。

歲破冲山

此年家之大殺，凶不可用，冲、兼雖輕，究亦勿用為佳。

正傍陰府

陰府有正傍之分，死活之殊，兩字全方忌，單字則不忌。

年剋山家

山運受年剋，宜取月或日時之納音來剋制化解，自能妥用。

六十年空

年空乃偽謬之例，實不足道哉，依俗取金火填之。

月家凶神應避條目有八

三殺凶月

此係月家之大殺，凶不可用，吉難抵制，斟酌勿犯為要。

羅天大退

退屬偽謬之例，選擇乃就地俗而趨避，實不足為訝。

月剋山家

書云：月剋山家損宅母，如有剋必須就年日時取制化。

天地官符

此天地官符及真天地官符，取太陽、天赦、解神、喝散制。

冲山凶月

月之冲山如年之歲破，均凶不可用，冲兼雖輕亦不宜。

八座凶月

從月家起建算至收字為八座方，雖有制法，究亦不用。

劍鋒殺月

此亦月家之凶殺，雖太陽木局可制，究之亦勿用為要。

正傍陰府

陰府如與洪範庫運同納音，為活陰府則吉，其餘則凶。

日家凶神應避條目有十六

三殺冲山

三殺之例甚猛，冲山之例極凶，均皆勿用。

八座收日

此就月建順算至收日，為八座大忌，勿用。

大重凶日

此乃陰陽盡極之象，故安葬大忌，吉難制。

重喪復日

月建之暗藏過旺則衰，安葬之事亦大忌。

月破大耗

月破大耗乃最不吉之凶神，凡事俱宜避。

正八座日

此係年家八座，名曰黃帝八座，忌安葬。

三喪凶日

此三喪乃四季之衰位，喪葬事均忌勿用。

開星凶日

開星即十二建星之開日，安葬亦忌。

| 真滅沒日 |

通書忌諱，憲書、協紀不忌，《剋擇》列為應避凶神，仍不用。

| 羅天大退 |

大退為偽謬之例，擇日就地區風俗，而宜忌各取。

| 地空凶日 |

如有犯者，金火日為填實可用。

| 太陽密日 |

太陽密日如房、虛、昴、星等日，日前微嫌，今不忌。

| 橫天朱雀 |

每月十七日之橫天朱雀，則大忌安葬。

| 日剋山家 |

剋山家即剋庫運，日剋取年月時制化。

| 正傍陰府 |

陰府忌雙全大凶，如是單一字雖犯，亦不忌。

山頭凶神應避條目有十六

| 三殺山頭 |

三殺乃大凶之神，年月日時均勿犯為要。

劍刃劍射

干犯曰劍刃，支犯曰箭射，宜太陽、貴人解化。

山方殺日

日犯大凶，時犯小忌，吉難抵制，勿犯為妙。

曜殺凶日

日犯大凶，時犯不忌，吉難抵制，勿犯為妙。

冲山凶例

冲山年月日時俱忌，冲兼雖輕，究亦勿用。

正傍陰府

陰府忌雙全，大凶勿用，如是單字則不忌。

星曜殺日

此係正體五行而剋山，凶勿用，吉難抵制。

冲丁殺日

與分金天干相同，地支相冲，謂之冲丁殺。

文曲旬空

此六甲旬空，如是金火日或陰陽，可填實。

消滅凶日

消滅宜審辨氣睺，須依陽消陰滅之活法。

羅天大退

依據地方習俗定宜忌

馬前炙退

馬前炙退取三合大進，或取旺睺補助吉。

日流太歲

此係山家之土殺，忌初旬、次旬，餘可取制也。

劍鋒八座

劍鋒、八座，二例均大忌安葬。

三殺羅猴

穿山、巡山、坐山，三山羅猴如犯，用水制可用。

地燥火時

忌時冲柱中雖犯不忌，用清水制可用。

仙命諸空冲殺刑刃例

三殺日時

仙命與日時三殺大凶，非真三殺，雖貴人可解，究亦勿用。

三刑凶日

仙命與日犯三刑，宜取貴人或三合、六合解化，方可取用。

入地空亡

此空忌日不忌時，與寸土無光一體，大凶，吉不能抵制。

寸土無光

忌日無忌時，即與仙命地支相冲，納音相剋。

日冲時冲

仙命與日時相冲，大凶勿用，若正冲，其凶更不可言。

箭刃雙全

仙命與日時箭刃雙全，宜取太陽或貴人或三合吊化。

掃地空亡

掃地空亡，亦是忌日無忌時，即是與仙命納音相剋。

冷地空亡

冷地空亡進葬時，壙內預先用草把火焚化，然後進葬。

祿去空亡

如子日犯祿去空亡，宜用子時填之或丑時欄之，均可。

六甲旬空

犯六甲旬空如是金日或是火日，謂之金火填實可用。

回頭貢殺

僅辰戌丑未命有之，大忌無解，不用。

纏身官符

纏身官符，忌時無忌日，用五虎遁，真方忌，無真不忌。

以上諸凶神所值日期，可參考《剋擇講義》八期。

天罡四殺

寅午戌仙命主事殺丑年、月、日、時，忌造葬甲乙庚辛山。
申子辰仙命主事殺未年、月、日、時，忌造葬甲乙庚辛山。
巳酉丑仙命主事殺辰年、月、日、時，忌造葬丙丁壬癸山。
亥卯未仙命主事殺戌年、月、日、時，忌造葬丙丁壬癸山。

　　《剋擇講義》註釋：「主事忌造，仙命忌葬，此天罡四殺，通書雖不忌，而協紀甚重。」主事自己蓋房屋避開，無解。

破土忌例

月破(忌勿用)。收日(忌勿用)。土符(忌勿用)。重日(忌勿用)。
三喪(忌勿用)。重喪(忌勿用)。退日(宜審用)。地囊日(大忌)。
土公死(俗忌)。土公忌(俗忌)。黃帝死(俗忌)。真滅沒(忌用)。正
八座(大忌勿用，以年核對)。

安葬忌例

月破(忌勿用)。收日(忌勿用)。三喪(忌勿用)。重日(忌勿用)。重復(忌勿用)。開日(忌勿用)。橫天朱雀(忌)。遊山虎(爐火制)。地中虎(爐火制)。黑道虎(爐火制)。建星虎(爐火制)。食骨虎(爐火制)。四季八座(吉多用)。真滅沒(忌勿用)。正八座(忌勿用)。

以上諸凶神所值日期,可參考《剋擇講義》八期。

若逢地空日,如是金火日,或三合便可用。

六十仙命諸空亡便覽

《剋擇講義》六十仙命諸空亡,惟纏身官符論「時」,其餘均論「日」。即是將相沖、三殺、三刑、箭刃、入地空亡、掃地空亡、寸土無光、祿去空亡、冷地空亡、又冷地空、六甲旬空、纏身官符等列表以供查核。其中所列仙命諸空亡,只忌安葬,其破土豎碑則不論。表後《剋擇講義》又列出六十日的呼之人,例如甲子日的呼辛丑人,乙丑日的呼辛巳人。《剋擇講義》註釋:「的呼之人惟忌入殮、移柩、安葬之時少避片刻;至於修墳、添葬,以及其他事則不忌。」太歲壓逐年忌,虛歲八十五歲,七十六歲,六十七歲,五十二歲,四十三歲,三十四歲,二十五歲,十六歲,七歲。太歲壓乃從安葬年起中宮順算至中宮為太歲壓指虛歲,單忌安葬與他事無干。

八、修墳添葬全章

修添年家凶神忌例

三殺向殺、歲破冲山、正傍陰府、太歲堆黃、戊己都天、羅

天大退、五黃占坐、馬前炙退、六十年空。

修添月家凶神忌例

三殺冲山、羅天大退、天牛守塚、大小月建、劍峰八座、正傍陰府、天地官符。

修添日家凶神忌例

三殺冲山、羅天大退、月破月建、重日重喪、大重三喪、八座開日、橫天朱雀、天牛守塚。

修添時家凶神忌例

三殺冲山、羅天大退、日時相冲、地兵忌修。

修添山頭凶神忌例

三殺冲山、正傍陰府、箭刃劍射、星曜凶日、山方殺日、冲丁殺日、消滅殺日、日流太歲、文曲旬空、地燥火時、太歲堆黃、戊己都天、五黃夾都、馬前炙退、羅天大退、六十年空、劍鋒八座、白虎方例、古墓殺方(只忌添葬)。

修添忌例

月破、月建、三喪、八座、重喪、開日、重日、橫天朱雀、遊山虎、地中虎、黑道府、建星府、食骨虎、正八座、地空日、大退日。

九、開生墳全章

開生墳年家凶神忌例

　　三殺向殺、馬前炙退、天地官符、歲破冲山、年剋山家、正傍陰府、六十年空、羅天大退。

開生墳月家凶神忌例

　　三殺冲山、羅天大退、正傍陰府、劍鋒八座、天地官符、月剋山家、天牛守塚、壽星入墓。

開生墳日家凶神忌例

　　三殺冲山、羅天大退、月建土符、月破收日、大重三喪、復日重喪、受死八座、剋山入墓、地囊大墓、天瘟土瘟。

開生墳時家凶神忌例

　　三殺冲山、日時相冲、羅天大退、地兵凶時、正傍陰府、時剋山家。

開生墳山頭凶神忌例

　　三殺向殺、歲破冲山、陰府剋山、箭刃劍射、山方殺日、星曜殺日、曜殺凶日、冲丁殺日、文曲旬空、日流太歲、消滅凶日、劍鋒八座、羅天大退、地燥火時、諸家羅睺、馬前炙退。

開生坟忌例

月建(忌勿用)、月破(忌勿用)、三喪(忌勿用)、受死(忌勿用)、重喪(忌勿用)、天瘟(可權用)、土瘟(可權月)、土符(可權用)、收日(忌勿用)、重日(忌勿用)、白虎(爐火制)、山虎(爐火制)、地虎(爐火制)、建虎(爐火制)、骨虎(爐火制)、地囊(忌勿用)、大墓(忌勿用)、正八座(大忌勿用)。羅天退日。

合壽木忌例

月破(忌勿用)，受死(忌勿用)，重日(忌勿用)，三喪(忌勿用)，復日(忌勿用)，魯班(忌勿用)，刀砧(忌勿用)，木馬(忌勿用)，天瘟(吉多用)，荒蕪(吉多用)，天火(俗忌用)，木呼(俗忌用)，木髓(吉多用)，大墓(俗忌用)，大退(俗謬忌)，火星日(忌用)，真滅沒日(忌用)。

在《尅擇講義‧第十期》造葬二十四山，各山列便吉凶總局，將二十四山(含兼山)十天干年立春後庫運所遁六十甲子五行註明，例如壬山兼亥配用丁亥(坐山)丁巳(向首)土分金，在丙辛年立春後庫運遁戊戌木(年月日時忌金納音犯尅山運，就柱中取火水納音制化)。所有動土破土起手宜從坐山起鋤，若坐地支山，宜從兼處起手，苟兼處不同卦山，須防大小月建並且劍峰之類，亦不能亂動。又例如壬山所應核對如下：冲山兼亥忌巳，子山忌午。箭射忌子午全。星曜殺日犯大忌，時犯小忌。日流太歲戊子旬，逢初、次旬凶，其餘有太陽木局可制。天地燥火寅申巳亥時，四柱無冲時，雖犯不忌，可用水制。太歲堆黃，忌修方修墳，不忌新，吉難抵制。羅天大退雖謬，從地方俗例。三殺忌寅午戌，四柱犯一大忌大凶，吉難抵制。巡山羅喉亥年，忌立向新葬用水

制，修方不忌。戊土夾土己土都天煞年。向煞權利申子辰年，忌修不忌新墓，勿豎牌亦可。馬前炙退巳酉丑年，宜三合大進補助。劍鋒殺忌亥月，不宜安葬修墳不宜制。八座方，忌安葬修墳。白虎忌方，安修造葬並忌，宜爐火麟符制。古墓殺，忌祖墳傍附葬，不忌他事。<u>《廖淵用通書》在安葬六十化命註明「刺穴殺」「次血殺」「歲害殺」「刺害殺」等，其要義在仙命、坐山、葬課要相合否則須轉埃，祿馬貴人等。</u>

十、祈福章例

祈福碎金賦

> 九輪月破是凶神，帝酷之期禍最頻；
> 神號妙得逢天喜，受死原同四廢辰。
> 天狗下食明星現，六戊截空時勿親；
> 更有滅沒兼遊禍，暗天賊例此中遵。

祈福日凶神

月破日(凶不用)。受死日(俗大忌)。天狗日(俗大忌)。遊禍日(忌不用)。龍虎日(吉多用)。神號日(天喜用)。天賊日(制可用)。正四廢(大凶不用)。鼓輪殺(加斟酌忌)。帝酷殺(大忌不用)。聖忌日例。年鼓輪殺日。用日地支，天狗下食(子日亥時)。日食相冲。用日天干，暗天賊(忌起鼓)，截路空，(忌化貢)。天狗時(如六戊)。

明星吉時(按此明星守護吉時以寒、谷、時、暄、定、暖、晦、窓、曉、色、須、明十二字分別明暗，正七月從寅起寒，二八月

從辰起寒，三九月從午起寒，四十月從申起寒，五十一月從戌起寒，六十二月從子起寒，遇有「日」字傍者為明星，能制暗天賊並天地賊，及天狗下食時六戊時等。

齋醮日凶神

月破(凶勿用)。受死(忌勿用)。三喪(凶勿用)。重日(凶勿用)。重喪(凶勿用)。鬼哭(凶勿用)。天狗(凶勿用)。鼓輪殺(忌用)。正四廢(忌用)。

開光日凶神

月破(大凶勿用)。閉日(以字主義)。受死(從俗忌用)。神號(逢天喜吉)。天賊(明星可制)。九空(金火日吉)。天瘟(吉多可用)。白虎(麟符制吉)。朱雀(鳳凰符制)。天狗(天巫可制)。地賊(明星可制)。鬼神空座(吉多可用)。荒蕪(旺氣堪用)。獨火(水府可制)。破敗(吉多可用)。神隔(伏斷日吉)。正四廢(忌勿用)。真滅沒(忌勿用)。大退日(俗忌用)。《剋擇講義》註釋：「開光之例，又宜論食神殺。如日值食主大凶，若社廟值食鄉亦忌，食外則吉，食師從權。」

上官日凶神

月破日(大忌)，往亡日(大忌)。天牢日(小忌)。天刑日(小忌)。罪至日(小忌)。死別日(小忌)。伏罪日(小忌)。徒隸日(小忌)。天吏(小忌)。天獄(小忌)牢日(小忌)。獄日(小忌)。刑獄(小忌)。殃敗(小忌)。氣往亡(小忌)。天休廢(小忌)。天乙絕氣(小忌)。正四廢(大忌)。陽差日(大忌)。陰錯日(大忌)。月忌日(大忌)。四不祥(大忌)。上朔日。四離絕日。十惡大敗無祿日。上下兀日。九土鬼日。九醜凶日。敗亡猖鬼。日時相冲。時干剋日(五不遇時，乃官

途中之忌)。截路空時(即壬癸二時，忌發興起行)。

十一、造船章例

船造碎金賦

> 粤自軒轅製作奇，艨艟巨艦恰相宜；
> 雖然創造依前法，還要凶神莫相欺。
> 坐殺兼全言宅舍，舟惟有向任行移；
> 最宜主事皆逢合，冲殺刑刃實可悲。
> 雜殺紛紜須躲避，吉神守護樂扶持；
> 年建月建兼時建，三建須防必先知。
> 魯班力站及木馬，斧殺又嫌伐木時；
> 天火火星天地賊，往亡受死瓦陷之。
> 河伯出兮八風起，蛟龍騰上九空馳；
> 風河二伯子胥死，滅沒伏斷江河離。
> 地覆天翻四方耗，龍來觸水下成池；
> 三旬月忌行舟避，四廢招搖龍禁期。
> 白虎爭雄張宿態，朱雀高樓荒燕陂；
> 紅紗月破危閉日，瓦碎冰消切莫為。
> 百忌水痕兼水鬲，造舟亦忌定無疑；
> 諸宿眾多當宜別，修整雷兵闢勿遲。
> 更有論時大惡殺，覆舟大退截路時；
> 日時既得清且吉，何患涉川不遇夷。

造船日凶神

月破(造船通忌)。月建(造船通忌)。魯班(唯忌伐木)。刀砧(唯

忌伐木)。木馬(唯忌伐木)。斧殺(唯忌伐木)。天賊(明星可制)。天火(造船通忌)。受死(造船通忌)。往亡(忌進水出行)。危星(唯忌進水)。河伯(造船通忌)。紅紗(丑日方忌)。瓦陷(造船通忌)。荒蕪(吉多可用)。咸池(吉多可用)。九空(進水權用)。招搖(吉多可用)。蛟龍(吉多可用)。百忌(忌出行、掛帆)。

滅沒(吉多權用)。白虎(麒麟符制)。朱雀(鳳凰符制)。天、地爭雄(吉多用)。正四廢(忌勿用)。八風日(忌勿用)。子胥死日(勿用)。河伯死日(勿用)。風伯死日(勿用)。江河離(忌勿用)。張宿日(忌勿用)。觸水龍(忌勿用)。月忌日(唯忌出行進水)。冰消瓦碎(俗忌用)。地覆日(忌勿用)。天翻日(忌勿用)。龍禁日(忌勿用)。四方耗(忌出行)。舟行忌宿(忌出行)。伏斷日(吉多用)。水痕日(吉多用)。水鬲日(吉多用)。火星日(忌掛帆)。真滅沒(忌勿用)。大退日(俗忌用)。氣往亡(忌出行)。冰消瓦解(忌上龍樑,如逢子午日名曰子年頭殺,單忌上龍樑)。三建年(年建、月建、時建)。

造船時凶神

大退時(俗忌用,在四馬之地)。雷兵時(忌修船)。截路時(忌出行)。截路時(忌進水)。不遇時(忌出行)。時凶神(日地支)。覆舟時(凶大忌)。

第肆章 神煞與擇日綜論

一、認識神煞宜忌

在任何通書中均逐日將各種神煞標明,例如庚子年《廖淵用通書》250 頁「初一丁卯」第一行註記有「天恩。天倉。不將。滿德。天福。福德。」等。第二行註記有「●值婦。天火。食主。天狗。土瘟。伏斷。鬼哭。橫天朱雀。天瘟。離巢。聖忌。災煞。天翻。雀乾。」等。神煞多如牛毛,只能逐一分析。神煞宜忌:「大煞勿用,中煞制化,小煞莫拘」,就神煞宜忌,分別說明於下,以供選擇時斟酌取捨的根據。以下參考《協紀辨方書》說明所宜:

(一)、**天德、月德、天德合、月德合**:天德月德乃月建三合旺氣,天德合與月德合與旺氣作五合,皆上吉之日。宜祭祀、祈福、求嗣、上表章、招嫌、上官赴任、結婚姻、興造動土、修倉庫、安葬等。唯忌畋獵取魚,蓋恐傷生氣。

(二)、**月空**:月中之陽辰,宜上表章。

(三)、**天恩**:施德寬下之辰,宜覃恩肆赦。宜覃恩、賜赦、布政事、慶賜,與驛馬、天馬、建日併,宜頒詔、宣政事。與修造吉神併,尤宜興作。

(四)、**天赦**:按天赦為天地合德,又為四時旺辰,其力甚大,故所宜與二德同。宜祭祀、祈福、施恩封拜、舉正直、施恩惠、緩刑獄、安撫邊境、上官赴任、營建宮室、納畜。只忌出師、畋獵取魚。

(五)、**母倉**:宜納財、栽種、牧養、納畜。與月恩、四相、開

日併，宜修倉庫。

（六）、**天願**：天願為太陽加令星，其吉最大，故所宜與二德同，惟不用以解除療病出師。按二德乃三合之全氣，發於天干德合，為其合氣。天赦、天願者皆合干支取義，其氣鈍，其力大，乃日之最吉者，能解諸凶。宜祭祀、進表章、上官赴任、興造動土、豎柱上梁、經絡、醞釀、開市、立券、交易、納財、納畜、安葬等。

（七）、**月恩、四相、時德**：按月恩、四相、時德，皆月建所生之日，所宜應同。宜祭祀、祈福、求嗣、上官赴任、臨政親民，結婚姻、納采問名、搬移、解除、求醫療病、裁製、修造、動土、豎柱、上樑、納財、開倉庫、出貨財、栽種、牧養（其吉大於母倉）。

（八）、**陽德、陰德**：止宜施恩惠等事。

（九）、**王日**：宜恩赦、上官赴任、臨政親民、裁製等事。

（十）、**官日、守日、相日**：宜上官赴任、臨政親民等事。

（十一）、**民日**：宜宴會、結婚姻、納采問名、進人口、搬移、開市、立券、交易、納財、栽種、牧養、納畜。

（十二）、**三合**：按日之吉者，莫如三合，天月二德，皆從三合取義，成定之吉，亦由三合生也。宜宴會、結婚姻、納采問名、嫁娶、進人口、裁製、修造、動土、豎柱、上樑、修倉庫、經絡、醞釀、立券交易、納財、安碓磑、納畜。

（十三）、**臨日**：宜上官赴任、臨政親民、陳詞訟。

（十四）、**驛馬（天后）**：宜搬移、求醫療病。

（十五）、**天馬**：宜搬移。

（十六）、**建日（兵福）**：宜上官赴任、臨政親民、出師。

（十七）、**除日（吉期、兵寶）**：宜解除、沐浴、整容、剃頭、整手足甲、求醫療病、掃舍宇（除舊取新之義）。又為吉期，宜上官赴任、臨政親民。又為兵寶，宜出師。

（十八）、**滿日（天巫、福德）**：宜進人口、裁製、修倉庫、經絡、開市、立券交易、納財、開倉庫、出貨財、補垣塞穴（取豐豫之義）。又為天巫，宜祭祀祈福。又為福德，宜宴會、修造。

（十九）、**平日**：宜修飾垣牆、平治道塗（義取諸平）。

（二十）、**定日（時陰）**：宜冠帶。

（二一）、**執日**：宜捕捉。霜降後，立春前，宜畋獵。雨水後、立夏前，宜取魚。（義取諸執、且順時也。）

（二二）、**破日**：宜求醫療病、破屋壞垣（義取諸破）。

（二三）、**危日**：宜安床（取安不忘為之義）。立冬後、立春前，宜伐木。霜降後、立春前，宜畋獵。雨水後、立夏前，宜取魚。

（二四）、**成日（天喜、天醫）**：宜入學、搬移、築堤防、開市。又為天喜、宜上官赴任、臨政親民、結婚姻、納采問名、嫁娶。又為天醫、宜求醫療病。

（二五）、**收日**：宜進人口、納財、捕捉、納畜（義取諸收）。霜降後、立春前，宜畋獵。雨水後、立夏前，宜取魚。與月恩、四相、時德併、宜修倉庫。

（二六）、**開日（時陽、生氣）**：宜祭祀、祈福、求嗣、宴會、入學、上官赴任、臨政親民、搬移、解除、求醫療病、裁製、修造、動土、上樑、開市、修置穿井、安碓磑、栽種、牧養。忌伐木、畋獵、取魚、破土、安葬、啟攢。按開日，一陽始生，故又為時陽，又為生氣，

其日最吉。不及婚事者，無合義也。忌伐木魚獵者，恐傷生氣也。忌葬事，從俗也。

（二七）、**閉日**：宜築堤防、補垣塞穴（義取諸閉）。

（二八）、**兵吉**：止宜出師（月內用兵之吉辰）。

（二九）、**六合**：宜宴會、結婚姻、嫁娶、進人口、經絡、醞釀、立券交易、納財、納畜、安葬。與月恩、四相、時德併，宜修倉庫。

（三十）、**六儀**：宜臨政親民。

（三一）、**五富**：宜經絡、醞釀、開市、立券交易、納財、開倉庫、出貨財、栽種、牧養、納畜。與月恩、四相、時德併，宜修倉庫。

（三二）、**天倉**：宜進人口、納財、納畜。與月恩、四相、開日併，宜修倉庫。

（三三）、**不將**：宜嫁娶。

（三四）、**要安、敬安**：宜安神。

（三五）、**玉宇、金堂**：宜修祀宇。

（三六）、**普護、福生、聖心**：宜祭祀祈福。

（三七）、**益後、續世**：宜祭祀、祈福、求嗣。

（三八）、**解神**：宜陳訟詞、解除、沐浴、整容、剃頭、整手足甲、求醫療病。

（三九）、**除神**：宜解除、沐浴、整容、剃頭、整手足甲、求醫療病、掃舍宇（義同除日）。

（四十）、**五合**：宜宴會、結婚姻、立券交易。

（四一）、**寶、義、制、專、伐**：此五日，其義太泛，故不註宜忌。

（四二）、**青龍、明堂、金匱、寶光、玉堂、司令**：為六道黃日，與吉神併，擇從所宜，與凶神併，則從所宜。

（四三）、**鳴吠**：宜破土安葬。

（四四）、**鳴吠對**：宜破土啟攢。

（四五）、**亥子日**：宜沐浴（取水旺也）。

（四六）、**午申日**：立冬後、立春前，宜伐木（午木死，申木絕。）

次說明所忌：

（一）、**月建（小時、土府）**：忌祈福、求祠、結婚姻、納采問名、解除、整容、剃頭、整手足甲、求醫療病、修造動土、豎柱上樑、修倉庫、開倉庫、出貨財、修置產室、破屋壞垣、伐木、栽種、破土、安葬、啟攢。又為土府，專忌修造動土、築堤防、開渠穿井、安碓磑、修補垣牆、平治道塗。與天德、天德合月德合、天赦、月恩、四相併，止忌動土，餘即不忌。按《宗鏡》曰：建破平收，俗之所忌，然惟破日最凶，建日吉多可用。又曰：月建為吉凶眾神之主，疊吉星則吉，疊凶星則凶。蓋月建本非凶日，第以其為一月令氣之主，故又名小時，如太歲之不可犯耳。若與德合天赦月恩四相併，則益助其吉神之力，故動土伐木之外，一切皆不忌。遇刑厭則從刑厭論者，刑厭之凶，甚於月建故也。

（二）、**月破（大耗）**：按月破為月建之沖，又為月建氣絕之地，故諸事皆忌。德神臨此失力，不能為福，故即與德合併，猶忌。止不忌祭祀、覃恩肆赦、入學、解除、沐浴、求醫療病、掃舍宇、平治道塗、破屋壞垣、捕捉、畋獵、取魚。子午月值災煞，未申月值月刑、與月德天德合月德合併，不忌祀覃恩肆赦等事，仍忌解除求醫療病破屋壞垣，不與德合併，諸事皆忌。卯酉月值災煞，又

值月厭，又值月厭，雖與德合併，仍諸事皆忌。四月癸亥，十月丁巳，為陽破陰衝，亦諸事皆忌。

（三）、**平日（死神）**：止不忌祭祀、覃恩肆赦、入學、沐浴、整容剃頭、整手足甲、安碓磑、補垣塞穴、掃舍宇、修飾垣牆、平治道塗、破屋壞垣、伐木、捕捉、畋獵、取魚、餘事皆忌。按平日為月建陰氣既盡之地，其凶次於月破。又《宗鏡》曰：平收日與二德併，可用。又曰：吉多可用。

（四）、**收日**：宜忌略與平日同。按收日為月建陽氣既盡之地，故所忌與平日同。不忌進人口、修倉庫、納財、納畜者，收日知所宜也。不忌栽種、牧養者，平為死神，收有生意，故雖不宜，而亦不忌也。

（五）、**滿日（天狗）**：忌施恩、上官赴任、臨政親民、結婚姻、納采問名、求醫療病。申月又為天狗，忌祭祀，與德神合併亦忌。按滿為盈氣，故所忌如此。寅申子午卯酉月，與德合併，則不忌。

（六）、**閉日（血支）**：忌宴會、上官赴任、臨政親民、結婚姻、納采問名、嫁娶、進人口、搬移、安床、求醫療病、療目、修造動土、豎柱上樑、開市、開倉庫、出財物、修置產室、開渠穿井。又為血支，專忌針刺。

（七）、**劫煞**：止不忌祭祀、恩赦、入學、沐浴、掃舍宇、平治道塗、伐木、捕捉、畋獵、取魚，餘事皆忌。按三煞為三合對敵，劫煞為絕地，災煞為正沖，月煞為盡地，故忌同月破，又忌解除求醫破屋壞垣。但三煞緩於月建，不若月破之必不可解耳。

（八）、**災煞（天火）**：忌同劫煞。又為天火，忌苫蓋。

（九）、**月煞（月虛）**：忌同劫煞。又為月虛，忌修開倉庫，出貨財。

（十）、**月刑**：止不忌祭祀、恩赦、入學、沐浴、掃舍宇、平治道塗、伐木、捕捉、畋獵、取魚，餘事皆忌。按月刑為月建刑傷之地，故同三煞。

（十一）、**月害**：忌祈福、求嗣、宴會、結婚姻、納采問名、嫁娶、進人口、求醫療病、修倉庫、經絡、醞釀、開市、立券交易、納財、開倉庫、出貨財、修置產室、牧養、納畜、破土、安葬、啟攢。

（十二）、**月厭（地火）**：止不忌祭祀、恩赦、入學、沐浴、掃舍宇、捕捉、畋獵、取魚，餘事皆忌。又為地火，忌栽種。

（十三）、**厭對（招搖）**：忌嫁娶。又為招搖，忌取魚，乘船渡水。與德合天赦併，則不忌。子午月與月破併，則猶忌。

（十四）、**大時（大敗、咸池）**：忌祈福、求嗣、上官赴任、臨政親民、結婚姻、納采問名、嫁娶、進人口、搬移、安床、解除、求醫療病、築堤防、修造動土、豎柱上樑、修倉庫、開市、立券交易、納財、開倉庫、出貨財、修置產室、栽種、牧養、納畜。又為咸池、忌取魚，乘船渡水。按大時又名大敗，為三合敗地，所忌如此。寅申四亥月值除日官日，為月建旺辰，辰戌月值執日六合太陽合月建，不應以三合敗氣論，故即不與德合赦願併，亦止忌軍事，餘皆不忌也。丑未月值執日六害，吉不抵凶，與德神併，則吉勝亦不應該以敗論。子午卯酉月，正為四時敗氣，又值收日，卯月又值月刑，其凶甚於大時，故同刑收論。

（十五）、**遊禍**：忌祈福、求嗣、解除、求醫療病。與德合天赦併，猶忌。

（十六）、**天吏（致死）**：忌同大時。按天吏之凶甚於大時，第不

為三合全局之沖，故次於三煞。

（十七）、**死氣**：忌解除、求醫療病、修置產室、栽種。與德合併止忌求醫療病，餘不忌。辰戌月值月厭，雖與德合併，猶忌。

（十八）、**小耗**：忌修倉庫、開市、立券交易、納財、開倉庫、出貨財。按小耗為舊月破，又為本月閉日之沖，故所忌如此。與德合天願併，則貪合忘沖，故不忌。

（十九）、**天賊**：忌修倉庫、開倉庫、出貨財。與德合併，猶忌。

（二十）、**四擊**：忌訓兵出師。

（二一）、**四耗**：忌修倉庫、開市、立券交易、納財、開倉庫、出貨財。與德合三合併，則不忌。

（二二）、**四廢**：止不忌祭祀、恩赦、入學、沐浴、整容、剃頭、整手足甲、掃舍宇、平治道塗、破屋壞垣、伐木、捕捉、畋獵、取魚，餘事皆忌。與德合併，猶忌。與月破併，諸事皆忌。

（二三）、**四忌、四窮（八龍七鳥九虎六蛇）**：忌結婚姻、納采問名、嫁娶、安葬。四窮又忌進人口、修倉庫、開市、立券交易、納財、開倉庫、出貨財。與德合併，猶忌。惟正月乙亥，與天願併，止忌軍事，餘皆不忌。

（二四）、**五虛**：忌修倉庫、開倉庫、出貨財。與德合六併、則不忌。

（二五）、**八風**：忌取魚、乘船渡水。與德合六合併、則不忌。

（二六）、**五墓**：忌冠帶、上官赴任、臨政親民、結婚姻、納采問名、嫁娶、進人口、搬移、安床、解除、求醫療病、修造動土、豎柱上樑、開市、立券交易、修置產室、牧養、納畜、破土、安葬、啟攢。與月德併，則不忌。

（二七）、**九空**：忌進人口、修倉庫、開市、立券交易、納財、開倉庫、出貨財。按九空為三合庫地之沖，與德合併，則支以干合而忘沖，故不忌。

（二八）、**九坎（九焦）**：忌補垣塞穴、取魚、乘船渡水。又為九焦，忌鼓鑄、栽種。與德合併，猶忌。

（二九）、**土符、地囊**：忌築隄防、修造、動土、修倉庫、修置產室、開渠穿井、安碓磑、修補垣牆、平治道塗、破屋壞垣、栽種、破土。與德合赦願併，猶忌。

（三十）、**兵禁、大煞**：忌訓兵出師。

（三一）、**歸忌**：忌般移、遠迴。與德合赦願併，猶忌。

（三二）、**往亡、氣往亡**：忌出師、上官赴任、臨政親民、嫁娶、進人口、般移、求醫療病、捕捉、畋獵、取魚。與德合赦願併，猶忌。

（三三）、**復日、重日**：忌破土、安葬、啓攢。與德合天赦六合併，則不忌，亦不註宜。

（三四）、**五離**：忌宴會、結婚姻、納采問名、立券交易。與德合天赦三合六併，則不忌。

（三五）、**八專**：忌結婚姻，納采問名、嫁娶。與德合併，猶忌，與天願併，則不忌。

（三六）、**觸水龍**：忌取水、乘船渡水。與德合天願併，猶忌。

（三七）、**天刑、朱雀、白虎、天牢、元武、勾陳**：為六黑道日，與凶神併，則從所忌，與吉神併，則從所宜。

（三八）、**無祿日**：以干落旬空，故諸事不宜。惟祭祀解除等事，不嫌其空，顧玉有所宜之神，則不忌。與天月德併，及月建太陽填實，歲德會合，不以無祿論。惟癸亥日，為干支俱盡，仍以無祿論。與上朔晦同義，諸事皆忌。

（三九）、**反支**：忌陳詞訟。

（四十）、**上朔、四離、四絕、晦日**：止不忌祭祀、沐浴、整容、剃頭、整手足甲、補垣塞穴、掃舍宇、修飾垣牆、平治道塗、破屋壞垣、伐木、餘事皆忌。與德合赦願併，猶忌。按上朔為陰陽與歲德俱盡之日，四離四絕為二氣五行分判之日，晦為月盡之日，故諸事不宜。惟祭祀解除等事或以事神而不敢禁，或以除舊而不為嫌，故遇有所宜之神，則不忌。晦日雖不與上朔同凶，然亦止宜祭祀等事，餘事雖不忌，亦不註宜也。又上朔以年干取義，晦日反之以月朔取義，四離四絕以節氣取義，皆與德合赦願義不相屬，故與併猶忌。

（四一）、**冬至、夏至、春分、秋分**：不註宴會、上官赴任、臨政親民、結婚姻、納采問名、嫁娶、進人口、般移、開市、立券交易、捕捉、畋獵、取魚。冬至日、又不註伐木。按二至之日陰陽爭，二分之日厭建對，故雖吉日益不註此數事，冬至又不註伐木，與開日同義。

（四二）、**土王用事**：忌築隄防、修造動土、修倉庫、修置產室、開渠穿井，安碓磑、修補垣牆、平治道塗、破屋壞垣、栽種、破土。義同土府。

（四三）、**伏社**：忌沐浴。

（四四）、**朔、弦、望**：忌求醫療病。

（四五）、**月忌日**：《時憲書》與《協紀》，仍止註祭祀、宴會、沐浴、整容、剃頭、整手足甲、求醫療病、補垣、掃舍宇、修飾垣牆、平治道塗、餘事不註。

（四六）、**十五日**：義同望日，忌求醫療病。

（四七）、**人神所在日**：十二日在髮際，十五日在徧身，忌剃頭

。一日在足大指，六日在手，十五日在徧身，十九日在足，二十一日在小指，二十三日在肝及足，忌整手足甲。

（四八）、**長星、短星**：忌進人口、裁製、經絡、開市、立券交易、納財、納蓄。

（四九）、**百忌日**：甲日忌開倉庫出貨財、乙日忌栽種、丁日忌剃頭、庚日忌經絡、辛日忌醞釀、壬日忌開渠、丑日忌冠帶、寅日忌祭祀、卯日忌穿井、巳日忌出行、午日忌苫蓋、未日忌求醫療病、申日忌安床、酉日忌宴會、亥日忌嫁娶。

二、時家吉神

經云「年之善，不如月之善；月之善，不如日之善；日之善，不如時之善。」擇日以時辰與日最重要。例如：太陽天赦。太陰吉時。天官貴人。福星貴人。天乙貴人陰陽貴人。祿貴交馳羅紋交貴。羅天大進三合大進。五合喜神六合喜神。祿元驛馬馬元驛馬。長生帝旺。傳送功曹。金星木星水星。貪狼武曲左輔。明堂明輔黃道。金匱福德黃道。天德寶光黃道。玉堂少微黃道。司命鳳輦黃道。青龍天貴黃道。堂府國印五符。(可參閱各家通書時家吉神析義)

時神（亦稱時家）約略歸納為從日干起者、從日支起者、隨月將或日干支者、隨日六旬者，說明於下：

從日干起者

有：一、日祿；二、天乙貴人（又名日貴）；三、喜神；四、天官貴人；五、福星貴人；六、五不遇時；七、路空等。

日祿

古曆以甲日寅時，乙日卯時，丙日巳時，丁日午時，戊日巳時，己日午時，庚日申時，辛日酉時，壬日亥時，癸日子時，謂之「日祿」，或「日祿臨時」，亦稱「八祿時」。

《協紀辨方》說：「按神煞起例酉八祿時，本日之祿位也，定為吉時。」日干不旺，用祿時則旺，如甲日寅時，乙日卯時，皆吉。按：《神煞起例》有八祿時，本日之祿位也，定為吉時。詳年神例。

以本日地支為主而以時參之，或為日之建，或為日之破，或為日之合，或為日之害。或為日之刑。建合則吉，而破刑害則凶也。其與年月相參，亦必有此五者，遠大之事亦須參觀，近小之事則勿論也。

天乙貴人

天乙貴人，在時神亦稱「日貴臨時」，亦分「陽貴」與「陰貴」。甲日未時，乙日申時，丙日酉時，丁日亥時，戊日丑時，己日子時，庚日丑時，辛日寅時，壬日卯時，癸日巳時，為「陽貴」。甲日丑時，乙日子時，丙日亥時，丁日酉時，戊日未時，己日申時，庚日未時，辛日午時，壬日巳時，癸日卯時，為「陰貴」。

《協紀辨方》用時法說：「時者，日之用也，全在幫扶日辰，或與日支干比和，或與日支三合六合，即吉，時家即凶神不必盡拘。

為貴人祿馬為吉，如甲戊庚日以丑未時為貴人，甲日祿道寅時，子辰日馬到寅時是也。」

喜神

甲己日艮方寅時，乙庚日乾方戌時，丙辛日坤方申時，丁壬日離方午時，戊癸日巽方辰時，謂之「喜神」。

天官貴人

古曆以甲日酉時，乙日申時，丙日子時，丁日亥時，戊日卯時，己日寅時，庚日午時，辛日巳時，壬日丑未時，癸日辰戌時，謂之「天官貴人」。

《神煞起例》說：「隨干官星，曰天官貴人。」不取五鼠遁者，伏藏者為貴、為官；顯露者為課、為伐也。

福星貴人：古曆以甲日寅時，乙日丑亥時，丙日子戌時，丁日酉時，戊日申時，己日未時，庚日午時，辛日巳時，壬日辰時，癸日卯時，謂之「福星貴人」。

《神煞起例》說：「日干生時干，日福星貴人。」按甲日寅時，必為丙寅，皆本日日干之食神子孫，子孫為寶爻，故曰福星貴人也。

路空

甲己日申酉時，乙庚日午未時，丙辛日辰巳時，丁壬日寅卯時，戊癸日子丑戌亥時，謂之「截路空亡」，簡稱「路空」。

《考原》說：「截路空亡，遇壬癸也。行路而遇水，則不可行也。如甲己日，以五鼠遁起甲子，順歷之得壬申癸酉，故甲己日以申酉為截路空亡也，餘仿此。」

《協紀辨方》評說：「按截路空亡之義，謂十干至此而極，其下二支即是旬空，便如下臨無地，故曰截路空亡也。」

從日支起者

日建、日破、日合、日害、日刑：以同日支之時，謂之「日建」，或稱「時建」，如子日子時，丑日丑時，寅日寅時是。以沖日支之時，謂之「日破」。，或稱「時破」，如子日午時，丑日未時，寅日申時是。與日支六合之時，謂之「日合」或「六合」，即子日丑時，丑日子時，寅日亥時，亥日寅時，卯日戌時，戌日卯時，辰日酉時，酉日辰時，巳日申時，申日巳時，午日未時，未日午時是。與日支相害之時，謂之「日害」或「時害」，即子日未時，未日子時，丑日午時，午日丑時。與日支相刑之時，換言之，即日之刑時支，謂之「日刑」或「時刑」，即子日卯時，未日丑時，丑日戌時是。

《協紀辨方》說：「建合則吉，而破刑害則凶也。其與年月相參，亦必有此午者，遠大之事亦須參觀，近小之事則勿論也。」
黃黑道：青龍、明堂、金匱、寶光、玉堂、司命為黃道吉，天刑、朱雀、白虎、天牢、元武、勾陳為黑道凶。惟黃道雖吉，若帶刑沖破害及凶神，亦難以吉論，而黑道雖凶，若帶貴合得祿及吉神，亦難以凶論，故仍當視各神所臨，以定吉凶。
日馬：以申子辰日寅時，亥卯未日巳時，寅午戌日申時，巳酉丑日亥時，謂之「日馬」（即從日支取之驛馬）。

隨月將或及日干支者有一、四大吉時；二、貴人登天門時；三、九醜時等。

四大吉時

古曆以寅申巳亥月用甲丙庚壬時，子午卯酉月用癸乙丁辛時，辰戌丑未月用寅巳申亥時，謂之「四大吉時」，或稱「四煞沒時」。

貴人登天門時

古曆有貴人登天門時，認為乃時之最善者：如雨水後，甲日卯酉時，乙日戌時，丙日亥時，丁日丑時，戊日卯酉時，己日寅時，庚日卯酉時，辛日申時，壬日未時，癸日巳時；春分後，乙日酉時，丙日戌時，丁日子時，戊日寅申時，己日丑酉時，庚日寅申時，辛日卯未時，壬日午時，癸日辰時；穀雨後，丁日酉亥時，戊日丑未時，己日子申時，庚日丑未時，辛日寅午時，壬日巳時，癸日卯時；小滿後，丙日戌時，丁日申戌時，戊日子午時，己日未亥時，庚日子午時，辛日丑巳時，壬日寅辰時，癸日寅時；夏至後，乙日戌時，丙日酉時，丁日未時，戊日巳亥時，己日午戌時，庚日巳亥時，辛日子辰時，壬日丑卯時；大暑後，乙日酉時，丙日申時，丁日午時，戊日辰戌時，己日巳時，庚日辰戌時，辛日卯亥時，壬日子寅時，癸日寅時；處暑後，甲日酉時，乙日申時，丙日未時，丁日巳時，戊日卯酉時，己日辰時，庚日卯酉時，辛日戌時，壬日亥時，癸日丑時；秋分後，甲日寅申時，乙日卯未時，丙日午時，丁日辰時，己日卯時，辛日酉時，壬日戌時，癸日子時；霜降後，甲日丑未時，乙日寅午時，丙日卯巳時，丁日卯時，壬日酉時，癸日酉亥時；小雪後，甲日子午時，乙日丑巳時，丙日寅辰時，壬日申時，癸日申戌時；冬至後，甲日巳亥時，乙日子辰時，丙日丑時，丁日卯時，己日辰時，癸日未酉時；

大寒後，甲日辰戌時，乙日卯亥時，丙日子時，丁日寅時，己日卯時，壬日申時，癸日午申時。

九醜時

列表如下：

九醜時	雨水	春分	穀雨	小滿	夏至	大暑	處暑	秋分	霜降	小雪	冬至	大寒
壬子戊子	子	亥	戌	酉	申	未	午	巳	辰	卯	寅	丑
壬午戊午	午	巳	辰	卯	寅	丑	子	亥	戌	酉	申	未
辛卯乙卯己卯	酉	申	未	午	巳	辰	卯	寅	丑	子	亥	戌
辛酉乙酉己酉	卯	寅	丑	子	亥	戌	酉	申	未	午	巳	辰

五干臨此四辰，其日不可出軍嫁娶移徙築室。

隨日六旬者

隨日六旬者，有「旬中空亡」：簡稱「旬空」。即甲子旬戌亥時，甲戌旬申酉時，甲申旬午未時，甲午旬辰巳時，甲辰旬寅卯時，甲寅旬子丑時。

三、時家凶神

日時相沖破。截路空亡時。暗天賊時。天兵地兵凶時。天狗下食凶時。天牢天刑黑道。勾陳元武黑道。白虎朱雀黑道。大退

時。六戊時。旬空時。日建時。日殺時。日刑時。日害時。雷兵時。五鬼時。五不遇。(可參閱各家通書時家凶神析義)

四、擇日用事術語與宜忌

對擇日的事項說明，並補充神煞宜忌，便於相互對照：

（一）、**祭祀酧神**：祭拜祖先或祭拜神明等儀式，包含祠堂的祭祀，廟宇的祭拜等事。酧神：備有極豐富之敬品答謝神恩完願儀式。宜天德、月德、天德合、月德合、天赦、天願、月恩、四相、時德、天巫、開日、普護、福生、聖心、益後、續世。忌天狗寅日。

（二）、**祈福求嗣**：祈福謂設醮還願，祈求神明保佑平安。求嗣：向神明祈求子嗣之意。宜天德、月德、天德合、赦願、月恩、四相、時德、開日、益後、續世。祈福加普護、福生、聖心。忌月建、月破、平日、收日、劫煞、災煞、月煞、月刑、月害、月厭、大時、游禍、天吏、四廢、祿空、上朔等日。

（三）、**會親友(宴會)**：會親友：如訪問或宴會友人、親戚等。宜德合、赦願、天恩、月恩、四相、時德、福德、天喜、開日、王日、民日、三合、六合、五合。忌破、平、收、閉、三煞、月厭、刑害、四廢、五離、酉日。

（四）、**入學**：謂拜師接受教育、學藝，求取手藝專技等。宜成日、開日。忌無。

（五）、**冠笄(冠帶)**：男冠女笄，指男女成人的儀式，「冠」指男，「笄」指女。宜定日。忌破、平、收、三煞、刑厭、大時、天吏、四廢、五墓、丑日。冠笄

（六）、**結婚姻**：締結婚姻的儀式，即現在所說的「訂婚」。
宜德合、赦願、月恩四相、時德、民日、三六五合、天喜。忌建、破、平、收、滿、閉、三煞、刑害厭、大時、天吏、四廢忌窮、五墓離、八專。

嫁娶：男娶女嫁，舉行結婚大典吉日。

納婿：指男方入贅女方為婿同嫁娶之意。

（七）、**納采問名**：一種議婚的儀式，即現在所說的「求婚」。
宜德合、赦願、月恩、四相、時德、民日、三合、天喜。忌同結婚姻。

訂盟：訂婚或文訂，結指儀式。亦可曰結婚姻。

納采：指受授聘金，俗稱完聘。

（八）、**嫁娶(納婿)**：指舉行結婚典禮的日子。即現在所說「結婚」。宜德合、赦願、三六合、天喜、不將、忌月破、平收閉日、三煞、月刑害厭、厭對、大時、天吏、四廢忌窮、五墓、往亡、八專、亥日。

（九）、**進人口**：指收養子女。宜天願、民日、滿收日、三六合、天倉。忌破平閉日、死神、三煞、月刑害厭、大時、天吏、四廢窮、五墓、九空、往亡。

（十）、**移徙(搬移)**：即遷移，俗謂「搬家」。宜德合、赦願、月恩、四相、時德、民日、驛天馬、成開日。忌月破、平收閉日、三煞、月刑厭、大時、天吏、四廢、五墓、歸忌、往亡。

移徙：指搬家遷移住所之事。

入宅：新居落成，搬入新宅。指新完工建築。

（一一）、**安床**：安置新床或搬移舊床。宜危日。忌破、平、收、閉、三煞、刑厭、大時、天吏、四廢、五墓、申日。

安床：安置床舖之意。一般床。

（一二）、**解除**：意義有二：1.謂把房屋或器具解除去。2.謂解洗
宅舍，被除災厄等事。宜德合、天赦、月恩、四相、
時德、除開日、解除神。忌月建刑厭、三煞、收日、
死氣神、大時、遊禍、天吏、四廢、五墓。

成除服：穿上喪服或除去喪服之意。

（一三）、**沐浴**：即洗澡，清潔身體之謂，多指齋戒沐浴之事。
宜除日神、解神、亥子日。忌伏社日。沐浴：清洗身
體齋戒而言。

（一四）、**整容剃頭**：整容指新娘出嫁前，請人拔除新娘臉上的
毫毛之禮俗，俗稱「挽面」。剃頭意義有二：1.指對初
生兒第一次理髮，即「剃胎頭」。2.指僧尼被剃。宜除
日、解除神。忌建、破、刑厭、三煞、丁日、每月十
二、十五日。

（一五）、**整手足甲**：指對初生兒第一次剪手足甲。宜除日、解
除神。忌建、破、刑、厭、三煞、每月一、六日、十
五、十九日、二十一、二十三日。

（一六）、**求醫療病**：治療疾病、動手術之類。宜德合、赦願、
月恩、四相、時德、天后醫、除破開日，解除神。忌
建平收滿閉日、三煞、月刑害厭、大時、游禍、死氣
神、天吏、四廢、五墓、往亡、未日、每月十五日、
朔、弦、望日。

（一七）、**裁衣(裁製)**：意義有二：1.是指裁製新娘的新衣，或稱
「裁衣開剪」。2.指作壽衣：宜德合、赦願、月恩、四
時、時德、王日、滿開復日、三合。忌月破、平收日
、三煞、月刑厭、四廢。

（一八）、**築隄防**：宜成閉日。忌破、平、收日、三煞、刑厭、大時、天吏、四廢、土府符、地囊、土王用事後(十八日內皆忌動土)。

（一九）、**興造動土**：即指陽宅建築時，開始動鋤頭。宜德合、赦願、月恩、四相、時德、王日、開日、三合。忌建、破、平、收、閉日、三煞、月刑厭、大時、天吏、四廢、五墓、地囊、土府符、土王用事後(土王於四季之末十八日，故四立之前十八日，皆忌動土)。
動土：指興建陽宅之第一次動工挖土等事。

（二十）、**豎柱上樑**：豎立柱子，安上屋頂樑木等工事。宜德合、赦願、月恩、四相、時德、三合、開日。忌建破平收閉日、三煞、月刑厭、大時、天吏、四廢、五墓。

（二一）、**修倉庫**：謂修繕倉庫。宜德合、赦願、三合、滿日。又收日、母倉、六合、五富、天倉、與月恩、四相、時德、開日併者。忌建破平日、三煞、月刑虛害厭、天吏、大小耗、大時、四耗廢窮、五虛、九空、土府符、地囊、土王用事後。
造倉庫：建築倉庫或建儲藏室同。

（二二）、**苫蓋**：謂蓋廬舍草屋。宜與修造同。忌天火午日。

（二三）、**經絡**：治絲緞布之事。「收蠶」「安蠶匡」「安機」「安紡車」亦均屬治絲織布事，故宜忌同。宜天願、三六合、滿日、五富。忌月破刑、平收日、三煞、月害厭、四廢、庚日。經絡：治織絲布之事同安機械。

（二四）、**醞釀**：釀酒之事。造麵、造醬同。宜天願、三合、六合、五富。忌月破刑、月害厭、三煞、平收日、四廢、辛日。

（二五）、**開市**：商店開張做生意，「開工」同，亦稱「開業」「開幕」。開市：公司行號商店開張或開幕之意。或休完年假首日營業或工廠開工等意。

情形有二：1.新店或新廠開幕。2.年初頭一天開張門市或動土。宜天願、五富、民滿日、成開日。忌月破刑、月害厭、三煞、平收閉日、大時耗、天吏、小耗、四耗、四廢窮、五墓、九空。

（二六）、**立券交易**：即訂約買賣之事。宜天願、民滿日、三六合、五富合。忌月破刑、月害厭、三煞、平收日、大耗時、天吏、小四耗、四廢窮、五墓離、九空。

立券交易：訂立契約書交易買賣等事。

（二七）、**納財**：指商賈置貨、購置產業、進貨、收租、討債、收賬、五穀入倉及借款。宜天願倉、月恩、四相、時德、平收滿日、三六合、五富、母倉。忌同立券。

（二八）、**開倉庫出貨財**：指商賈銷貨，送出貨物，及放債。宜月恩、四相、時德、滿日、五富。忌建、破、平、收、三煞、大耗、小耗、月虛刑、月害厭、大時、天吏賊、四耗廢窮、五虛、九空、甲日。

（二九）、**修置產室**：修建產房之謂。宜開日。忌建、破、平、收、閉日、死氣神、三煞、月刑、害厭、大時、天吏、四廢、五墓、土府符、地囊、土王用事後。

（三十）、**開渠穿井**：開渠謂構築下水道、水溝，穿井謂開鑿水井。宜開日。忌月破、平收閉日、三煞、月刑厭、四廢、土府符、地囊、土王用事後。壬日止忌開渠、卯日止忌穿井。＝

（三一）、**安碓磑**：安裝舂物臼（碓）、磨粉器（磑）。宜三合開日

。忌月破、土府符、三煞、月刑厭、四廢、地囊、土王用事後。

（三二）、**補垣塞穴**：補修破牆，堵塞蟻穴或其他洞穴。宜滿閉日。忌月破、三煞、月刑厭、四廢、九坎、土府符、地囊、土王用事後止忌補垣。

（三三）、**掃舍宇**：打掃房屋，通常指「大掃除」。宜除日、除神。忌無。

（三四）、**修飾垣牆**：謂粉刷牆壁。宜平日。忌土府符，三煞、月刑厭、四廢、地囊、土王用事後。

（三五）、**平治道塗**：把道路鋪平。宜平日。忌土府符、月厭、地囊、土王用事後。平治道途：指鋪平道路工程等。

（三六）、**破屋壞垣**：拆除舊屋、圍牆之事。宜月破、忌月建、土府、三煞、月刑厭、土府、地囊、土王用事後。破屋壞垣：拆除舊屋圍墻之事。

拆卸：拆除建築物或初除圍牆等事。

（三七）、**伐木**：採伐樹木。宜立冬後立春前、危、午日、申日。忌月建破厭、生氣。伐木做樑：砍伐樹木製作屋頂樑木等事。

（三八）、**捕捉**：撲滅有害耕作物之生物類。宜執日、收日。忌往亡。

（三九）、**畋獵**：獵取禽獸，即「打獵」。宜霜降後立春前、執日、危日、收日。忌天德、月德、天德合、天赦、生氣、往亡。

（四十）、**取魚**：捕取魚類，即「漁撈」。宜雨水後立夏前、執日、危日、收日。忌德合、天赦、生氣、招搖、咸池、八風、九坎、往亡、觸水龍。

（四一）、**乘船渡水**：謂坐船過江、過海。忌招搖、咸池、八風、九坎、觸水龍。

（四二）、**栽種**：謂種植植物。宜德合、赦願、母倉、月恩、四相、時德、民開日、五富。忌月建破、土府符、死氣神、三煞、月刑厭、大時、天吏、地囊火、四廢、五墓、九焦、平日、乙日、土王用事後。

（四三）、**牧養**：謂「畜牧」之事。宜同栽種。忌月破刑、月害厭、三煞、平日、死神、大時、天吏、四廢、五墓。

（四四）、**納畜**：謂買入家畜。宜德合、赦願、母倉、民牧日、三六合、五富、天倉。忌月破刑、月害厭、死神、三煞、平日、大時、天吏、四廢、五墓。

（四五）、**破土**：指埋葬用的動土，(按「動土」係指陽宅建築，「破土」係指陰宅埋葬，但社會上已多混用，擇日須辨別之）。宜鳴吠、鳴吠對。忌建破平收日、三煞、月厭刑害、土府符、四廢、五墓、地囊、土王用事後。
破土：僅指埋葬用的稱「破土」、屬陰宅。陽宅建築物稱「動土」。現今社會多已濫用。擇日時，須辨別之。

（四六）、**安葬**：舉行葬事之謂。宜德合、赦願、六合、鳴吠。忌建破平收日、三煞、月刑害厭、四廢忌窮、五墓、重復日。
安葬：埋葬屍體為喪葬、啟攢後進金為吉葬。

（四七）、**啟攢**：即「洗骨」(遷葬)之事。啓者，開也，即開啟「金井」(墳墓之稱)，攢者，扦也，即扦骸拾貫，宜鳴吠對。忌建破平收日、三煞、月刑害厭、廢、五墓、重復日。

（以上參考協紀辨方書、擇日天文學、廖淵用通書）

神煞速查表(以筆畫順序)

神煞名稱	神煞概述
八專	《曾門經》曰：八專日忌出軍、嫁娶，丁未、己未、庚申、甲寅、癸丑也。八專而止五日者，十干所寄止於八支，不居子午卯酉，而此八支之中六甲循環，干之相見，則曰八專也。忌出軍者，彼己同位則交綏也；忌嫁娶者，陰陽同居則無別也。
八祿	《神煞起例》有八祿時，本日之祿位也，定為吉時。以本日地支為主而以時參之，或為日之建，或為日之破，或為日之合，或為日之害。或為日之刑。建合則吉，而破刑害則凶也。其與年月相參，亦必有此五者，遠大之事亦須參觀，近小之事則勿論也。
力士	力士：寅卯辰年在巽方，巳午未年在坤方，申酉戌年在乾方，亥子丑年在艮方，稱「力士」。力士者，天子之護衛羽林軍，常居歲前維方，主刑威、殺戮，所居之方，不宜抵向，侵犯之令人多瘟疫疾病。
九坎	月中殺神，逆天地之道萬物無能成就。忌乘船渡水、修堤防、築垣牆、苫蓋房舍。九坎(九焦)：古例以正月辰日，二月丑日，三月戌日，四月未日，五月卯日，六月子日，七月酉日，八月午日，九月寅日，十月亥日，十一月申日，十二月巳日，謂之「九坎」，或「九焦」《廣聖曆》說：「九坎者，月中殺神也。其日忌乘船渡水，修堤防，築

	垣牆，苫蓋屋舍。」
九焦	月中殺神，忌爐冶、鑄造、種植、修築園圃。《廣聖曆》說：「九焦者，月中殺神也，其日忌爐也鑄造、種植、修築園圃。」
九空	九空：古曆以正五九月在辰日，二六十月在丑日，三七十一月在戌日，四八十二月在未日，謂之「九空」。《廣聖曆》：「九空者，月內殺神，其日忌修造倉庫，出入貨財。」《曆例》曰：「九空者，正月在辰，逆行四季。」九空者，墓庫破散之神。庫破則空，沖則散。
九醜	《金匱經》曰：乙者雷電始發之日，戊己者北辰下位之日，辛者萬物決斷之日，壬者三光不照之日，子午卯酉四仲之辰、日月之門、陰陽之界，五干臨此四辰，其日不可出軍、嫁娶、宜徙、築室。曹震圭曰：卯酉為日月出入之門，子午為陰陽交爭之界，乙為六合、辛為太陰、壬為元武、己為六賊、戊為勾陳，故此五干加此四辰名曰醜，又以五干四辰其數共九，故以名之。《指掌賦》曰：乙戊己辛壬同四仲名曰九醜，天地歸殃。注凡戊子、戊午、壬子、壬午、乙卯、己卯、辛卯、乙酉、己酉、辛酉日而大吉，又臨日辰子午卯有上者為真九醜卦也。九醜之義則皆支離牽強無足取也。
八風、觸水龍	《樞要曆》曰：咸池、招搖、八風、觸水龍、所值之日，忌乘船、渡水、涉江河。《曆例》曰：

	「八風者，春，丁丑己酉，夏，甲申甲辰，秋，辛未丁未，東甲戌甲寅。觸水龍者，丙子、癸丑、癸未也。」觸水龍，水之伐日。
八節三奇	通書曰：天上三奇乙丙丁者，出於貴人之干德，遊行十二支辰，以陽貴順行，則乙德在丑、丙德在寅、丁德在卯，三干之德相聯而無間斷；以陰貴逆行，則乙德在未、丙德在午、丁德在巳，亦相聯而無間斷。又以其隨貴人在天，故謂之天上三奇，能制煞發祥。中宮坐向得之，上官、嫁娶、入宅、移居、修造、營葬並吉。餘如戊己庚辛壬癸，隨貴人所涉，或間羅網，或間天空，皆不相聯也。 八節三奇：古曆以冬至、立春、春分、立夏、夏至、立秋、秋分、立冬（及二至二分加四立）謂之「八節」。從八節起甲子，冬至起坎，立春起艮，春分起震，立夏起巽，俱從甲子順飛。夏至起離，立秋起坤，秋分起兌，立冬起乾，俱從甲子逆飛。各飛見太歲所泊之宮，及以其宮起本年虎道，依八節順逆飛尋三奇（乙丙丁）到方，謂之「八節三奇」。 《選擇宗鏡》說：「八節三奇，修作到山後方，主進田產，生貴子，旺丁財。」
刀砧火血	《選擇宗鏡》曰：「民間最畏刀砧火血，術士捏造惡名以嚇人耳。」
三元紫白	三元紫白：一百八十年為一周，謂之「三元」。前六十年為上元，中六十年為中元，後六十年為

	下元。從上元甲子年，中宮起一白，乙丑年起九紫，丙寅年中宮起八白，依此順飛，每年遞退一位。中元甲子年，中宮起四綠。下元甲子年，中宮起七赤。以一白、六白、八白、九紫之方位為吉，稱「三元紫白」。 《黃帝遯甲經》說：「三元者，起於九宮也。以休門為一白，死門為二黑，傷門為三碧，杜門為四綠，中宮為五黃，開門為六白，驚門為七赤，生門為八白，景門為九紫。」休、主、景、開為吉。 《通德類情》說：「如其方遇紫白飛到則吉，如遇五黃飛到，又疊戊己，動土修營犯之，主災。」 《宗鏡》說：「年家九星，固以紫白為吉，然須明其衰旺，如一白冬旺，六白秋旺，九紫夏旺，八白四季旺是也。識其沖伏，如一白到坎，六白到乾，八白到艮，九紫到離為伏；一白到離，六白到巽，八白到坤，九紫到坎為沖是也。辯其宜忌，如作木山，宜一白而忌六白；作金山，宜八白而忌九紫；作水山，宜六白而忌八白是也。」 紫白到山，雖太歲坐山，太歲衝命，均可動土、破土。紫白所到之方，不避宅長一切凶年。但若與歲破、劫煞、災煞、歲煞、伏兵、大禍同臨，仍論凶。
三元九星	《黃帝遯甲經》曰：三元者起於九宮也。以休門為一白、死門為二黑、傷門為三碧、杜門為四綠、中宮為五黃、開門為六白、驚門為七赤、生門為八白、景門為九紫。

三合	《曾門經》曰：三合者，異位而同氣也。寅午戌火之三合、巳酉丑金之三合、申子辰水之三合、亥卯未木之三合。其日宜結會親姻、和合、交易、修營起土、立木上梁。」 三合：古曆以正（寅）月在午戌日，二（卯）月在未亥日，三（辰）月在子申日，四（巳）月在丑酉日，五（午）月在寅戌日，六（未）月在卯亥日，七（申）月在子辰日，八（酉）月在丑巳日，九（戌）月在寅午日，十（亥）月在卯未日，十一（子）月在辰申日，十二（丑）月在巳酉日，謂之「三合」。
三陰	正月破在申，一陰也；厭在戌，二陰也；辛在其間，三陰也。
上兀 下兀	不利於視事、上官、赴任。
上吉 七聖	辛未、壬申、癸酉、己卯、壬午、甲申、壬寅、甲辰、丙午、己卯、庚戌、丙辰、己未、庚申、辛酉等十五日，宜舉百事。協紀不取。七聖共有三十七日，協紀不取。
上朔	上朔日，惡其陰陽與德俱盡；忌宴會、嫁娶、結婚姻、納財、遠行、上官、上表章。 上朔：《堪輿經》曰：上朔日忌宴會、嫁娶、遠行、上官。 曹震圭曰：丑寅者艮卦之方也，萬物始終之所也。巳者陽極之辰，亥者陰極之辰，故陽有生發萬物之功者寅也，陰有成終萬物之道者丑也。以陽而

	來會於極陰，以陰而往會於極陽，則非其相會之道也，其忌可知。 上朔日為不吉者，惡其陰陽與德俱盡也。陽盡於亥，陰盡於巳，干盡於十。如甲年以甲為德，甲至癸而十，甲年之癸而又臨於亥，則癸為德盡，亥為陽盡也。乙年以庚為德，庚至己而十，乙年之己而又臨於巳，則己為德盡，巳為陰盡也。餘可類推。其以上朔名者，朔有始義又有盡意。
土符	土符，土地握符信之神，以掌管五土，即土神也；其有所忌者，亦猶月建之土府，尊之而不敢侵犯。其日忌破土、穿井、開渠、築牆。 土符：古曆以正月丑日，二月巳日，三月酉日，四月寅日，五月午日，六月戌日，七月卯日，八月未日，九月亥日，十月辰日，十一月申日，十二月子日，謂之「土符」。 《總要曆》說：「<u>土符，土神也，其日忌破土、穿井、開渠、築牆。</u>」 曹震圭曰：土符者，乃土地握符信之神，使掌五土也。假令春木旺土受其剋，故托子金以制之，是春三月歷巳酉丑也。夏火旺土休，賴火為母以養之，故夏三月歷寅午戌也。秋金旺土相，不畏木制，故秋三月歷亥卯未也。冬水旺土亦剛堅，賴水以柔和之，故冬三月歷申子辰也。 其有所忌者，亦猶月建之為土符，尊之故不敢犯也。
大月建	大月建忌修方動土，大月建係月家土煞，占山、占向、占方、占中宮皆不宜動土。月建為土府，

	故動土忌之。 大月建：古曆以子卯午酉年正月丑艮寅方，二月庚兌辛方，三月戌乾亥方，四月中宮。 《通書》說：「大月建，忌修方動土。」 《選擇宗鏡》說：「大月建係月家土煞，占山占向占方占中宮，皆不宜動土，甲丁庚癸年正月起艮八，乙戊辛年正月起中五，丙己壬年正月起坤二，逆行九宮。」月建為土府，故動土忌之，然在山在方，字以定位為重，飛宮為輕，選擇最重太歲而未又用飛太歲者，則月建之輕重可以類推。 小月建專用月支故曰小，大月建兼用月干，故曰大。月建為土府，故動土忌之，然在山在方自以定位為重、飛宮為輕。選擇最重太歲而未有用飛太歲者。
大時 大敗 咸池	大時者，將軍之象，正月起卯。所值之日忌出軍、攻戰、築室、會親。大敗者，三合五行沐浴之辰，五行至此則敗絕。此三者有忌無宜。 大時（大敗、咸池）：古曆以正五九月在卯日，二六十月在子日，三七十一月在酉日，四八十二月在午日，謂之「大時」，又名「大敗」「咸池」。 《神樞經》說：「大時者，將軍之象也，所值之日，忌出軍攻戰、築室、會親」。 《淮南子》曰：大時者，咸池小；小時者，月建可。 李鼎祚曰：大時者，正月起卯，逆行四仲。 曹震圭曰：大時者，乃月建三合五行沐浴之辰也。蓋五行至此則敗絕，是最凶之辰也，故曰大凶之時。

大將軍	大將軍者,歲之大將,攻城戰陣則宜背之,三年一遷,居四正之位,必在太歲之右,<u>所理之地,可以命將帥選威勇以伐不義</u>。寅卯辰年在子方,巳午未在卯方,申酉戌年在午方,亥子丑年在酉方。大將軍是太歲的從神,固定居於子、午、卯、酉四正方位,三年遷動一次。<u>管軍事,居於太歲之右方,管領戰爭功伐,衝鋒陷陣、造作等,不宜觸犯。不遇還宮,不疊凶殺,太陽到方可以審用</u>。
大煞	月之大煞,即歲之飛廉。<u>大煞者,月中廉察;所值之日忌出軍、征討、嫁娶、納財、豎柱、上梁、移徙、置室</u>。 大煞:子年在子方,丑年在酉方,寅年在午方,卯年在卯方,辰年在子方,巳年在酉方,午年在午方,未年在卯方,申年在子方,酉年在酉方,戌年在午方,亥年在卯方,謂之「大煞」。《曆例》說:「大煞者,歲中刺史也,主刑傷鬥殺之事,所理之地,出軍不可向之,並忌修造,犯者,主有刑殺。」 大煞:古曆以正月在戌,二月在巳,三月在午,四月在未,五月在寅,六月在卯,七月在辰,八月在亥,九月在子,十月在丑,十一月在申,十二月在酉,謂之「大煞」。 《神樞經》說:「大煞者,月中廉察也。所值之日,忌出軍征討,嫁娶納財,豎柱上樑,移徙置室。」按月之大煞,即歲之飛廉,其義相同。
小月建	小月建即小兒煞,即月建飛宮,修造最重太歲,

	次則月建，故忌修方，亦忌占方，然占山、占向亦忌。 《通書》說：「小月建，即小兒煞，忌修方。」 《選擇宗鏡》說：「小月建，忌占方，然占山占向亦忌。子寅辰午申戌為陽年，正月起中宮。丑卯巳未酉亥為陰年，正月起離九，俱順飛九宮。如陽年正月起中宮，二月在乾六，三月在兌七；陰年起離九，二月在坎一，三月在坤二是也，每宮占三位。」 《協紀辨方》說：「按小月建，即月建飛宮也。修造最重太歲，次則月建，故忌之。」
五不遇時	五不遇時：古曆以甲日午時，乙日巳時，丙日辰時，丁日卯時，戊日寅時，己日丑亥時，庚日子戌時，辛日酉時，壬日申時，癸日未時，謂之「五不遇時」。 《神煞起例》說：「五不遇，時干剋日干也。」按五不遇時，以五鼠遁得本時所臨之干剋本日支干，則為凶時。忌行船、上官。 《遁甲隱公歌》：時剋干兮五不遇，此時名為辱損明，舉事遙遙終不定，朝行暮敗損精兵。注曰：時干剋日干、時支剋日支，名為損明，凡事不用。如甲乙日庚辛時、亥子日辰戌時、寅卯日申酉時之類並是。
五合 五離	《樞要歷》曰：五離者，月中離神也。其日忌結婚姻、會親友、作交關、立契券。 按通書以申酉日為除神，與五合對衝之日也，宜

	沐浴、拔除災眚。 《樞要歷》曰：<u>五合者，月內良日也。其日宜結婚姻、會親友、立券、交易</u>。
五兵總圖	《考原》曰：伏兵、大禍，夾處於三煞之間，如申子辰年三煞在巳午未，伏兵、大禍則在丙、丁是也。餘仿此。
五鬼	五鬼：子年在辰，逆行十二支之位，謂之「五鬼」。即子年在辰，丑年在卯，寅年在寅，卯年在丑，辰年在子，巳年在亥，午年在戌，未年在酉，申年在申，酉年在未，戌年在午，亥年在巳。《協紀辨方》說：「子午年與官符同位，丑未年與喪門同位，寅申年與太歲同位，卯酉年與太陰同位，辰戌年與白虎同位，巳亥年與歲破同位，各隨其所同位之神，以類相應。」
五符擇時	用日祿起五符，順布十二位，名透天關。其法不過日干臨時支，以臨官胎養時為吉，餘並凶耳。其名字乃術士之捏造也。
五富	五富：古曆以正五九月在亥日，二六十月在寅日，三七十一月在巳日，四八十二月在申日，謂之「五富」。 《總要歷》說：「<u>五富者，富聖之神也。其日宜興舉運動，占市經求</u>。」 《協紀辨方》說：「<u>按五富者，三合長生之六合也。寅午戌火，火長生於寅，亥者寅之合也；生我之神，居得合地，則其益我者必多，故曰五富也</u>。」
五虛	五虛：古曆以春季巳酉丑日，夏季申子辰日，秋

	季亥卯未日，冬季寅午戌日，謂之「五虛」。《樞要曆》說：「五虛者，四時絕辰也。<u>其日忌開倉庫，營種蒔，出財寶，放債負。</u>」
五墓	五墓：古曆以正二月在以未日，四五月在丙戌日，七八月在辛丑日，十十一月在壬辰日，四季月(三六九十二月)在戊辰日，謂之「五墓」《廣聖曆》說：「<u>五墓者，四旺之墓辰也，其日忌營造起土、嫁娶、出軍。</u>」曹震圭說：「五墓者，五行旺干自臨墓辰也。十干者，身之象，若營造起土，似臨於無氣之位也，故忌之。假如正二月木旺，木墓於未，加以乙未，是自臨墓辰也。餘仿此。」
五離(除神)	《樞要曆》說：「五離者，月中離神也。其日忌<u>結婚姻、會親友、作交關、立契券</u>。」通書以申酉日為除神，與五合對沖之日，宜沐浴、祓除災眚。
六合無翹	六合（又名無翹）：古曆以正月在亥日，二月在戌日，三月在酉日，四月在申日，五月在未日，六月在午日，七月在巳日，八月在辰日，九月在卯日，十月在寅日，十一月在丑日，十二月在子日，謂之「六合」。《考原》說：「六合者，月建與月將相合也。」《神樞經》說：「六合者，<u>日月合宿之辰也。其日宜會賓客，結婚姻，立契券，合交易</u>。」李鼎祚曰：正月在亥，逆行十二辰。《天寶曆》曰：無翹者，翹猶尾也，陽烏所生，陰則無之，常居厭後，故曰無翹。其日忌嫁娶。

	曹震圭曰：翹猶首；<u>翹，婦人之飾也。無翹者，是無其飾也，故忌嫁娶</u>。按此說不合天文，欺世滋禍應刪。
六道	天地兵人鬼死六道，四吉二凶；天地兵人吉，鬼死凶。 天道：五富星、榮昌星、迎財星。 地道：子孫道、捉財星。 兵道：年魁星。 人道：榮官星。 鬼道：李廣將軍箭同，又名遊年五鬼。 死道。
反支	反支：《後漢書・王符傳》曰：公車以反支日不受奏章。 《歷例》曰：<u>其日忌上書表</u>。 按：反支之義惡其將盡也，戌亥朔本日即支將盡矣。申酉朔日則在二日，午未朔則在三日，胥同此例也。推此而言，則結婚姻、納財等事亦必有應忌者，而《歷例》只言忌上表章，蓋古之陰陽書傳者蓋少，而今《歷例》則轉據《後漢書》，公車不受章奏而言忌上表章也。
天乙貴人	天乙貴人：甲年在未，乙年在申，丙年在酉，丁年在亥，戊庚年在丑，己年在子，辛年在寅，壬年在卯，癸年在巳，謂之「陽貴人」。以甲年在丑，乙年在子，丙年在亥，丁年在酉，戊庚年在未，己年在申，辛年在午，壬年在巳，癸年在卯，謂之「陰貴人」。天乙得陰陽配合之和，故能為

	吉慶,可解凶厄,天乙貴人不居辰戌方。 曹震圭曰:天乙者,乃紫微垣左樞傍之一星,萬神之主掌也。一日二者,陰陽分治內外之義也。辰戌為魁罡之位,故貴人不臨。戊以配中央之位,乃勾陳后宮之象,故與甲同起其例,以丑乃紫微後門之左,陽界之辰也;未乃紫微南門之右,陰界之辰也。 甲者,十干之首,故陽貴以甲加丑逆行,甲得丑、乙得子、丙得亥、丁得酉、己得申、庚得未、辛得午、壬得巳、癸得卯,此晝日之貴也。陰貴以甲加未順行,甲得未、乙得申、丙得酉、丁得亥、己得子、庚得丑、辛得寅、壬得卯、癸得巳,此暮夜之貴也。戊以助甲成功,故亦得丑未,若六辛之獨得寅午,則自然所致,更無疑矣。
天吏致死	天吏(又名致死):古曆以正五九月在酉日,二六十月在午日,三七十一月在卯日,二八十二在子日,謂之「天吏」,又名「致死」。 《樞要曆》說:「天吏者,月中凶神也。其日忌<u>臨官赴任,遠行,詞訟。</u>」 曹震圭說:「天吏者,三合五行死氣之位,五行至此死而無氣,乃天之凶吏,全無生意也,其忌可知。」 《歷例》曰:天吏者,正月起酉,逆行四仲。
天官符	天官符:申子辰年在亥方,巳酉丑年在申方,寅午戌年在巳方,亥卯未年在寅方,謂之「天官符」。 天官符為太歲三合五行方旺之氣,例如申子辰屬

	水，臨官在亥，巳酉丑年屬金，金臨官在申等。修造避之，可取日月納音制之，或取三奇紫白，祿馬貴人二吉星到方，即可修造。 通書曰：天官符忌修方。申子辰年屬水，水臨官在亥，故以亥為天官符。巳酉丑年屬金，金臨官在申，故以申惟天官符。寅午戌年屬火，火臨官在巳，故以巳為天官符。亥卯未年屬木，木臨官在寅，故以寅為天官符。 按：<u>天官符為太歲三合五行方旺之氣，故修造避之，與月家遊禍同義。</u> 通書曰：<u>天官符忌修方，一年占一字。</u> 《選擇宗鏡》曰：申子辰年在亥、巳酉丑年在申、寅午戌年在巳、亥卯未年在寅，以月建入中宮，順飛九宮，遇本年天官符所占之字，為本月天官符，每宮占三位。
天官貴人	《神煞起例》：日隨干官星曰天官貴人。 按：酉中有辛甲之官也，故甲日酉。申中有庚乙之官也，故乙日申。
天狗	嫁娶最忌月厭，月厭正月從戌起，戌為狗，術士遂以天狗命之。卯戌酉申者春季之月厭也，折其中而取酉，謂之春季月厭。正位命為天狗頭，犯之者小姑無子。夏午秋卯冬子同此例也，反之即為厭對。正位而謂之天狗尾，犯之者妨夫主。月厭前一位為章光，正月在酉，春季酉申未，折其中而取申，謂之天狗日，<u>忌行嫁。</u>
天倉	天倉：古曆以正月寅日，二月丑日，三月子日，

	四月亥日，五月戌日，六月酉日，七月申日，八月未日，九月午日，十月巳日，十一月辰日，十二月卯日，謂之「天倉」。 《曆例》說：「天倉者，正月起寅，逆行十二辰。」 《總要曆》說：「天倉者，天庫之神也。其日可以修倉庫、受賞賜、納財、牧養。」 神煞起例以收為天倉，方可互觀而自得也。收必有倉，倉於何所，必於其六合之地矣。 收必有倉，倉於何所，必於其六合之地矣。天倉在寅，則亥為收日；天倉在丑，則子為收日。
天恩	《天寶曆》曰：天恩者，施德寬下之辰也。天有四禁，常開一門，甲為陽德，配己成養育之功，故甲配子、己配卯酉，各五日而為恩也。萬物非土不生，故以己土配甲成功，其日可以施恩賞、布政事、恤孤惸興宴樂。
天馬	天馬：古曆以正七月在午日，二八月在申日，三九月在戌日，四十月在子日，午十一月在寅日，六十二月在辰日，謂之「天馬」。 《神樞經》說：「天馬者，天之驛騎也。其日宜拜公卿，擇賢良，宣布政事，遠行出征。」 李鼎祚曰：天馬者，正月起午，順行六陽辰。 曹震圭曰：天馬者，是乾體六陽用事之神也。《易》曰：乾為馬。
天赦	天赦：古曆以正二三月戊寅日，四五六月甲午日，七八九月戊申日，十一一十二月甲子日，謂之「天赦」。 「春戊寅，夏甲午，秋戊申，冬甲子是也。」

	《天寶曆》說：「天赦者，赦過宥罪之辰也，天之生育甲與戊，地之成立子午寅申，故以甲戊配成天赦，其日<u>可以緩刑獄，雪冤枉，施恩惠</u>，若與德神會台，<u>尤宜興造</u>。」 《協紀辨方》說：「按「曆神原始」曰：「天有五緯，歲星為仁，而甲應之；鎮星為德，而戊應之；仁德之神，莫甲戊若也。」《史記天官書》以木土為吉星，又道家以甲戊日為祈禳所宜，天赦與天恩，義相似，必天恩之日乃可施恩，天赦之日乃可赦罪，則亦拘論也。」
天賊	天賊：古曆以正月丑日，二月子日，三月亥日，四月戌日，五月酉日，六月申日，七月未日，八月午日，九月巳日，十月辰日，十一月卯日，十二月寅日，謂之「天賊」。 《神樞經》說：「天賊者，<u>月中盜神也，其日忌遠行</u>」。 曹震圭說：「天賊者，盜神也，常居天倉之後辰，蓋倉庫之後，必有盜也。」 李鼎祚曰：天賊者，正月在丑，逆行十二辰。
天道 天德	天道、天德：古曆以正月九月在南方，二月在西南方，三月七月在北方，四月十二月在西方，五月在西北方，六月十月在東方，八月在東北方，十一月在東南方，謂之「天道」。正月丁方或丁日，二月坤方，三月壬方或壬日，四月辛方或辛日，五月乾方，六月甲方或甲日，七月癸方或癸日，八月艮方，九月丙方或丙日，十月乙方或乙

	日，十一月巽方，十二月庚方或庚日，謂之「天德」。《乾坤寶典》說：「天道者，天之元陽順理之方也，其地宜興舉眾務，向之上吉。」 《考原》說：「按<u>天道者，天德所在之方也。</u>」 《乾坤寶典》說：「天德者，天之福德也，所理之方，所值之日，可以興土功營宮室。」「天德者，三合之氣也。如正五九月建寅午戌，合火局，故以火為德，二六十月建卯未亥，合木局，故以木為德。」 《協紀》又說：「又按<u>天道即是天德。專言其方，則曰「天德」，其實一也。</u>」
天德合	天德合：古曆以正月壬方或壬日，三月丁方或丁日，四月丙方或丙日，六月己方或己日，七月戊方或戊日，九月辛芳或辛日，十月庚方或庚日，十二月乙方或乙日，謂之「天德合」。四仲之月，天德居四維，故無合也。 《天寶曆》說：「天德合者，<u>合德之神也。所理之方，宜營構宮室 修築城垣。所值之日，一覃恩肆赦 命將出師 禱禮山川 祈請福願。</u>」 古曆以正五九月在辛方或辛日，二六十月在己方或己日，三七十一月丁方或丁日，斯八十二月在乙方或乙日，謂之「月德合」。 《五行論》說：「月德合者，五行之精，扶會為合也。<u>所理之地，眾惡皆消。所值之日，百福並集。利以出師命將，上冊受封 祠祀星辰，營建宮室。</u>」 月空：古曆以寅午戌月在壬方或壬日，亥卯為月

	在庚方或庚日，申子辰月在丙方或丙日，巳酉丑月在甲方或甲日，謂之「月空」。為月空之神，無甚作用。 《天寶曆》說：「月中之陽辰也，<u>所理之日，宜設籌謀陳對策。</u>」 宜上書陳言，故天空即奏書也，此對月德之神，亦名之以空而曰月空，故<u>利於上表章也</u>。
天願	天願：古曆以正月甲午日，二月甲戌日，三月乙酉日，四月丙子日，五月丁丑日，六月戊午日，七月甲寅日，八月丙辰日，九月辛卯日，十月戊辰日，十一月甲子日，十二月癸未日，謂之「天願」。 《總要曆》說：「<u>天願者，月中喜神也，所值之日，宜嫁娶納財，敦睦親族。</u>」
太陰 弔客	太陰（弔客）：自本年地支逆數第三位，謂之「太陰」，指后妃所居後宮之地。例如子年在戌，丑年在亥，申年在午等。<u>所理之地，不利興修。</u>《紀歲曆》說：「<u>弔客（即太陰）者，歲之凶神也。主疾病哀泣之事常居歲後二辰，所理之地，不可興造，及問病、尋醫、弔孝、送喪。</u>」歲前兩位與歲後兩位，必屬三合以暗拱歲破，而沖剋太歲。例如子年喪門在寅，弔客在戌，修寅方，宜用申子辰月日時，以合太歲，忌用寅午戌月日時以合歲破。 《紀歲曆》曰：<u>弔客者，歲之凶神也，主疾病哀泣之事，常居歲後二辰。所理之地不可興造，及問病、尋醫、弔孝、送喪。</u>

	《蓬瀛書》曰：子年在戌，順行十二辰是也。其位常與官符對衝。
太歲	太歲：太歲即與本年地支相同之位。即子年在子，丑年在丑，寅年在寅，卯年在卯等。「吉莫吉於修太歲」，<u>太歲所在，宜建設性事業，例如國家巡狩省方，出師略地、營造宮闕、開拓封疆，不可向之，黎庶修營宅舍、築壘牆垣弊須迴避。造葬、宜修補、宜移徙，謂之坐太歲。「凶莫凶於犯太歲」，不宜破壞性事業，例如開池、挖地窖。</u>造葬之事，坐太歲極吉，向太歲極凶，所謂「坐」的方式，一要太歲不疊戊己陰府年剋歲刑大殺金神等凶。二要八字與太歲一氣，或三合乃吉，若支沖干剋，則犯歲君而極為凶惡。三要祿馬貴人，八節三奇，九紫三白到山。四要太陽太陰照臨，則發福大而且久。太歲就是人君統帥諸神，吉星來相會最吉，葬事有不得已，固然可以修作，但興造修繕可以暫緩，故不宜貿然動作。而可作不可向，是因為向太歲就是六沖，即是歲破，即便有吉星亦難解沖。如果子午卯酉年，太歲與大煞同一位，三煞與歲破同到方，亦不可坐太歲。<u>太歲與五黃相遇，例如下元 1990 年庚午，年紫白由一白星起，順飛至午方是五黃。造葬動土不可用。</u>例如太歲乙巳年，而修造葬埋是辛亥命，歲干辛金剋乙木，歲枝亥水衝巳火，同一旬內之天剋地衝，大凶。若乙亥年，則是天比地衝，雖然單衝

	巳亥，仍不可用。太歲衝年命最凶，月次之，日又次之，時最輕。
太歲已下神煞出遊日	《歷例曰》：太歲出遊日者，甲子日東遊，己巳日還位；丙子日南遊，辛巳日還位；戊子日遊中宮，癸巳日還位；庚子日西遊，乙巳日還位；壬子日北遊，丁巳日還位。共出遊二十五日。 其曰太歲已下神煞者，諸神煞皆從太歲，而有太歲既不居本位，則諸神煞皆無矣。若謂出遊之日四方皆空，則但當舉此二十五日為悉無禁忌可也。
弔客	《紀歲歷》曰：弔客者，歲之凶神也，主疾病哀泣之事，常居歲後二辰。所理之地不可興造，及問病、尋醫、弔孝、送喪。
支退流財	按起例，支神退方，子年起巳，逆行十二支，又謂之流財。從月起者為月流財，從日起者為日流財，蓋以一陽生於子而至於巳之六陽，一陰生於午而至於亥之六陰，乃陰陽順生之序。 特俗情競進而好財，術士遂詭詞以動聽，其與刀砧火血，雅俗雖有不同，而其為捏造則一也。
斗首五行	凡斗首，俱以坐山所屬五行為主、為我、為元辰。我生者為廉貞、為子孫。生我者為貪狼、為官星，我剋者為武曲、為妻財，剋我者為破軍、為鬼賊。凡擇日期，以年月為上、為外、為出，日時為下、為內、為入，元辰宜生旺有氣，宜生出，不宜死絕受剋。廉貞子孫只喜一位，重見則洩氣損子孫。貪狼官星不宜生入剋入，宜休囚。武曲妻財宜生

	旺有氣，宜生入剋入，不宜生出剋出。破鬼宜休囚剋出，不宜生旺有氣。 按斗首五行不知其所自起，為其說者皆托之楊筠松，及觀筠松所著諸篇，絕無一語論及斗首，其為偽托可知。
日遊神	歷例曰：癸巳至丁酉日在房內北，戊戌己亥日在房內中，庚子辛丑壬寅日在房內南，癸卯日在房內西，甲辰至丁未日在房內東，戊申日又在中，己酉日出遊四十四日。<u>遊神所在之方不宜安產室、掃舍宇、設床帳，其義未明。</u>
月刑	月刑：古曆以正月巳日，二月子日，三月辰日，四月申日，五月午日，六月丑日，七月寅日，八月酉日，九月未日，十月亥日，十一月卯日，十二月戌日，謂之「月刑」。 按：<u>月刑之義與歲刑同。</u>
月忌日	月忌日：《歷例》曰：<u>月忌日只註祭祀、宴會、沐浴、整容、剃頭、整手足甲、求醫療病、補垣、掃舍宇、修飾垣牆、平治道塗、破屋壞垣，餘事不註。</u> 《齊東野語》曰：俗以每月初五、十四、二十三日為月忌，凡事必避之，其說不輕。後見衛道夫云：聞前輩云此三日即河圖之中宮，五宮五數耳，五為君象，故民庶不可用，此說頗有理。 通書曰：俗忌初五、十四、二十三，以五值黃日，配廉貞火升起中宮之土也。其法每月初一日起一白水入中宮，與貪狼木相配，水木相生也。初二

	日二黑土與巨門土相配，比和也。初三日三碧木能制祿存土也。初四日四綠木與文曲水相生也。初五日五黃土配廉貞火，火加中宮之土，火生土旺、火晦土湮而已。初十九又起一白貪狼，至十四二十三又值五黃廉貞。前輩云：此俗忌之日，有吉星可用。
月空	《歷例》曰：寅午戌月壬，亥卯未月庚，申子辰月丙，巳酉丑月甲。 《天寶歷》曰：<u>月中之陽辰也，所理之日，宜設籌謀、陳計策。</u> 《歷神原始》曰：月德自南而東，丙甲壬庚；月空自北而西，壬庚丙甲，乃天德之衝神也。而日宜設籌謀、陳計策者，貴人之對名曰天空，宜上書陳言，故天空即奏書也。此對月德之神亦名之以空，而曰月空，故<u>利於上表章</u>也。
月建	月建：古曆以與本月之同之的方向或日子，謂之「月建」。如正月在寅方或寅日，二月在卯方或卯日，三月在辰方或辰日是。 《天寶歷》說：「月建者，陽建之神也，<u>所理之方，戰鬥攻伐宜背之，不可抵向；所值之日，宜建封視事，不宜興造土宮結親禮。</u>」不可興造土宮者，蓋彼當旺勢，不可犯也。其不可結親禮者，是陽建獨旺，陰建氣消之辰，親禮之道，宜陰陽相合，若偏則不宜也。
月害	月害：古曆以正月巳日，二月辰日，三月卯日，四月寅日，五月丑日，六月子日，七月亥日，八

	月戌日,九月酉日,十月申日,十一月未日,十二月午日,謂之「月害」。 《神樞經》說:「<u>月害者,陽建所害之辰也,所值之日,忌攻成野戰,牧養群畜,結會親姻,請醫巫,納奴婢</u>」。 《歷例》曰:正月起巳,逆行十二辰。 《考原》曰:六害者,不和也。凡是莫不喜合而忌衝,正月建寅與亥合而巳衝之,故寅與巳害。
月恩	月恩:古曆以之正月丙,二月丁,三月庚,四月己,五月戊,六月辛,七月壬,八月癸,九月庚,十月乙,十一月甲,十二月辛,謂之「月恩」,或「月恩方」。 《五行論》說:「<u>月恩者,陽建所生之干也。子母相從,謂之月恩。其月宜營造、婚姻、移徙、祭祀、上官、納財。</u>」 《協紀辨方》說:「按月恩者,母倉之對待也,母倉為義爻,月恩為寶爻。生令神之神,母倉也,有恩於本令者也。月神所生之神,月恩也,有恩於彼神者也。母倉為本月之母,本月為月恩之母,寅生丙即甲生丙也,卯生丁即乙生丁也,辰戌生庚即戊生庚也。子平家謂之食神,寅卯辰猶母也,丙丁庚猶男子也從地支以生天干,<u>猶母之生子也</u>。故結婚姻則<u>宜子,營造上官,無所不宜。</u>」
月煞 月虛	月煞(月虛):古曆以正五九月在丑日,二六十月在戌日,三七十一月在未日,四八十二月在辰日,謂之「月煞」,又名「月虛」。

	《廣聖曆》說：「<u>月煞者，月內之殺神也。其日忌停賓客，興穿掘營，種植，納群畜。</u>」 《樞要曆》說：「<u>月虛者，月內需耗之神也。其日忌開倉庫，出財物，結婚，出行。</u>」 《歷例》曰：月煞者，正月起丑，逆行四季。 《歷例》曰：月虛者，正月起丑，逆行四季。
月遊火	月遊火：《通書》說：「子午卯酉年為上元，正月八白入中宮；辰戌丑未年為中元正月五黃入中宮；寅申巳亥年為下元，正月二黑入中宮。俱取九星順飛，其入中之星，每月遞退一位。蓋星順行而前，則入中之星，自不得不退行而後也。」 《協紀辯方》說：「按月遊火，即來年太歲為進氣方旺枝辰，於二十四山則又在巡山羅睺前一位，去太歲尚遠，又為四利太陽，本不為凶，第以火未發先炎，故取太歲前一辰曰火月，移一位故曰月遊，然必與打頭火年獨火併，又得丙丁同到，而後為忌也。」 通書曰：月遊火忌修方，其煞與打頭火或年獨火併，飛得丙丁二字同到方，其災方發，無凶神併不妨。
月厭 地火	月厭（地火）：古曆以正月在戌方或戌日，二月在酉方或酉日，三月在申方或申日，四月未方或未日，五月午方或午日，六月在巳方或巳日，七月辰方或辰日，八月卯方或卯日，九月在寅方或寅日，十月丑方或丑日，十一月在子方或子日，十二月在亥方或亥日，謂之「月厭」。

	《歷例》說：「月厭者，正月在戌，逆行十二辰。」「月厭者，陰建之辰也，<u>所理之方，可以禳災祈福避病；所值之日，忌遠行、歸家、移徙、婚嫁。</u>」「地火者，正月起戌，逆行十二辰。」按厭建，堪輿家言也；地火，叢辰家言也；然地火即是月厭。《神樞經》說：「地火者，月中凶神也，其日忌<u>修築園圃栽植種蒔。</u>」
月德	月德：古曆以正五九月在丙方或丙日，二六十月在甲方或甲日，三七十一月在壬方或壬日，四八十二月在庚方或庚日，謂之「月德」。《天寶曆》說：「月德者，月之德神也。<u>取土修營宜向其方，宴樂上官利用其日。</u>」以三合五行，陽干為德。假令寅午戌三合為火，以丙為德是，各求自旺之幹為應助也。餘仿此。
月德合	《五行論》曰：月德合者，五行之精符會為合也。<u>所理之地眾惡皆消，所值之日百福並集，利以出師命將、上冊受封、祠祀星辰、營建宮室。</u>《歷例》曰：月德合者，正五九月在辛、二六十月在己、三七十一月在丁、四八十二月在乙。《考原》曰：月德合者，即各以月德所合之干為之。
月剋山家	月剋山家：古曆以甲己年正二月剋乾亥兌丁四金山，三四月剋震巽巳三木山，七八月剋甲寅辰巽戌坎辛申八水山及丑坤庚未五土山，九十月剋乾亥兌丁巳金山，十一十二月剋離壬丙乙四火山。乙庚年正二月剋四金山，三四月剋三木山，五六月剋四火山，九十月剋四金山，十一十二月剋八

	水山及五土山。丙辛年三四月剋四金山，五六月剋四火山，七八月剋三木山，十一十二月剋八水山及五土山。丁壬年三四月剋四火山，五六月剋八水山及五土山，七八月剋三木山。戊癸年正二月剋三木山，三四月剋四火山，七八月剋八水山及五土山，九十月剋三木山，謂之「月剋山家」
王官守相民日	《壇經》曰：王官相民守日者，皆<u>月內視事之吉辰也。所值之日宜命將登壇、襲爵受封、上官赴任、臨政親民</u>。 《歷例》曰：王日者，春寅、夏巳、秋申、冬亥(今易為官日)。官日者，春卯、夏午、秋酉、冬子(今易為王日)。相日者，春巳、夏申、秋亥、冬寅；民日者，春午、夏酉、秋子、冬卯；守日者，春酉、夏子、秋卯、冬午。
丙丁獨火	丙丁獨火：《通書》說「丙丁獨火，<u>忌修方</u>。其法以月建入中宮，飛弔得丙丁二字到方，<u>修作動土犯之凶</u>。」 《協紀辨方》說：「按<u>丙丁獨火，乃諸火星之總要，蓋取天干丙丁之氣，照於其上，為火之所由發</u>也。如甲己年丙寅月修作，則以丙寅入中宮，順數丙年中五，丁在乾六，即正月丙丁獨火在中宮與乾宮也。若丁卯月修作，則以丁卯入中宮，丁在中五，戊在乾六，以次順數，丙又在中五，即二月丙丁獨火在中宮也。然後與「年獨火」「飛大煞」併方忌。」
四大吉時	《歷例》曰：四大吉時，月將在四孟用甲丙庚壬

（四煞沒時）	時，月將在四仲用用癸乙丁辛時，月將在四季用艮巽坤乾時。 《考原》曰：四煞者，寅午戌火煞在丑，亥卯未木煞在戌，申子辰水煞在未，巳酉丑金煞在辰。凡取四煞沒時者，以月將加時，使四煞臨乾坤巽艮之位，為四煞沒於四維，正四七十四孟月用甲丙庚壬時，二五八十一四仲月用艮巽坤乾時，三六九十二月四季月用癸乙丁辛時。如正月月將在亥，則以亥加甲或加丙或加庚或加壬，依二十四方位順推之，則辰戌丑未四煞皆臨四維卦位，是為四煞沒時也。以四煞既沒，故又曰四大吉時。按：辰戌丑未謂之四煞者，以其為五行之氣所終盡也。若臨長生之位則是生生不已，循環無端，故謂之四煞沒時。
四不祥	通書以每月初四、初七、十六、十九、二十八，凡五日謂之四不祥，忌上官赴任、臨政親民。世俗信之惟謹。
四利三元	《選擇宗鏡》曰：李淳風四利三元，一太歲、二太陽、三喪門、四太陰、五官符、六死符、七歲破、八龍德、九白虎、十福德、十一弔客、十二病符。太陽、太陰、龍德、福德為吉，餘方皆凶。太歲、歲破不敢犯也，喪門、弔客則合拱歲破以衝太歲者也，官符、白虎則三方弔照太歲者也。病符舊太歲也，死符舊歲破也，惟太陽在太歲之前，方興未艾；龍德在歲破之前，安吉無虞。太陰福德介乎太歲歲破之間，不衝不照，其吉固宜，

	然此乃從太歲起例，猶日之有建除。故《宗鏡》又有以四利配建除之說。若以三合而論，則辰戌丑未年之太陽又為劫煞，寅申巳亥年之福德亦為劫煞，太陰又為天官符，子午卯酉年之龍德又為歲煞，不可以吉言矣。故需兼看各神，未可執一而定也。
四相	四相：古曆以正二三月丙丁日，四五六月戊己日，七八九月壬癸日，十十一十二月甲乙日，謂之「四相」。《總要曆》說：「<u>四相者，四時王相之辰也，其日修營起土、養育生財、栽植種蒔、移徙遠行</u>。」曹震圭說：「四相者，養育之道，母生子也。春木王生丙丁，夏火王生戊己，秋金王生壬癸，冬水王生甲乙，<u>惟庚辛者金也，能殺萬物，故不用</u>。」
四耗 四廢 四忌 四窮 八龍 七鳥 九虎 六蛇	四耗四廢四忌四窮：古曆以春季壬子日，夏季乙卯日，秋季戊午日，冬季辛酉日，謂之「四耗」。春季庚申辛酉日，夏季丙子日，秋季庚子日，冬季壬子日，謂之「四忌」。四忌日合四窮日，又為「八龍」「七鳥」「九虎」「六蛇」，即春甲子乙亥為八龍，夏丙子丁亥為七鳥，秋庚子辛亥為九虎，冬壬子癸亥為六蛇。《總聖曆》說：「四耗者，謂四時休干臨分至之辰也。其日忌會親姻、出師、開倉庫、施債負。」蓋春木旺則水耗，夏火旺則木耗，秋金旺則火土耗，冬水旺，則金耗，故曰四耗。」《廣聖曆》說：「<u>四廢者，四時衰謝之辰也。其日忌出軍征伐，造設寅親，封建拜官，納財開市</u>。」

	《蓬瀛經》說：「四廢者，是五行無氣，福德不臨之辰，百事忌用。」 神煞起例說：「四忌，春甲子，夏丙子，秋庚子，冬壬子，合四窮日，即為八龍、七鳥、九虎、六蛇。」 《總要歷》說：「四窮者，謂亥為陰絕之辰，以四時旺干臨之，故曰四窮。<u>所值之日，不可遠行、征伐、出納財物。</u>」 《總要歷》說：「<u>八龍、七鳥、九虎、六蛇，其日皆不可迎婚嫁娶。</u>」
四離　四絕	四離四絕：《玉門經》曰：離者陰陽分至前一辰也。謂建卯之月陽氣出陰氣入，建子之月陰氣降陽氣生，建酉之月陰氣出陽氣入，建午之月陽氣降陰氣升，故先一日為四離辰也。 李鼎祚曰：<u>此日忌出行、征伐。</u> 曹震圭曰：四離者，冬至前一日水離，夏至前一日火離，春分前一日陽體分而木亦離也，秋分前一日陰體分而金亦離也，故名曰四離。 《玉門經》曰：四絕者，四立前一辰也。 李鼎祚曰：<u>此日忌出軍、遠行。</u> 曹震圭曰：立春木旺水絕，立夏火旺木絕，立秋金旺土絕，立冬水旺金絕，故先一日為絕也。
四擊	四擊：古曆以春季戌日，夏季丑日，秋季辰日，冬季未日，謂之「四擊」。 「四擊者，四時所衝之墓辰也。如春，月建寅卯辰，與戌衝，故戌為四擊也，餘仿此。」 《協紀辨方》說：「按四季以土旺為首日，四擊

	其衝也，春土旺於辰，而戌擊之，夏土旺於未，而丑擊之，秋冬亦然，故其日忌出軍、防邊等事。」
平 陽月天罡 陰月河魁 死神	桑道茂曰：天罡河魁者，月內凶神也。所值之日，百事宜避。 曹震圭曰：魁罡者，乃月建四煞之辰，平收之日也。 《神樞經》曰：死神者，月中凶神也。其日忌請醫、服藥、出師、征討、種植樹木、進人納畜。 曹震圭曰：死神者，以月建為旺，辰前逢死位也。
母倉	《天寶歷》曰：母倉者，五行當王，所生者為母倉，如遇土王後則以巳午為之，其日宜養育群畜、栽植種蒔。 《歷例》曰：春亥子、夏寅卯、秋辰戌丑未、冬申酉，土王後巳午。 曹震圭曰：生我者為母，積藏者為倉，故以名之，各以生當時五行之辰為之。 《考原》曰：春屬木，水生之，故以亥子為母倉也。餘仿此。不用干而用支者，支為地，有母道焉，萬物生於土，有藏道焉。 按：母倉者，種植、畜牧、納財等事之吉辰也。春木以亥子為母，木者亥子之所生，水至木成則休矣；母老則待養於子也，故以倉為名。又木生於水，木之所以能旺於春者，由水生之，則木固由水而得養也，故以母為名。 母倉：古歷以正二三月為亥子日，四五六月為寅卯日，七八九月為辰戌丑末日，十一十二月申酉日，三六九十二月土王後加巳午，謂之「母倉」。

玉宇	玉宇：古曆以正月卯日，二月酉日，三月辰日，四月戌日，五月巳日，六月亥日，七月午日，八月子日，九月未日，十月丑日，十一月申日，十二月寅日，謂之「玉宇」。 《樞要曆》說：「玉宇者，月中貴神也，所值之日，宜修宮闕，繕亭台，結婚姻，會賓客。」 曹震圭曰：玉宇者，月建所安之室也。
白虎	白虎：自本年支順數第九支，有三合關係，例如子年在申，寅年在戌，戌年在午，稱之「白虎」。白虎為歲破神之從神，係輔佐歲破神，所以白虎所在方位，不宜經營建設性事業。白虎、官符、年神本是三合關係，又非大凶之星，故凶星疊加應避之；有吉星光臨，亦可權用。
年剋山家	年剋山家：乃年家納音，剋坐山墓運之納音。《協紀》說：「墓龍者，本山龍洪範五行之墓庫。變運者，本墓庫之納音隨歲運而變者也。」《通書大全》說：「本年二十四山墓龍變運，某山運為年月納音所剋，即為年月剋某山。惟新建宅舍、新立墳塋論之。若拆修豎造，不動地基，及舊塋附葬者，皆不論。」
地囊	地囊：《歷例》曰：地囊者，正月庚子庚午，二月癸未癸丑，三月甲子甲寅，四月己卯己丑，五月戊辰戊午，六月癸未癸巳，七月丙寅丙申，八月丁卯丁巳，九月戊辰戊子，十月庚戌庚子，十一月辛未辛酉，十二月乙酉乙未。 曹震圭曰：〈月令〉云：孟春之月，天氣下降，地

	契上騰，天地和草木萌動，蓋草木者震也，故《易》云：動萬物者莫疾乎雷，故正月震納甲為地囊也。按：地囊乃四時三合卦之納甲，蓋三合無土局，而土旺於四季，木火金水之所以生旺墓者，無適非土，故用當時三合卦內外兩初爻之納甲為地囊日。
伏兵　大禍	伏兵、大禍：寅午戌年在壬方，亥卯未年在庚方，申子辰年在丙方，巳酉丑年在甲方，謂之「伏兵」。以寅午戌年在癸方，亥卯未年在辛方，申子辰年在丁方，巳酉丑年在乙方，謂之「大禍」。伏兵、大禍，夾處於三煞之間，如申子辰年三煞在巳午未，伏兵大禍則在丙丁。三煞是與太歲敵對，假如太歲在寅午戌三合方，丑在寅前，盤據火局長生之上，必為歲君所厭惡，故稱歲煞。亥方是劫煞，因為火庫在戌方，亥在戌前，是睥睨其間以代其位，有盜而代之之象，故稱劫煞。三合為火，午居中間，火德驕而溢之，水位正當其衝，故稱災煞。
伏斷日　密日　裁衣日	伏斷日、密日、裁衣日，皆以值宿起算。查二十八宿選擇之法來自西域，伏斷以日配宿，略似旬空路空八十四日而一周，其法以子日起虛、丑值斗、亥值壁，亥子丑屬水而又值水宮之宿，以水遇水為嫌，是與路空之義相似也。
冰消瓦解　滅門大禍	冰消瓦解又名夭命煞，以例推之，即年支之平收也。《宗鏡》以滅門大禍為偽凶日，則冰消瓦解益不足辨。

危	《選擇宗鏡》曰：危為極富星，為谷將星，為四利之龍德，吉。顧其所以為極富、為谷將，則無其義。
成 天醫 天喜	《總要歷》曰：天醫者，天之巫醫。其日<u>宜請藥、避病、尋巫、禱祀</u>。 《選擇宗鏡》曰：天喜者，正月戌、二月亥、三月子、四月丑，順輪十二月，乃日支與月建三合，故曰天喜。
收 陽月河魁 陰月天罡	陽月河魁、陰月天罡之義。 與本月支逆行第四支相當的日子(如子月酉日，丑月戌日，寅月亥日是)，叫做「收」日，或將之神格化而稱之為「收神」。 陰陽五行說認為收日係一不吉不凶之日，其論據以收日支係在建日支與破日支的中間，所以認為對吾人身體既無好影響，亦無壞影響。 不過，古人仍將收神認為是吉神，因為收神後繼之開神來，而開神係降福之神。
旬中空亡	《歷例》曰：旬中空亡者，甲子旬戌亥時、甲戌旬申酉時、甲申旬午未時、甲午旬辰巳時、甲辰旬寅卯時、甲寅旬子丑時。 《考原》曰：十日為旬，以十干配十二支，自甲至癸而止，餘二辰天干不及，故為空亡。
死符 小耗	死符（小耗）：自本年支順數第六位地支，稱「死符」。即子年在巳，丑年在午，申年在丑等。<u>死符是凶神，所理之方，不可營塚墓，置死喪及有</u>

	穿鑿。<u>死符是自坐「絕」地，稱「小耗」是居於「大耗」之後，與死符同位，歲中虛耗之神，所理之方，不宜運動出入，興販經營與造作，犯之者，常有遺亡虛驚之事</u>。《協紀》說：「死符為舊歲破，開山忌之。病符為舊太歲，立向忌之。然皆小殺。子午卯酉年，死符即劫殺，病符即歲殺，辰戌丑未年，病符即炙退，性情各異，當從各神以為制化可也。」
兵吉	兵吉：《總要歷》曰：兵吉者，月內用兵之吉辰也。其日<u>宜出師、命將、攻伐、略地</u>。 曹震圭曰：兵吉，逐月漸退一辰者，是兵家無有妄進、無有躁動之意，故云兵者不祥之器，不得已而用之也。又《易•卦師》之六四曰：師左次无咎。言左次則為退舍也，故見可而進，知難而退，師之常也。又《太白陰經》曰：未見而戰雖眾必潰，見利而戰雖寡必勝。是兵家不可以妄舉輕進，此陰陽之戒也。 按：兵吉者，皆太陽後四辰也。太陽前一位為月厭，太陽隔之，則太陽之後一二三四皆厭所不到之地，兵行之吉道也。常處太陽之後，隨太陽以行，則物莫敢犯者矣。其終於四者，并太陽而為五，則太陽為我軍之伍長也。
兵禁	兵禁：古曆以正七月在寅日，二八月在子日，三九月在戌日，四十月在申日，五十一月在午日，六十二月在辰日，謂之「兵禁」。 《總要歷》說：「兵禁者，<u>用兵凶辰也。其日忌</u>

	出師振旅,閱武教戰。」 《歷例》曰:兵禁者,正月起寅,逆行六陽辰。 曹震圭曰:兵家所利者陰道也,所忌者陽道也,故兵禁正月起寅,逆行六陽辰也。
劫煞	劫煞:寅午戌年在亥方,亥卯未年在申方,申子辰年在巳方,巳酉丑年在寅方,稱「劫煞」。劫煞者,歲之陰氣(即三合煞方),<u>主有殺害,所理之方,忌諱興造,犯之者,主有劫盜傷殺之事</u>。
劫煞	劫煞:古曆以正五九月在亥日,二六十月在申日,三七十一月在巳日,四八十二月在寅時,謂之「劫煞」。《神樞經》說:「劫煞者,劫害之辰也。其日<u>忌臨官視事,納禮成親,戰伐行軍,出入興販。</u>」
巡山羅睺	巡山羅睺:子年在癸,丑年在艮,寅年在甲,卯年在乙,辰年在巽,巳年在丙,午年在丁,未年在坤,申年在庚,酉年在辛,戌年在乾,亥年在壬,謂之「巡山羅睺」。為歲前最接近之方位,<u>指忌立向,開山修方不忌</u>。《通德類情》說:「甲寅、庚申、辛巳、丁亥年,羅睺即歲德,乙卯、辛酉、戊子、壬午年,羅睺即歲德合,再擇天月德、天月德合同到,作向亦自無妨。」 按起例,巡山羅睺為歲前最近之方,又為歲君,自本年至次年所巡行必經之地,故立向避之。
坐煞向煞	通書曰:<u>絕胎之間為伏兵,胎養之間為大禍</u>,二者又為夾三煞,坐向皆不宜。如申子辰年伏兵在丙,大禍在丁;寅午戌年伏兵在壬,大禍在癸,

	則申子辰年坐丙丁為坐煞，寅午戌年坐丙丁為向煞，蓋坐丙則向壬，坐丁則向癸也。餘年仿此。 按：《選擇宗鏡》曰：太歲可坐不可向，三煞可向不可坐。又曰：<u>三煞最凶，伏兵大禍次之，然則坐煞向煞，特統同之，論細分之，則坐與向當有輕重之不同也。</u>
炙退	炙退：申子辰年在卯方，巳酉丑年在子方，寅午戌年在酉方，亥卯未年在午方，謂之「炙退」。即十二生旺庫之「死」位，乃<u>太歲不足之氣，只忌修方</u>。因休囚，故選擇旺相月令，或月日時一氣，或月日時三合來修補；有命祿、歲祿，天干堆祿均可用。若修山、修向亦可仿此。 《選擇宗鏡》曰：死方為六害、為炙退，此太歲不足之氣也，<u>宜用三合局補之。</u>
災煞 天獄 天火	災煞：寅午戌年在子方，亥卯未年在酉方，申子辰年在午方，巳酉丑年在卯方，謂之「災煞」。 災煞，常居於劫煞前一辰，<u>主災病疾厄之事，所理之方，不可抵向</u>營造，犯之者，當有疾患。劫煞起於絕，災煞起於剋，例如申子辰三合水局，水絕在巳，故劫煞在巳。胎於午，又水與午火相剋，故災煞在午。 災煞（天獄、天火）：古曆以正五九月在子日，二六十月在酉日，三七十一月再午日，四八十二月在卯日，謂之「災煞」，又名「天獄」「天火」。 《神樞經》說：「天獄者，月中禁神也。其日<u>忌獻封章，興詞訟，赴任，征討</u>」。

	《玉帳》說:「天火者,月中神也。其日忌苫蓋、築壘、垣牆、振旅、興師、會親、娶婦。」按天獄天火實一神也,又天獄即災煞,今用災煞,天獄天火應刪。 按:月災煞義與歲災煞同。 曹震圭以為天獄即是災煞,應逆行四仲,而今順行者流傳之誤也,其說是,今從之。 《歷例》曰:天火者,正月在子,順行四仲。
走馬六壬	楊救貧造葬用山頭吉星,修方用方道吉星;其方疊吉神則吉,無吉神則不能為福。
孤陽	《堪輿經》曰:九月卦得剝,謂五陰爻對一陽爻,故以戌配戌為孤陽也。
時陰 官符 (畜官) 死氣	官符:《總要歷》言:「官符者,其日忌拜官、視事、上表章陳詞訟。」自本年地支順數第五位,或稱「地官符」。例如子年在辰,丑年在巳,申年在子等。官符係歲破神的從神,所以官符所在方位,不宜經營建設性事業。《歷例》說:「官符者,歲之凶神也,主官府詞訟之事,所理之方,不可興土工,,犯之者,常有獄訟之事,常居歲前四辰。」官符掌文職,在太歲三合之前端,與白虎武職形成三合。官符並非大凶,如果有太陽日,紫白星,或於其死月,以天赦日合解,以修主命貴、祿、馬,臨之反吉。官符又名「畜官」,《廣聖歷》說:「畜官者,歲中牧養之神也,主養育群畜之事,所理之方,忌造牛欄馬櫪、豬桐羊棧,犯之者損六畜傷財。」

	《總要歷》又言：「時陰者，月中陰神也。所值之日，宜運謀、算畫、計策、睦子孫、會親友。」《神樞經》言：「死氣者，無氣之辰也。其日忌戰鬥、征伐、療病、求醫、安置產室、經營栽植。」
往亡	往亡：古曆以正月在寅，二月在巳，三月在申，四月在亥，五月在卯，六月在午，七月在酉，八月在子，九月在辰，十月在未，十一月在戌，十二月在丑，謂之「往亡」。 《堪輿經》說：「往者，去也；亡者，無也。其日忌拜官上任，遠行，歸家，出軍征討，嫁娶，尋醫。」曹震圭說：「往亡者，往而不反之意也。孟者，初也；仲者，中也；季者；末也，蓋歲之始中終之義也。」謂四季者，乃五行終墓之地，是萬物皆歸，往而亡也。
金神	金神：甲己之年在午位申酉方，乙庚之年在辰巳方，丙辛之年在寅卯子丑午未方，丁壬之年在戌亥寅卯方，戊癸之年在申酉子丑方，謂之「金神」。 《洪範篇》說：「金神者，太白之精，百獸之王，主兵戈、喪亂、水旱、瘟疫，所理之地，忌築城池，建宮室、豎樓閣、廣園林、興工、上梁、出軍、征伐、遺徙、嫁娶、遠行、赴任。若犯干神者，其忌尤甚。」《選擇宗鏡》說：「金神忌修方動土，犯之主目疾。蓋目屬肝，干屬木，金能剋木也。葬事不忌。制之以法，以火剋之而已。」
金堂	金堂：古曆以正月辰日，二月戌日，三月巳日，四月亥日，五月午日，六月子日，七月未日，八

	月丑日，九月申日，十月寅日，十一月酉日，十二月卯日，謂之「金堂」。 《樞要曆》說：「金堂者，月中善神也，所值之日，<u>宜營建宮室，興造修築。</u>」 曹震圭曰：金堂者，建神安樂之堂也，常在玉宇之前，似王公建修宅第之次序也。
奏書	奏書：奏書，歲之貴神，掌奏記，主伺察，所理之地，<u>宜祭祀求福，營建宮室，修飾垣牆等。</u>所到之方，頌揚輔佐之道，為歲君之諫臣，輔佐知道不敢先也，居於歲後維方。可舉賢能，於治國有益。寅卯辰年在艮方，巳午未年在巽方，申酉戌年在坤方，亥子丑年在乾方。即四維卦方向。
建 兵福 小時 土府	《歷例》曰：兵福者，與月建同行。 《淮南子》曰：小時者，月建也。 《神樞經》曰：小時者，郎將之象也。其日<u>忌結姻親、開倉庫。</u> 邵泰衢曰：建為土府者，猶言中府也。月建當月令而為主於中府也。
建除同位 異名	古有建除家、叢辰家，時師已莫識其統系，總名選擇，而咸統於天官。今按建除之義，以年統時，以時統月，以月統日，雖原本於五行，而以建為重。若夫叢辰云者，猶言眾辰吉凶各以義起者也。如兵福小時之即建，吉期兵寶之即除之類。或建除家之異名見義，或叢辰家之殊途同歸，已莫可考。但散而無紀，殽而無序，此云吉而彼云凶，方稱宜而旋稱忌，莫之適從。今為類聚之而悉統

	於建除，取其必須異名而後義見者，或此吉彼凶不妨，一辰兩義者著於篇。
紅沙	《轉神歷》曰：紅殺者孟月酉、仲月巳、季月丑，其日<u>忌嫁娶</u>。
要安	要安：古曆以正月寅日，二月申日，三月卯日，四月酉日，五月辰日，六月戌日，七月巳日，八月亥日，九月午日，十月子日，十一月未日，十二月丑日，謂之「要安」。 《樞要曆》說：「要安者，月中吉神也，所值之日，<u>宜安撫邊境，修葺城隍。</u>」 曹震圭曰：要安者，要而用之可得安也。
重日	《天寶歷》曰：重日者，以陰陽混合於亥，陽起於甲子而順，陰起於甲戌而逆，至巳亥而同，故曰重日。其日<u>忌為凶事利為吉事</u>。
飛大煞（舊名打頭火）	飛大煞：（舊名為打頭火）《通書》說：「打頭火（歲神，又名飛大煞），<u>忌修方</u>。寅午戌年在午，亥卯未年在卯，申子辰年在子，巳酉丑年在酉。蓋子午卯酉是本宮旺鄉，飛宮犯之則凶。」 《選擇宗鏡》說：「打頭火，即三合旺方，又為金匱將星，主火燭，若疊太歲尤凶。蓋太旺則亢，亢則屬火也。其法以所用月建入中宮，順飛九宮，遇本年三合旺方，為本月打頭火，每宮占三位。」 天官符為臨官，大煞為帝旺，其曰火者，以其旺極為災，意尤災煞之又名天火耳。打頭火名不雅馴，又嫌名立明色，易致失實，故名曰飛大煞。

飛天官符	飛天官符：《通書》說：「天官符（歲神）忌修方，一年占一字。」 《選擇宗鏡》說：「申子辰年在亥，巳酉丑年在申，寅、戌年在巳，辛卯未年在寅，以月建入宮，順飛九宮，遇本年天官符所占之字，為本月天官符，每宮占三位。」
飛天馬	飛天祿、飛天馬：馬到山頭人富貴，祿到山頭旺子孫，若逢祿馬一同到，千祥百福自駢臻。 《通書》說：「<u>馬到山頭，人富貴；祿到山頭，旺子孫</u>；若逢祿馬一同到，千祥百福自駢臻。」 《選擇宗鏡》說：「祿馬貴人山方皆吉，在本遁內者有力，遁外次之。」又說：「先以五虎遁尋本年馬，干支為真祿馬，次以月建入宮，尋本年真祿馬在何宮，即以吉論。」 《協紀辨方》說：「按祿馬為年方吉神，同到尤吉，《通書》年神立成，止取祿馬地支一字，以月建入中宮，順飛九宮，如甲子年，祿馬具在寅，正月寅建入中宮，即祿馬同在中宮；二月卯建入中宮，順數寅在兌七，即祿馬同在兌宮；乙丑年祿在卯，馬在亥，二月卯建入中宮，亥在巽四，即祿在中宮，馬在巽宮。」
飛地官符	《通書》曰：<u>地官符忌修方，一年占一字。</u> 《選擇宗鏡》曰：太歲前五位為地官符，以月建入中宮，順飛九宮，遇本年地官符所占之字，為本月地官符，每宮占三位。

飛宮貴人	飛宮貴人：《選擇宗鏡》說：「歲祿貴馬人山方皆吉，在本甲內者為有力，甲外次之。」又說：「先以五虎遁尋貴系何干支，次以月建入宮，順尋歲貴在何宮，即以吉論。如乙丑年六月建癸未，修乾坎二山方，先以本年五虎遁起戊寅，順尋甲申為真陽貴，戊子為真陰貴，次以月建癸未入中宮，順行陽貴甲申到乾，陰貴戊子到坎二山方，修造皆吉，餘仿此。」又說：「貴人與祿馬取用不同，要在分辨陰陽。陽貴人冬至後用之有力，飛在陽宮尤有力。陰貴人夏治候用之有力，飛在陰宮尤有力。」
飛廉	飛廉：子年在申方，丑年在酉方，寅年在戌方，卯年在巳方，辰年在午方，巳年在未方，午年在寅方，未年在卯方，申年在辰方，酉年在亥方，戌年在子方，亥年在丑方，謂之「飛廉」。《神樞經》說：「飛廉者，歲之廉察，使君之象，亦名大煞，<u>所理之方，不可興工動土，移徙、嫁娶、犯之主官府口舌。疾病遺亡。</u>」飛廉者，力士。與黃幡豹尾同，可有可無。
時德（又名四時天德）	時德（又名四時天德）：古曆以正二三月午日，四五六月辰日，七八九月子日，十十一十二月寅日，謂之「時德」，又名「四時天德」。 《總要歷》說：「四時天德者，四序中德神也。其日宜<u>慶賜宴樂，拜官賞賀。</u>」 曹震圭說：「子寅辰午，乃東方生育之陽辰，故用事吉也。申戌者，西方之殺氣，故不可用也。

	各以四時所生之陽辰為之，是我生者為德也，亦名時德。按時德與四相同義。春木生午火，夏木生辰土，秋金生子水，冬水生寅木也。四相取天干，時德取地支。」 王官首相民日：古曆以春季(一二三月)寅日，夏季(四五六月)巳日，秋季(七八九月)申日，冬季(十十一十二月)亥日，謂之「王日」。春季卯日，夏季午日，秋季酉日，冬季子日，謂之「官日」。春季辰日，夏季未日，秋季戌日，冬季丑日，謂之「相日」。春季巳日，夏季酉日，秋季子日，冬季卯日，謂之「民日」。 《壇經》說：「王官相民守日者，接月內視事之吉辰也，所值之日，遺命將登壇，襲爵受封，上官赴任，臨政親民。」
氣往亡	氣往亡：《曆例》曰：氣往亡者，立春後七日、驚蟄後十四日、清明後二十一日、立夏後八日、芒種後十六日、小暑後二十四日、立秋後九日、白露後十八日、寒露後二十七日、立冬後十日、大雪後二十日、小寒後三十日，皆自交節日數之。<u>忌歸宅入火，避宅出火。</u> 曹震圭曰：氣往亡者以四立月往亡日三合化象之成數為之。假令正月立春寅為往亡，寅午戌合火局，火之成數七也。四月立夏卯為往亡，亥卯未合木局，木之成數八也。七月立秋酉為往亡，巳酉丑為金局，金之成數九也。
浮天空亡	浮天空亡：其例出於變卦納甲，乃絕命破軍之位；

	例如甲為乾所納，以乾為本宮卦，中爻變為離，離納壬，故甲年以離壬為破軍。浮天空亡：甲年離壬、乙年坎癸、丙年巽辛、丁年震庚、戊年坤乙、己年乾甲、庚年兌丁、辛年艮丙、壬年乾甲、癸年坤乙。 《選擇宗鏡》說：「甲己辛年丙壬，乙庚戊年丁癸，丙癸年乙辛，丁壬年庚甲，山向並忌，止忌向而不忌山非是。」
病符	病符：自本年地支逆數二位，稱「病符」，<u>主災禍</u>，常居歲後一辰，新歲將旺，舊歲必衰，衰而病也。
益後	益後：古曆以正月子日，二月午日，三月丑日，四月未日，五月寅日，六月申日，七月卯日，八月酉日，九月辰日，十月戌日，十一月巳日，十二月亥日，謂之「益後」。 《樞要曆》說：「益後者，月中福神也。所值之日，<u>宜造宅舍，築垣牆，行嫁娶，安產室。</u>」 曹震圭曰：益後者，於子嗣有補益之神也。
破 大耗	《考原》曰：月破者，月建所衝之日也，與歲破義同。 《樞要曆》曰：大耗者，月中虛耗之神也。其日忌營庫藏、出財物、遠經求、取債負。 曹震圭曰：大耗者，月建擊衝破散之辰也，與月破同位。
破敗五鬼	破敗五鬼：甲壬年在巽方，乙癸年在艮方，丙年

	在坤方，丁年在震方，戊年在離方，己年在坎方，庚年在兌方，辛年在乾方，謂之「破敗五鬼」。《乾坤寶典》說：「五鬼者，五行之精氣也。<u>主虛耗之事，所理之方，不可興舉，犯之主財物耗散。</u>」
神在	通書以甲子、乙丑、丁卯、戊辰、辛未、壬申、癸酉、甲戌、丁丑、己卯、庚辰、壬午、甲申、乙酉、丙戌、丁亥、己丑、辛卯、甲午、乙未、丙申、丁酉、乙巳、丙午、丁未、戊申、己酉、庚戌、乙卯、丙辰、丁巳、戊午、己未、辛酉、癸亥三十五日為神在日，<u>其日宜祭祀</u>。《道藏玉匣記》云：許真君考天曹案簿，三十一日<u>諸神在人間地府，祭祀受福，餘日諸神在天，求福反禍</u>。
純陰	《堪輿經》曰：十月卦得坤，謂六爻皆陰，陽氣已盡，故以己配亥為純陰也。
純陽	《堪輿經》曰：四月卦得乾，謂六爻皆陽，陰氣已盡，故以己配巳為純陽也。
豹尾	豹尾：寅午戌年在辰方，申子辰年在戌方，亥卯未年在丑方，巳酉丑年在未方，稱「豹尾」。豹尾就是黃幡的尾，有虎賁之象，故擔任前鋒，與黃幡處在相對位置，<u>不可嫁娶、納奴婢、進六畜，及興造，犯之者，破財物損小口</u>。《協紀》說：「子午卯酉年，黃幡即是官符，豹尾即是弔課；寅申巳亥年，黃幡即是白虎，豹尾即是喪門；辰戌丑未年，黃幡即是太歲，豹尾即是歲破。然則黃幡

	豹尾二神，固虛設也，以其無甚悖理，仍存其舊名。」所以官符、弔客、白虎、喪門，當從各神以為制化，或取天德月德到方即可，惟辰戌丑未年，<u>黃幡即是太歲，豹尾即是歲破，不可犯之</u>。
除 吉期 兵寶	《總要歷》曰：吉期者，吉慶之神也。所值之日，<u>宜出軍、行師、攻城寨、興弔伐、會親姻</u>。 兵寶之義與兵福同。
執 枝德 小耗	枝德者，地支帶德也。所值之日，<u>宜修造、築垣</u>。 《樞要歷》曰：亦月內之耗神也。其日忌經營、種蒔、納財、交易、開市。 曹震圭曰：小耗者，小損也，乃月建氣絕之辰，<u>大耗之從神</u>也。
章光	曹震圭謂章光者能為月厭章顯其光，故凶將。又謂月厭能為太陽章顯其光，而以為吉也耶。
通天竅	通天竅：通書曰：通天竅乃楊救貧真訣，<u>凡修造、葬埋、開山、立向、修方，若遇吉星所值，不問太歲、三煞、官符、大將軍諸凶煞，此星並能壓之</u>。其法只用八干四維求年月日時吉星所到之處修之大吉。其例則用雙山五行，各從本年三合長生起，迎財、進寶、庫珠順行三位，其對衝三位為大吉、進田、青龍，共為十二吉山，利用本年三合及其對衝月日時。
閉 血支	樞要經曰：<u>血支，其日忌針刺出血</u>。 曹震圭曰：血支者，氣血之支流也，故起於旺健之後、生氣之前，如人生之後自有血脈暢餘四肢，

	若其日針刺者，是去其血也，故忌之。 按：月令仲冬以後忌作土事，謂地氣阻洩，是謂發天地之房，閉之為血忌，而不宜針刺者亦此意。人身與天地之氣相應，不宜於應閉之日而發洩之。
陰位	《堪輿經》曰：三月陽建於辰，陰建於申，故三月庚辰月宿在辰為陰位，九月陽建於戌、陰建於寅，故九月甲戌月宿在戌為陰位。
陰府太歲	陰府太歲：通書曰：年神立成陰府太歲，甲己年艮巽，乙庚年兌乾，丙辛年坎坤，丁壬年離，戊癸年震。謂之「正陰府」。以甲己之年在丙辛，乙庚年在丁壬方，丙辛年在戊癸方，丁壬年在甲己方，戊癸年在乙庚方，謂之「傍陰府」。<u>忌開山，營造修方不忌。</u> 按：陰府太歲乃本年之化氣剋山家之化氣，開山忌歲月日時剋坐山，故名之曰太歲，示不可犯耳，非另有陰府之太歲在某山也。
陰陽不將	陰陽不將：辛亥、戊午是夫唱婦隨之理。 《協紀辨方》評說：「<u>按陰陽不將者，乃堪輿家之吉日，凡事可用</u>，非僅施之嫁娶也。惟六月戊午為「逐陣」，不可用。今世所傳，祇曰嫁娶吉，而又不明歲前歲後之義，且于天子皇后卿士庶民用日妄說，亦覺得支離而難通，遂將「大會」等日一並廢棄而不用，不知此法最古，其於陰陽之義，亦最微妙縝密，良不可忽也。」
陰陽交破	《堪輿經》曰：四月陽建於巳破於亥，陰建於未

	破於癸；癸，陽也，為陰所破也；亥，陰也，為陽所破也，是謂陽破陰、陰破陽，故四月癸亥為陰陽交破。十月陽建於亥破於巳，陰建於丑破於丁；丁，陽也，為陰所破也；巳，陰也，為陽所破也，是為陽破陰、陰破陽，故十月丁巳為陰陽交破。
陰陽擊衝	《堪輿經》曰：五月陰陽俱至午，陽建挾丙而擊壬，陰建居午而衝子，故五月以壬子為陰陽擊衝。十一月陰陽俱至子，陽建挾壬而擊丙，陰建居子而衝午，故十一月以丙午為陰陽擊衝。
陰道衝陽	《堪輿經》曰：二月陽建於卯而衝酉，陰建於酉而衝卯，故二月己卯月宿在卯為陰道衝陽，八月陽建於酉而衝卯，陰建於卯而衝酉，故八月以己酉月宿在酉為陰道衝陽。
陰德	陰德：古曆以正七月在酉日，二八月在未日，三九月在巳日，四十月在卯日，午十一月在丑日，六十二月在亥日，謂之「陰德」。 《曆例》說：「正月起酉，逆行六陰辰（即酉未巳卯丑亥）。」 《總要曆》說：「陰德者，月內陰德之神也。所值之日，宜名陰隲，行惠愛，雪冤枉，舉正直。」 曹震圭曰：陰德者，是月中坤陰之道也。正月起於酉，應坤之上六，酉者坤之世爻，故從酉逆歷坤之六爻。坤者，厚德載物也，含弘光大，萬物資生，故宜如此。

陰錯	《堪輿經》曰：以陰建之支配當方之干，陰陽自相配合為日，以值所衝之宿為陰錯。如正月陰建於戌近於庚，支干相配為庚戌日，戌衝辰，故正月庚戌之日月宿在辰為陰錯。二月陰建於酉近於辛，支干相配為辛酉日，酉衝卯，故二月辛酉之日月宿在卯為陰錯。三月陰建在申近於庚，支干相配為庚申日，申衝寅，故三月庚申之日月宿在寅為陰錯。餘倣此。唯五月、十一月陰陽二建會於子午，故無陰錯陽錯。
博士	博士：博士者，歲之善神，又說博士是火神，掌天子明堂綱紀政治等，<u>所理之方，可進賢能，於國有益</u>。掌管出納、王命、案牘、擬議、行政施惠等，常與奏書對沖。<u>所居住之方位，利於興修</u>。寅卯辰年在坤方，巳午未年在乾方，申酉戌年在艮方，亥子丑年在巽方，稱「博士」。
喜神	甲己日艮方寅時，乙庚日乾方戌時，丙辛日坤方申時，丁壬日離方午時，戊癸日巽方辰時。 曹震圭曰：<u>大抵物之所喜者，母見子也</u>。
喪門	喪門：喪門是凶神，主死葬哭泣之事，居歲前二辰，<u>所理之地，不可興動舉事，犯之者，主盜賊遺亡死喪之事</u>。喪門者，太歲自本年支順屬第三支之位，即子年在寅，丑年在卯，謂之「喪門」。或謂喪門與白虎對沖，白虎主喪服之事，沖之故凶。
尊星 帝星	《選擇宗鏡》曰：凡選擇，<u>取用尊帝二星到山到向到方，能壓一切凶煞，召吉致祥</u>，若會歲命貴

	人祿馬同到，修造遇之發福最快。
復日	《天寶歷》曰：復日者，為魁罡所繫之辰也。其日忌為凶事利為吉事。 《歷例》曰：復日者，正七月甲庚、二八月乙辛、四十月丙壬、五十一月丁癸、三六九十二月戊己日也。 按：建寅而得甲日，則是月與日同也，為凶事之所忌者，蓋猶忌月建之義。
普護	普護：古曆以正月申日，二月寅日，三月酉日，四月卯日，五月戌日，六月辰日，七月亥日，八月巳日，九月子日，十月午日，十一月丑日，十二月未日，謂之「普護」。 《樞要歷》說：「普護者，神廕之神也。所值之日，宜祭祀禱祠，尋醫避病。」 曹震圭說：「普護者，乃月中普護萬物無偏私之神也，常與要安相對。」
無祿	通書云：甲辰、乙巳、庚辰、辛巳、丙申、戊戌、丁亥、己丑、壬申、癸亥，此十日祿皆落空，固云無祿。如甲祿在寅、乙祿在卯，甲辰旬寅卯空，故甲辰、乙巳為無祿也。
絕陰	《堪輿經》曰：絕陰者，謂三月、四月陰氣絕也。故三月小會所領日為四月絕陰所領日。
絕陽	《堪輿經》曰：絕陽者，謂九月、十月陽氣絕也。故九月小會所領日為十月絕陽所領日。
開	《總要歷》曰：時陽者，月中陽神也。所值之日

時陽　生氣	宜敘婚姻、行宴樂。 《歷例》曰：常居月建後二辰。 曹震圭曰：時陽者，月內掌陽氣之神，父夫之象。故陽之主事威儀正直，有禮義儀容，故其日宜敘婚姻、行宴樂。 《五行論》曰：生氣者極福之神也，其日宜修築城壘、開道溝渠、起土修營、養育群畜、種蒔，如出軍戰陣則宜背之。 《歷例》曰：生氣者，常居月建後二辰。
楊公忌	世俗多畏楊公忌，通書亦多載之，謂其日不宜出行、舉事，犯之不利，皆因未悉其原委，故為所惑耳。今按其說乃是室火豬日，其術元旦起角宿，依二十八宿次序順數，值室宿之日即為楊公忌，不論月之大小，二十八日一週，每月遞退二日，故正月十三、二月十一，以至七月初一、二十九而終於十二月十九，凡十三日。
陽破陰衝	《堪輿經》曰：六月陽建於未而破丑，陰建於巳而衝癸，故六月癸丑為陽破陰衝也。十二月陽建於丑而破未，陰建於亥而衝丁，故十二月丁未為陽破陰衝也。
陽德	陽德：古曆以正七月在戌日，二八月在子日，三九月在寅日，四十月在辰日，五十一月在午日，六十二月在申日，謂之「陽德」。 《歷例》說：「正月起戌，順行六陽辰（即戌子寅辰午申）。」 《總要歷》說：「陽德者，月中德神也。所值之

	日,<u>宜交易開市,結親姻。</u>」 曹震圭曰:陽德者,乾陽之道也。陽道不可盡剝,故正月起戌,應乾之上九,戌者乾之世爻。所值之日長幼有序、夫婦有別,是嘉會合禮之辰,故宜如此。
陽錯	《堪輿經》曰:以陽建之支配當方之干,陰陽自相配合為日,以值所衝之宿為陽錯。如正月陽建在寅近於甲,支干相配為甲寅日,寅衝於申,故正月甲寅之日月宿在申為陽錯。二月陽建在卯近於乙,支干相配為乙卯日,卯衝於酉,故二月乙卯之日月宿在酉為陽錯。三月陽建在辰近於甲,支干相配得甲辰日,辰衝於戌,故三月甲辰之日月宿在戌為陽錯。餘月倣此。
黃道 黑道	《神樞經》說:「青龍、明堂、金匱、天德、玉堂、司令,皆月內天<u>黃道之神也,所值之日,皆宜興務眾,不避太歲將軍月刑,一切兇惡自然避之。</u>天刑、朱雀、白虎、天牢、元武、勾陳者,月中<u>黑道者也,所理之方,所值之日,皆不可興土功,營屋舍,移徙,遠行,嫁娶,出軍。</u>」
黃幡	黃幡:寅午戌年在戌方,申子辰年在辰方,亥卯未年在未方,巳酉丑年在丑方,稱「黃幡」,均位於四庫之地,利於安居,土為黃色。黃幡就是旌旗,歲君安居之地,居於華蓋。比喻兵亂,開旗射弓吉,但三合墓辰之地,<u>不可開門取土,嫁娶、納財、市買、造作等</u>,及有造作,犯之者,主有損亡。

敬安	敬安：古曆以正月未日，二月丑日，三月申日，四月寅日，五月酉日，六月卯日，七月戌日，八月辰日，九月亥日，十月巳日，十一月子日，十二月午日，謂之「敬安」。 《樞要曆》說：「敬安者，恭順之神也。所值之日，宜睦親族，敘尊卑，納禮儀，行慶賜。」 曹震圭說：「敬安者，是陰陽相會之義也。陽會陰而必敬，陰會陽而必恭，若恭而敬，必得安也。」
歲枝德	歲枝德：歲中德神，德者，得也，得福之謂也。主救危而濟弱，所理之方利以興造舉、動眾務。以本年地支向前數第六位，即子年在巳，丑年在午，寅年在未，卯年在申，辰年在酉，巳年在戌，午年在亥，未年在子，申年在丑，酉年在寅，戌年在卯，亥年在辰。以天干計算向前五位必定相合，天干合，所居地支，支從干，亦吉。但其辰又為「死符」、「小耗」，故多不用歲枝德。死符為營造墳塚所忌。小耗為市場交易造作等事所忌。為自己造作營居當作小耗，如為損己而利大眾之修造，反而是大吉。
歲刑	歲刑：子年在卯方，丑年在戌方，寅年在巳方，卯年在子方，辰年在辰方，巳年在申方，午年在午方，未年在丑方，申年在寅方，酉年在酉方，戌年在未方，亥年在亥方，稱「歲刑」。《廣聖曆》說：「歲刑之地，攻城戰陣，不可犯之，動土興工，亦須迴避，犯之多鬥爭。」辰、午、酉、亥，自刑之地，故歲刑即是太歲，未年與申年的歲刑

	就是歲破，故開山立向修方皆忌，其餘之年只忌修方，取太陽六德化之，可用。
歲破　大耗	歲破（又稱大耗）：以本年地支起算第七位，稱「歲破」。例如子年在午，丑年在未，寅年在申等。<u>歲破，是太歲所沖的方向，最凶的地支神；其地不可興造、移徙、嫁娶、遠行</u>，一旦觸犯者主損財物、家屬長輩，僅征戰功伐有利。例無制法，犯之主破敗。歲破，指為太歲所破，而非有歲破之神能破太歲。<u>大耗，指歲中虛耗之神，所經理營運之地，不可營造倉庫納財物，犯之當有寇賊驚恐之事。</u>
歲幹合	歲干合者，天地陰陽配合，主除滅災咎而興福佑也。<u>所理之方可以修營、起土、上官、嫁娶、遠行、參謁等。</u>因甲年在己，乙年在庚，丙年在辛類推，既有歲德、歲德合，則不必重複歲幹合之名。
歲煞	歲煞：寅午戌年在丑方，巳酉丑年在辰方，申子辰年在未方，亥卯未年在戌方，謂之「歲煞」。《廣聖曆》說：「<u>歲煞之地，不可穿鑿修營遷徙，犯之者，傷子孫六畜。</u>」長生之前，母必有傷。劫煞、災煞、歲煞，並稱為「三煞」，在絕、胎、養等位置，在墓庫之後，長生之前，故稱「陰氣」。所謂「三煞」，三合五行當旺之衝，故有宜向不宜坐之說。三煞為極為凶猛之煞氣，占山造葬皆忌，為占方可制而修也。制法有三：一取三合局以制之，例如煞在南方巳午未，取申子辰三合水。二要三合得令之月，三煞休囚之月。三要本命祿

	馬貴人，及三奇紫白或日月以照臨之，小修則取月日之納音，剋三煞之納音，再得一二吉星到方也可權用。
歲祿	歲祿、羊刃：甲年在寅，乙年在卯，丙戊年在巳，丁己年在午，庚年在申，辛年在酉，壬年在亥，癸年在子，謂之「歲祿」。歲祿前一位，謂之「羊刃」。《協紀辨方》：「歲祿者，歲干臨官方也。五行之性，臨官吉於帝旺，蓋臨官則方盛，而帝旺則太過矣。其地宜營宮室，築垣牆。」
歲德	一、歲德：歲中德神，所理之地，萬福咸吉，眾殃自避，應有修營並獲福佑。歲德者，五陽干當位自得，五陰干則各自取所合之陽干，從陽為德。在陽干年，即甲、丙、戊、庚、壬各年中，其與本年干同干之位，（即甲年在甲，丙年在丙，戊年在戊，庚年在庚，壬年在壬），而陰干之年，則是自本年干順數到第六位，例如乙年在庚，丁年在壬之類一般，均謂之「歲德」，或神格化為「歲德神」。這是很有利的年神，<u>所在之方，諸事吉祥</u>。例如庚辰年遇到庚寅日、庚辰日等。己亥年歲德日在甲寅日、甲辰日等。口訣是：「甲年在甲乙年庚，丙逢丙位丁壬連，戊德在戊己德甲，庚同庚位辛年丙，壬德尋壬癸尋戊，歲德臨方百福駢。」適用於修造、動土、移徙、嫁娶、出入諸事等。例如庚子年作庚山，歲德在壬方，修造大吉。歲德者，歲中德神也。陽代表君道，陰代表臣道，所以陽年以自己為君，為歲德；陰

	年以天干五合中的陽干為歲德，陰年歲德仍需退讓給所合之陽干。
歲德合	歲德合：有宜無忌，歲德合無問陰年陽年皆柔辰，外事以剛，內事以柔。陽干之年，自本年天干順數到第六干之位（即甲年逢己，丙年逢辛，戊年逢癸，庚年逢乙，壬年逢丁），陰干之年則與本年同干之位（乙年在乙，丁年在丁，己年在己，，辛年在辛，癸年在癸），皆謂之「歲德合」。例如庚年的乙酉日，乙未年的乙丑日等。而乙年的歲德在庚日，故歲德皆陽，歲德合皆陰。「歲德合」神，<u>所在之諸事皆吉。凡如嫁娶、探病、會親友，宜用陰干日。外事例如上官、開市、出行，宜用陽干日。</u>
歲薄	《堪輿經》曰：四月陽建於巳而左行，陰建於未而右行，陰陽相向欲合於午，故以丙午、戊午為四月歲薄也。十月陽建於亥而左行，陰建於丑而右行，陰陽相向欲合於子，故以壬子、戊子為十月歲薄也。 曹震圭曰：薄者迫也，陰陽二建交相迫之。丙壬則近子午之干。戊者，謂時無大會，皆以戊己配之也。
群醜	《蓬瀛書》曰：歲在四孟，太陰與大將軍合於四仲，名曰群醜。《歷神原始》曰：天地凶殃，必在群醜。

聖心	聖心：古曆以正月亥日，二月巳日，三月子日，四月午日，五月丑日，六月未日，七月寅日，八月申日，九月卯日，十月酉日，十一月辰日，十二月戌日，謂之「聖心」。 《樞要曆》說：「聖心者，月中福神也。其日<u>宜上表章，行恩澤，營百事。</u>」 曹震圭曰：勞而不敢安者，聖人之心也。
遊禍	遊禍：古曆以正五九月在巳日，二六十月在寅日，三七十一月在亥日，四八十二月在申日，謂之「遊禍」。 《神樞經》說：「<u>遊禍者，月中惡神也，其日忌服藥，請醫，祝神，致祭</u>」。 曹震圭說：「遊禍者，三合五行臨官之神，是對衝劫煞之位也。」 李鼎祚曰：遊禍者，正月起巳，逆行四孟。 《考原》曰：遊禍神者，以其流行於四隅，故曰遊；以其過旺，故曰禍。
厭對 六儀 招搖	厭對（六儀）古曆以正月在辰方或辰日，二月自卯方或卯日，三月在寅方或寅日，四月在丑方或丑日，五月在子方或子日，六月在亥方或亥日，七月在戌方或戌日，八月在酉方或酉日，九月在申方或申日，十月在未方或未日，十一月在午方或午日，十二月在巳方或巳日，謂之「厭對」，又謂之「六儀」。 《天寶曆》說：「厭對者，月厭所衝之辰也，其日<u>忌嫁娶</u>，又為「招搖」，忌乘船渡水。」 《神樞經》說：「六儀者，月中吉神也，所值之日，

	宜牧養生財、栽種樹木、結親納禮、視事臨官。」曹震圭說:「六儀者,月中正禮儀之神也,月厭主暗昧,六儀與之敵衝,以威厲之,使不敢妄失儀容也,故以名之。」
截路空亡	《歷例》曰:截路空亡者,甲己日申酉時、乙庚日午未時、丙辛日辰巳時、丁壬日寅卯時、戊癸日子丑戌亥時。 《考原》曰:截路空亡遇壬癸也,行路而遇水則不可行也。如甲己日以五鼠遁起甲子,順歷之得壬申癸酉,故甲己日以申酉為截路空亡也。餘仿此。
滿 福德 天巫 天狗	《總要歷》曰:福德者,月中福德之神也。其日宜祀神祇、求福願、修宮室、獻封章。 《總要歷》曰:天巫者,月中善神也。所值之日宜合藥、請醫、祀鬼神、求福願。 《樞要歷》曰:天狗者,月中凶神也。其日忌禱祀鬼神、祈求福願。
福生	福生:古曆以正月酉日,二月卯日,三月戌日,四月辰日,五月亥日,六月巳日,七月子日,八月午日,九月丑日,十月未日,十一月寅日,十二月申日,謂之「福生」。 《樞要歷》說:「福生者,月中福神也,所值之日,宜祈福求恩,祀神致祭。」 曹震圭曰:福生者,月內祈求福願之神也,故與玉宇相對。
福星貴人	《神煞起例》曰:日干生時干曰:福星貴人。

	《淮南子》：甲日寅時必為丙寅，乙日丑時亥時必為丁丑丁亥，皆本日日干之食神子孫。子孫為寶爻，故曰福星貴人也。
蓋山黃道	蓋山黃道起於《青囊》九要，以本年支對宮之卦為本宮。用小遊年變卦法，貪狼為黃羅、巨門為天皇、文曲為紫檀、武曲為地皇，如子年屬坎，對宮為離，即以離為本宮。貪狼在震、巨門在兌、文曲在坤、武曲在巽。又依九曜納甲三合之法，庚亥未並屬於震，丁巳丑並屬於兌。乙納於坤、辛納於巽是也。餘年仿此。 通書曰：<u>其方開山、立向、修營並吉</u>。起例則只取八卦，不用納甲三合。
鳴吠日	一行云：<u>鳴吠者，五性安葬之辰也，用之者得金雞鳴、玉犬吠，上下相呼，亡靈安穩，子孫富昌</u>。鳴吠日者庚午、壬申、癸酉、壬午、甲申、乙酉、庚寅、丙申、丁酉、壬寅、丙午、己酉、庚申、辛酉也。
鳴吠對日	一行經云：鳴吠對日者，<u>用之破土、斬草也</u>。鳴吠對日者，丙寅、丁卯、丙子、辛卯、甲午、庚子、癸卯、壬子、甲寅、乙卯也。 《考原》曰：按鳴吠對者，<u>乃與鳴吠對衝之日</u>。
獨火	獨火、丙丁獨火：子年在艮方，丑寅年在震方，卯年在坎方，辰巳年在巽方，午年在兌方，未申年在離方，酉年在坤方，戌亥年在乾方，謂之「獨火」。甲己年在子寅方，乙庚年在戌方，丙丁年

	在申方,丁壬年在午方,戊癸年在辰方,謂之「丙獨火」。甲己年在丑卯方,乙庚年在亥方,丙辛年在酉方,丁壬年在未方,戊癸年在巳方,謂之「丁獨火」。獨火,一名飛禍,又名六害,<u>修營動土犯之,主災,埋葬不忌</u>。《通德類情》說:「按丙丁,火位也,忌修造,然必與年家大煞、朱雀、獨火,或月家飛大煞、飛丙丁,月遊火會合方忌。不會不忌。如與諸火會合,或遇一白水星同到,及冬令申子辰水局,作之亦不忌。」 通書曰:獨火一名飛禍,又名六害,即蓋山黃道內朱雀廉貞也。修營動土犯之主災,埋葬不忌。 按:獨火與蓋山黃道同一起例,如子年屬坎,對宮為離,即以離為本宮,卦下一爻變為艮為廉貞,故子年以艮為獨火也。丑寅年皆屬艮,對宮為坤,即以坤為本宮,卦下一爻變為震,故丑寅年皆以震為獨火也。
臨日	《樞要歷》曰:臨日者,上臨下之義也。其日<u>忌臨民訴訟</u>。 《歷例》曰:臨日者,正月午、二月亥、三月申、四月丑、五月戌、六月卯、七月子、八月巳、九月寅、十月未、十一月辰、十二月酉。 曹震圭曰:臨者上臨於下也,是陽建之使臣奉上命以授百官者也。建陽之月在三合前辰,是臨於文官、官符也。建陰之月在三合後辰,是臨於武職、白虎也。

歸忌	歸忌：古曆以一四七十月在丑日，二五八十一月在寅日，三六九十二月在子日，謂之「歸忌」。 《曆例》說：「孟月（一四七十月）丑，仲月（二五八十月）寅，季月（三六九十二月）子。」 《廣聖曆》說：「歸忌者，月內凶神也，其日忌遠行、歸家、移徙、娶婦。」 《協紀辨方》說：「亦無忌嫁娶之說，應<u>止忌搬移、遠回，不忌嫁娶</u>。」 《考原》曰：孟月忌丑、仲月忌寅、季月忌子者，皆忌退後一辰，所謂歸忌也。 歸忌與飛廉同義。 《廣聖歷》謂並忌嫁娶者，蓋以富人謂嫁曰歸而忌之，夫謂嫁曰歸，明從夫義云耳，非遠行之歸也。《易・漸卦・象辭》曰：女歸吉，漸進也，非退也。詩曰：女子有行，行亦進也，非退也。《漢書》注及他通書亦無忌嫁娶之說，應只忌搬移遠迴，不忌嫁娶。
羅天大退	羅天大退：甲年在坎方，乙年在震方，丙丁年在艮方，戊己年在坤方，庚辛年在巽方，壬癸年在兌方，謂之「羅天大退」。《協紀》認為無道理不用。《通得類情》說：「按《通書》云：『羅天<u>大退方，不宜修動，主家業退敗</u>。』然觀其例，既不用九宮法，又不用十干法，全數義理，則無實在退敗可知。今人興修者，雖不以此為忌，而《通書》猶載其例，則術家借為漁利之途。」
寶義制專	《淮南子》曰：子生母曰義，母生子曰寶，子母

伐日	相得曰專，母勝子曰制，子勝母曰困。以制擊殺勝而無報，以專從事而有功，以義行理名立而不墮，以寶畜養萬物蓄昌，以困舉事破滅死亡。 《遁甲經》曰：<u>寶日者幹生枝也，義日者枝生幹也，制日者幹克枝也，其日利行軍。伐日者支克干辰也，其日忌攻討征伐、出軍掠地。專日者干支五行相同也，其日忌出軍。</u>
續世	續世：古曆以正月丑日，二月未日，三月寅日，四月申日，五月卯日，六月酉日，七月辰日，八月戌日，九月巳日，十月卯日，十一月午日，十二月子日，謂之「續世」。 《樞要曆》說：「續世者，月中善神也。所值之日，<u>宜結婚姻，睦親族，祀神祇，求嗣續。</u>」 《考原》曰：按續世者，月中繼續之神也，常在益後後一辰，蓋亦與玉宇、金堂之相連者同義。
驛馬 天后	歲馬（驛馬）：寅午戌在申方，亥卯未在巳方，申子辰在寅方，巳酉丑在亥方，謂之「歲馬」，從年支取。驛馬，不安其居，又稱「天后」，居於「病」位，絕處逢生之意。寅為水病，巳為木病，申為火病，亥為金病。 驛馬（又名天后）：古曆以正五九月在申日，二六十月在巳日，三七十一月在寅日，四八十二月在亥日，謂之<u>「驛馬」，又名「天后」</u>。 《神樞經》說：「驛馬者，驛騎也。其日<u>宜封贈官爵，詔命公卿，遠行赴任，移徙遷居。</u>」 《總要曆》說：「天后者，月中福神也。其日<u>宜</u>

	求醫療病，祈福禮神。」 李鼎祚曰：驛馬者，正月起申，逆行四孟。 《歷例》曰：天后與驛馬同位。
驛馬臨官	驛馬臨官即驛馬前二干及其對方，俗術又以驛馬前一干為馬前六害，對方為金童撞命煞。夫同一馬前也，以為臨官即吉，以為六害即凶，顯然自相矛盾，命吉命凶皆妄談也。
蠶命	蠶命：蠶命，掌蠶之命神。<u>所理之地，不可舉動百事，犯之者，主傷蠶，絲繭不收</u>。蠶命者，以三會的五行性，尋找「長生」位。蠶室、蠶官、蠶命居歲方生養之宮，皆無凶異，育蠶者，應忌於其方修作。寅卯辰年在亥方，巳午未年在寅方，申酉戌年在巳方，亥子丑年在申方，謂之「蠶命」。
蠶官	蠶官：蠶官，負責掌理蠶絲，忌諱營造宮舍，<u>犯之恐蠶母多病，絲繭不收</u>。養蠶，以方位五行的十二生旺庫「養」地為蠶官，例如寅卯辰屬木，木的「養」在戌。 寅卯辰年在戌方，巳午未年在丑方，申酉戌年在辰方，亥子丑年在未方，謂之「蠶官」。
蠶室	蠶室：蠶室，歲之凶神，常與力士對沖，主管絲繭綿帛之事，故<u>所掌理之方位，不可修動，否則蠶絲不收，也不可以抵向</u>。寅卯辰年在乾方，巳午未年在艮方，申酉戌年在巽方，亥子丑年在坤方，謂之「蠶室」。蠶室在太歲之後隅，有後宮之象，後宮之事莫大於親蠶以供郊廟祭祀之服，

故以蠶室名之。

五、《協紀辨方書》年神總論

《選擇宗鏡》曰：年家吉凶神起例有八，一曰本年天干、二曰三合五行、三曰本年十二建星、四曰本年五虎遁、五曰本年納音、六曰四方、七曰納卦、八曰羊刃，凡吉凶神從此八者而起則為真，於真凶之中又分輕重，大者避之，中者制之，小者以吉星照之而已。

歲德、歲德合、歲祿馬貴人山方皆吉，能制諸凶煞。歲干化氣剋坐山化氣，為正陰府，凶；帶卦者為傍陰府，亦凶。俗術丙辛陰府用甲己二干化土制之，乙庚陰府用戊癸二干化火制之，切不可信。傍陰府有吉星制，或年月吉則不妨。楊筠松開乾山用壬申、壬子、壬辰、壬寅，又用壬子、壬子、壬子、庚子，合天地一氣格。又取壬祿到乾亥為吉也。如祔葬及修造正傍俱不忌。以上從歲天干起例。

三煞大凶，伏兵大禍夾三煞亦凶，<u>三煞只忌單修，先從吉方起手，連及修之無害</u>，惟歲煞不可犯，伏兵亦凶，大禍與吉星會不為害，與凶煞會凶。臨官為天官符，忌單修，若從及方起手，連及修之無害，月家飛宮同到小凶。地官符於吉方起手，連及修之無害，單修凶，或用太陽紫白命貴祿馬制之吉。帝旺為金匱星吉，又為打頭火，主火燭，凶，若疊太歲尤凶。打頭火大忌不可犯，或年獨火、月遊火、月家丙丁火，但有一火會合，其火即發。如月日得一白水星到方，有氣或有壬癸水星到，能壓制不妨。三煞最凶，伏兵大禍次之，天官符、打頭火又次之。以上從三合起例。

建星如子年子上起建丑為除，丑年丑上起建寅為除是也。建為歲君，為元神，為吉凶眾神之主，可坐不可向，在山在方疊吉星則大吉，疊凶星則大凶。在方為堆黃方，亦疊吉則吉，疊凶則凶。除為四利太陽，小吉；滿為土瘟，為四利喪門，凶；又為天富，小吉，平為三台，又為土曲，又為四利太陰，大吉。定為歲三合，為顯星，吉，又為地官符，為畜官，次凶。執為四利死符，又為小耗，凶。破為歲破，為大耗，大凶。危為極富星，為谷將星，為四利龍德，吉。成為三合，為天喜，吉；又為飛廉，又為四利白虎，小凶。收為四利福德，小吉。開為青龍、太陰，為生氣’華蓋，又為官國星，上吉；又為四利弔客，小凶。閉為病符，凶。平成開危最吉，定除次吉，破大凶，建可吉可凶。以上從十二建星起例。

五虎遁干，戊己為都天，丙丁為獨火，庚辛為天金神。天金神一名遊天暗曜，犯之患眼疾，用丙丁九紫火星制之無害。以上從五虎遁起例。

本年納音剋坐山墓上納音者，為年剋山家，凶。屬金者為地金神，次凶。以上從納音起例。

奏書博士吉，蠶室力士小凶，有吉星可用。大將軍有吉星制，年月利主吉，年月不利亦主凶。又忌與太陰會，尤凶。以上從四方起例。

太歲天干納在何卦，其衝破對卦名曰破敗五鬼，忌修方，吉多不忌。以上從納卦起例。

本年祿前一位為羊刃，對衝為飛刃，名李廣箭，凶。然惟八干山有之，忌坐山不忌方與向。乾坤艮巽山無祿亦無刃，古人葬

課犯陰府年剋者甚多，而八干山絕無犯李廣箭者，其犯箭者皆四維山，原無箭故也。以上從羊刃起例。

六、《協紀辨方書》月吉神總論

天德方即天道方，月德方即三合月官旺之間，大吉。天德合、月德合方次吉，此四德到方，大能制此方之煞，併歲德、歲德合，共名六德，俱走天干不走地支，不能制地支方煞也。

月金匱方吉，即三合月分之旺方也。修之發丁，修年金匱不如修月金匱，比月德後一步吉，與月德同。

月天赦方吉，春戊寅、夏甲午、秋戊申、冬甲子，此天赦也。然原無定在，故以月建入中宮遁之，遁得天赦落在何方，此方宜修造，可制官符等煞。天月德三合周轉已有飛宮之義，不宜再飛，天赦必飛乃現。

七、《協紀辨方書》月凶神總論

月破山方皆凶，坐山尤凶，造葬皆不可犯。
月陰府山凶，月天干剋坐山所納之甲為正陰府，帶卦者為傍陰府。
月剋山家凶，月之納音剋山墓音也，以年日納音制之。
大月建乃月家土煞，占山占向占方占中宮皆凶，動土尤凶，吉不能制。
小月建占方凶，占山占向亦凶，忌修不忌葬。
月家打頭火小凶，與丙丁火併，不可修造，用一白壬癸制之，月遊火不足忌。
飛宮天地官符小凶，有吉星可用。

八、《協紀辨方書》制煞要法

《選擇宗鏡》曰：坐三煞向太歲，此不能制者也，不可犯也。三煞在方在向，及陰府在山，此可制而不易制者也，不可輕也。其於紛紛。神煞中制煞之小煞不必制，有吉星同到自能壓伏。除太歲在山在方宜合不宜衝，灸退在山在方宜補不宜剋，此外則四法而已。干犯干制，如陰府天金神皆以干制干也。支犯支制，如地官符之類，擇其死月死日修之可也。三合犯三合制，如三煞打頭火天官符以三合局剋之可也。納音犯納音制，如年剋地金神，以納音制之可也。今通書制三煞等法皆用納音，不知納音力輕，仍當兼地支三合取用方是。

《千金》曰：煞在山頭更若何，貴人祿馬喜相過；三奇諸德能降煞，吉制凶神發福多。此言山頭之中煞小煞不用剋制，而只以諸吉照之者也。蓋剋則剋倒坐山矣。山值休囚月亦不吉。

又曰：吉星有氣小成大，惡曜休囚不降災，則剋制修方法也，勿作一例看。剋制者，剋制德法為主，吉星為用，若小煞則不必制，遇吉星自伏。

太陽三奇能降諸煞，紫白竅馬能制地官符大將軍以下諸煞。祿制空亡貴人降諸煞，以本命飛到者最為上，太歲飛到者次之，同到者尤吉。

制煞之法宜用四柱剋之，而不宜衝；剋之則伏，衝之則起，而反為禍。除太歲陰府在坐山不宜剋外，其餘諸煞如三煞、官符、大將軍、伏兵、大禍等項，在坐則重而難制，在向在方則輕而可

降。方上有煞可制者，先從吉方起手，連及修作，又從吉方住手，亦佳。

凶方怕疊太歲，怕太歲對衝，怕太歲三合奇方，則皆大凶。次之怕月建相疊相衝相合，則亦為禍，不然不甚為禍也。蓋歲君與月建之力極大，吉星必藉其力方能作福，凶星必藉其力方能作禍；吉方宜動，不修動決不作福；凶方宜靜，不修動亦不作禍，惟年納音所剋之方雖凶亦無害，已為太歲所制故也。

歲君月建衝破吉方不吉，無力故也。若衝破凶方則又凶，蓋煞如虎如火，合之固起，衝之亦起，惟浮天空亡占向可以八字衝之。

太歲可坐不可向，三煞可向不可坐，不易之論也。凡制神煞，先令其星失時無氣，更泊死絕休廢之鄉，得祿馬貴人當旺之令修之，化煞為權，較之剋制尤穩，恐壓伏太過，或遇衝合反為禍也。書曰：若要貴，修太歲；若要發，修三煞。要大興，修火星；要小興，修金神。要發富，修官符；救冷退，修灸退。又曰：制煞修方反獲吉福，此言修非言葬，言修方非言修山也。蓋煞必須剋而坐山宜補；剋之則山傷，補之則煞旺，故單云制煞修方者，以方可剋故也。惟太歲或在山或在方皆可修，蓋修太歲者可合而不可剋，不剋則不傷山也。陰府與山分而為二亦可修，剋陰府不剋坐山也。其於諸煞皆與山方合而為一，故剋制此方即所以剋制此煞，惟方不怕剋也，故皆指修方言，此皆修年家坐宮煞，非修月家飛宮煞。

太歲必疊吉星，不疊凶星，而後修之。君明臣良，其吉可知，故曰大富大貴。

　　三煞連占一方其力極大，制之得法自然發福，然此煞最凶，制不得法必至為禍，修主孱弱亦難駕御，不可輕試。

　　火星乃三合旺方，即打頭火也。剋而修之，旺氣發越，大發人丁，故曰大興。

　　火剋金神則為財，以丙丁制之則旺田產，故曰小興。地官符為歲三合，修之得法亦主旺財，故曰發富。

　　三合死方為灸退，以月日旺相輔之，則無氣而有氣矣，故曰救冷退。

　　制煞之法，古云干犯干制、支犯支制、三合犯三合制、納音犯納音制，此確論也。又有化氣犯者化氣制、坐宮犯者坐宮制、飛宮犯者飛宮制，如陰府甲己屬土，則以丁壬木制之；乙庚屬金，則以戊癸火制之，此化氣制化氣也。如病符小耗年家之不飛者，以年月日吉照之，此坐宮制坐宮也。如月家打頭火，則以月家一白火壬癸水德制之，此飛宮制飛宮也。又有以陰府甲乙屬木、戊己屬土，三煞打頭火官符等項，在寅卯辰則屬木，巳午未則屬火，本煞又自分五行剋制者做此，辨衰旺者亦做此。

　　制煞全看月令，必本煞衰月制神旺月乃可，惟太歲灸退另論。若諸煞聚會或與太歲同宮，則不可制，勿犯可也。

　　《通書》曰：太歲以下凶煞甚多，難以盡避，其各神所臨之地惟奏書博士，宜向之，餘個有所忌，須辨生旺休囚制化得宜，如有破壞須修營者，以天德、歲德、月德、天德合、歲德合、月德合、天恩、天赦、母倉所會之辰，或各神出遊日併工修之無妨。

凡制凶神宜酌其輕重，不可用煞之生旺，如煞屬木者，忌春令，並忌亥卯未日時。如用午自則木煞死，申字則木煞絕，餘可類推。按：《宗鏡》載制煞之法甚詳，醇多疵少，故節取而錄之，其曰：吉方不動不作福，凶方不動不作禍，即《洪範》龜蓍共違靜吉作凶之理。原文有曰：戊己煞不動亦凶，則悖謬已甚矣。陰府制法似是而非，辨見後。通書二則言略而意賅，《時憲書》載於年神之下制煞之大要也。《協紀辨方書》雖逐條詳具，惟因鐵筆子《擇日天文學》以《選擇正宗》陳述，可提供學者簡明路徑。

九、《選擇正宗》綜論

先檢查通書『月表』，看某日適宜某事，選擇出適宜的日期，大體要與值事人本命相生相合，然後再檢查本篇主命凶煞表，選擇用事項目無犯者。對於祭祀、祈福、求嗣、宜徙、安床、栽種、牧養大凶不可用者有，上朔日諸事不宜等。又通書內雖然往往註記宜某事，入學、上官赴任、開市、立券、交易大凶不可用者有：上朔日諸事不宜、歲破日諸事不宜、氣往亡僅上官赴任不可用。四離諸事不宜、四絕諸事不宜、月忌日。祭祀、祈福、栽種、牧養，只論值事人本命。求嗣、宜徙、安床、須論夫婦本命。惟有祭祀不忌本命三煞。

(一)、世俗所最畏而不敢犯者，「五黃」「三煞」與「大將軍」，豈枝必不可犯者，不在此三者，而在「歲破」與「月破」，此二者為最凶之神，不拘在山在方，具不可犯。造葬犯之，主損財物，及害家長，理無制法，即太陽到亦不能制化，又為「大耗」，犯之當有寇賊驚恐之事。

1、「五黃」中宮屬土，如太歲、月建之為土神，不宜動土挖窖、

開渠穿井。平地基、定磉皮、築腳、下椿木、固不可犯，若不動地基，而修造不妨。安葬本不為動土，不忌五黃，若浮厝停柩，更不忌矣。

2、「三煞」在坐山，必不可犯，若在向方，猶可制化。欲修三煞方，先從吉方起工，連及三煞方修造，仍從吉方完工亦佳。故曰：「三煞可向不可坐。」又云：「若要發，修三煞。」惟單修三煞方不可，若有制化無妨。

3、「大將軍」，若寅申巳亥年與太陰(弔客)同位，名曰「群醜」，略兇，必須真太陽到方到宮，乃可修。若他年，止忌還宮月內不可修，飛出別卦之月無妨。此修方神煞，安葬不忌。鼎新起造，名「開山立向」，亦不忌。若犯他煞，重害家長小口，輕主損畜傷財疾病口舌，至於犯「大將軍」與犯「五黃」，主何凶兆，《協紀》並不言及，可知「大將軍」「五黃」，皆非大凶煞。

(二)、「太歲」、「歲破」、「三煞」、「坐煞」、「向煞」、「浮天空亡」，為「開山」「立向」「修方」凶神，修方立向開山者，皆忌。

1、「太歲」疊吉神則吉，疊凶神則凶，在山在方皆大凶。若不疊凶煞，則坐太歲與修太歲，亦無傷也。惟「太歲」在向，即坐「歲破」，極凶。太歲方疊吉神，宜造葬、宜遷徙、宜補葺，皆為修太歲，主吉。若挖窖開池拆毀，乃犯太歲，極凶(「月建」與「太歲」相同)。

2、「歲破」為最凶之神，無可制化，在山在方，皆不可犯。若犯之，主死亡。

3、「三煞」在山亦不可坐，在向在方，待其休囚之月，用三合局剋之，可也。(月三煞略輕，坐之不妨，非若年三煞之必不可坐也。)犯「劫煞」，主劫盜傷殺。犯「災煞」，主疾病。犯

「歲煞」，傷子孫六畜。大禍)又次之(月神無伏兵大禍)。

4、「浮天空亡」，乃年家（即年神）小煞，用天德月德照之，或本命貴人祿馬制之可用。

(三)、「年剋山家」、「陰府太歲」、「六害」、「死符」、「灸退」，為「開山」凶神，止忌坐山，修方立向俱不忌。

1、「年剋」乃造葬年之納音剋墓運，納音若得正五行八字合成格局，補龍扶山，納音力輕，自可勿論（月剋山家更次之）。

2、「陰府」乃本年之化氣，剋山家之化氣。究之五行之義，當以正五行為本，擇日之道，以補龍造命為主，「陰府」其義迂遠，可勿拘忌（月陰府更次之）。

3、「六害」，乃沖所合之辰，亦年家小煞，雖忌坐山，有吉星到可用（月害止忌方，而不忌山）。

4、「死符」，舊歲破也，又為「小耗」，故忌開山，然亦小煞，取山向三合，用月吉星蓋照（到山為「蓋」，到方到向為「照」），便自可用。惟忌營塚墓，置死喪，及有穿鑿，犯之者，主有死亡。

5、「灸退」，乃不足之氣，主退敗，止忌坐山，不忌修方，宜補不宜剋（然坐山即非灸退，亦宜扶補，不宜剋倒）。

(四)、「巡山羅睺」、「病符」，為「立向」凶神，止忌立向，在山在方俱不忌。「羅睺」逼近太歲，「病符」為舊太歲，故立向忌之，然皆小煞，有吉星可用。

(五)、以下為「修方」凶神，此忌修方，不忌開山立向，不忌安葬。

1、歲破方，斷不可。太歲方，有吉神並，可修。三煞方，有制可修，先從吉方起手，連及三煞可修。

2、「天官符」、「地官符」、「白虎」、「大煞」，此四者，為歲三合：若疊凶煞，則為太歲所弔照，其凶有力，故以為忌；若疊吉

星，則亦吉矣。或太陽到，或紫白，或於其死月，以天赦日解之，以修主命，貴人祿馬臨之反吉。若以三合局剋制之，則尤伏矣。但不喜其還宮月分耳。「大將軍」，忌還宮月分。若飛出別宮，有吉同到可用。

3、「力士」，惟辰戌丑未年，與「巡山羅喉」同位，「太歲」同宮，不宜抵向修造，餘年不忌。「蠶室」、「蠶宮」、「蠶命」，為歲方長生之宮，皆無凶義，應忌於其方修作蠶室，恐傷生氣。若養蠶、則又應為吉方。餘當不忌。

4、「歲刑」、「六害」、「太陽」、「天德」可以化之，「月刑」同「月害」，對方即「太陽」，不忌。

5、「黃幡」，不可取土開門。「豹尾」，不宜嫁娶修造。「黃幡」為歲三合墓地，故忌取土，有「天月德」到方，不忌。「豹尾」尤輕，嫁娶上轎下轎忌向之。

6、「喪門」、「弔客」，乃「歲破」三合之小煞也。三合之沖破則凶，破之三合未為凶也。如「喪門」「弔客」兩方同修，則與「歲破」合局，沖剋歲君，大忌。若單修一方，則止取吉星蓋照，用歲三合月日，惟忌歲破三合月日耳。

7、「飛廉」，亦小煞，子丑寅午未申年同「白虎」，卯辰巳酉戌亥年同「喪門」，當同各煞制之。

8、「獨火」、「月游火」、「打頭火」（即大煞），以上火星。諸火同到則忌，不與諸火會合，亦不忌也。宜一白水星水德制之，仿上制三煞法，用三合局剋制更妙。

9、「金神」，制金之法，以火剋之而已。庚辛干者，為「天金神」，以丙丁干制之；納音金者，為「地金神」，以納音火制之；又八節之丙丁奇，或年家之九紫，有氣皆能制之，修作無害，非甚緊煞也。惟巳月金生申酉月，金旺難制；金神在申酉方，

謂生旺得地，則必於火旺之月，以寅午戌三合制之；若在午未方，則火地剋之，即不待制，而自可修矣。

10、「五鬼」，子午年同「官符」，丑未年同「喪門」，寅申年同「太歲」，卯酉年同「太陰」，辰戌年同「白虎」，巳亥年同「歲破」。「破敗五鬼」，以其方沖破歲干所納之卦位，謂巽能破敗乾宮之氣，艮能破敗坤宮之氣，於理不可通也，今以舊歷所用，故存之，實則無所關係。

(六)、「飛宮」、「天地官符」、「飛大煞」、「大月建」、「小月建」。惟忌還宮之月，餘月有吉星可用。飛宮亦較定位較輕。「丙丁獨火」、「月游火」，諸火會合則忌。「月厭」，《時憲書》與「天道」「天德」並載，用日兼用方也。惟子午卯酉月，與建破同方，必不可犯，餘月有吉可用。「月建」，可坐不可向；「月破」，可向不可坐；與「太歲」「歲破」同。「大月建」、「小月建」，乃月家（月神）土煞，然惟子午卯酉年正七月，辰戌丑未年正八月，寅申巳亥年十一月，大月建與本月建同宮，謂之還位，及疊戊己五黃，或入中宮，則不可犯。餘月則有貴人祿馬六德三奇到方，便自可修。

(七)、「死符」、「小耗」、「歲枝德」，此三者，同位而不同凶者。其營塚墓置死喪及穿鑿，則主死亡。若興販修造，則主遺亡虛驚。倘造橋修堤，損己之財，以利眾人之事，則又主大吉。

(八)、開山立向，與修山修向不同。凡新造位開山立向，不論修方神煞。若舊屋前為修向，則忌立向凶神，兼修方論，向上凶神，止忌「太歲」「三煞」。如住屋後為修山，則忌開山凶神，兼修方論，坐山凶神，止忌「歲破」「三煞」。若前後還有屋，又兼中宮論。

(九)、修方，忌歲破、月破方，太歲方、疊金神、大煞，月建方、帶凶煞，此必不可修也。其餘皆可制而修。

(十)、修方，亦有分別。若屋後止造書房閑屋，則單論修方。若在屋後欲作正寢住房，則以開山立向為主，而兼修方論。

(十一)、四圍有屋，則中間之屋皆名中宮。太歲在向，及三煞占山占向，則中宮終年不可修。凡修中宮，忌戊己日，蓋中宮本屬土，又用戊己土日，則助起土煞，不吉也。若辰戌丑未月，尤忌戊己日。

(十二)、修造，必身命年月方向皆利，則修作吉。如或不利，而又不得不作者，則當遷居，自所遷之處，觀所作之方，為吉可也。如年命利作兌，不利作震，則當遷居為東，既居於東，則自其所居事所作之方，昔為震者，今為兌矣。自此修作，則無不可，此活變趨避之法也。

(十三)、作宅，據方隅而作方隅，則當用「作方法」。若開新基立棟宇，或淨盡拆除舊屋而創新居，則當用「作山法」，但論開山立向吉凶神，而修方吉凶神可勿論。然造作之事，以人家居處為本宮，所居在所作百步外，則新創者始可用「作山法」，若所居在所作百步內，則雖新創，亦當以「作方法」論之。如所居雖在所作百步外，但屋宇舊房門廊俱在，則其宅已定，不過補東而去西，除舊而換新，尚當用「作方法」。

(十四)、論方道遠近神煞，京城府州縣，寸金之地，所作之方，但隔街路，作之不妨。如小修葺，並不問吉凶之方，但要吉日，餘即不畏。若是鄉村之地，修方道，或隔大溪水，人不得渡，四時常流，亦不問煞。若隔小水溪澗，常流不絕，小煞不妨。若居城市，隔一街巷，三五尺，

非自己地者，亦不犯方隅神煞。如欲屋近作樓臺廳館，雖是修方道，要有吉神無凶煞，作之不妨。

(十五)、方道遭火後，盡七日之內，擇日起工，半月內擇日豎造，並不問吉凶方道。

(十六)、大汗五日後，立春前十日內，豎造不忌諸凶神，謂之歲官交承。如已過立春，年月凶神方位已定，不可修作，如方位無凶煞無妨。安葬亦然。

(十七)、清明寒食二日修墓，或加土，或種樹，或砌祭臺，或破壞修整，宜於寒食清明之間，鳩工修作，不論年月神煞。

(十八)、論凶葬法，凡人初死，乘凶葬之，雖值凶神，亦不為害。今人盡三日之內或一旬之內，並無開山立向年月，須盡一日之內成墳，俟凶神過方，加土謝墓。

(十九)、太歲以下，凶煞甚多，難以盡避，其各神所臨之地，惟「奏書」「博士」宜向之，餘各有所忌，須辨生旺休囚，制化得宜。如有破壞，須修營者，以「天德」「歲德」「月德」「天德合」「月德合」「歲天合」「天恩」「天赦」「母倉」所會之辰，併工修營無妨。或各神出游日，併工修之亦可。

(二十)、太歲以下，神煞出游日，甲子日東游，己巳日還位，此出遊五日內，則西南北三方，可併工修造，東則雖本屬空方，猶當有所忌，若本不空，則無論矣。諸神煞皆從太歲而有，太歲既不居本位，則諸神煞皆無矣。甲子東、丙子南、戊子中、庚子西、壬子北、倣此。出游必五日者，天地之數五，巳日還位者，蓋子至巳，乃陽氣健旺之辰，陰氣受制於陽神，不敢用事，故假言其出游耳。

(二一)、論作方終始，凡所作，只在一宮選擇固易，如連跨數宮，

有吉有兇，則當於吉宮（即吉方）起工，自此連及不利之宮，殊無害也。若興造月日利，而工作未辦，則略起造以應日時，自此連接以作之，固無不可也。及其畢工，須歸福德之方吉。

(二二)、論取土方道，「太歲」「歲破」「三煞」「官符」「大小月建」等方，忌取土。若遠隔百步之外，目所不見，則不問方道。

(二三)、神煞有大小，故禍福有輕重。《義例》有云：犯歲破（害家長、損財物、多驚恐）劫煞（劫盜傷殺），災煞（疾病），歲煞（子孫六畜），大煞（刑殺），歲刑（爭鬥）蠶室（蠶絲不收），蠶官（蠶母多病），蠶命（絲繭不收），官符（詞訟），病符（災病），死符（修造犯之，遺失虛驚；喪葬犯之，主有死亡）金神（目疾），諸火星（聚會火災），白虎（喪服），飛廉（官事口舌疾病遺亡），喪門（盜賊死喪），弔客（不宜問病尋醫，弔孝送喪），黃幡（損亡），豹尾（損財小口），破敗五鬼（財物耗散），以上所犯，主遭兇禍之說，《協紀》亦不以為非。惟《洪範篇》云：犯金神主兵戈喪亂水旱瘟疫，駁其未必若是之甚，兵戈喪亂水旱瘟疫，豈係一家之犯金神煞所致耶。又以《宗鏡》為大月建主傷宅長，小月建主傷小兒，此俗術之妄說，不可信。俗本有云：年剋山家妨宅長，月剋妨宅母，日剋妨子孫，則無稽已甚，不足道也。獨犯太歲、月建、五寅、大將軍，主何兇患，未見明文。蓋太歲君象，其方固上吉之方，而非下民之所敢用，猶月忌日為中宮五黃，民間需避是日者，同一義也。月建疊吉則吉，疊兇則兇，與太歲相同。若大將不會太陰，不疊兇煞，則有

一二吉星，亦可修造。如安葬本不忌大將軍也，若符厝停柩，更可不忌。

(二四)、「動土」與「破土」，略有不同。「破土」止宜「鳴吠」「鳴吠對」。「動土」宜德合赦願、月恩、四相、時德、三合、開日。破土忌「復日」「重日」「月害」（破土因安葬而斬草也，為兇事，故忌重日復日），動土忌「閉日」「大時」「天吏」（動土因修造而平地也，為築室，故忌大時天吏死氣）。破動土均忌「月建」「土府」「月破」「平日」「收日」「劫煞」「災煞」「月煞」「月刑」「月厭」「四廢」「五墓」「土府」「地囊」「土王用事後」。

(二五)、葬埋，與修造動土亦異。故葬不忌「土府」「土符」「地囊」「土王用事後」。今人有以安葬為犯土礙人者，妄也。

(二六)、安葬擇日易，而修造擇日難。葬則不為動土，不忌土煞。又一切修方神煞，概可不論。止忌歲破、三煞、與死符方耳。且墳墓多在荒野，鄰居較稀，故曰易。若修造屋，神煞不一，先要造主吉利，又須四鄰無恙為妙，故曰難。

(二七)、太歲沖壓祭主之年，入殮安葬的呼之日，俗以被壓者避不到山為吉，或將葬而忽又停喪。被呼者畏而迴避，甚至孝子亦不親殮，不臨穴者有之。敗俗傷化，莫此為甚。一考其所忌之故，又無義理，殆術士捏造中之尤不通者，皆屬謬說，切勿拘忌。

(二八)、今人擇日，莫不喜黃道，而嫌黑道。然而當視各神所臨，以定吉兇。神吉雖黑道亦不為兇，神兇即黃道亦不得以為吉也。且黃道無專宜之事，黑道亦無專忌之事，與吉併則從所宜，與兇併則從所忌。（黃黑道時同。黃道六

神：青龍、明堂、金匱、寶光、玉堂、司命。黑道六神：
天刑、朱雀、白虎、天牢、元武、勾陳。）

(二九)、天赦日，赦罪宥過之辰也，今人莫不以為大吉，諸事皆
宜。凡動土多取天赦，似乎犯土之罪，有天來赦，仍若
無罪也。豈知細查協紀月表，正月戊寅日，仍忌修造動
土、修倉庫、置產室、開渠穿井、安碓磑、破土等事。
五月甲五日，止宜祭祀，餘事皆忌。十一月甲子日，止
宜祭祀、沐浴，亦餘事皆忌。然則<u>天赦日，非逐月盡吉
也。蓋天赦，若與天德、月德、天月德合，天願併，則
有宜無忌也。若與凶神併，則不吉。</u>

(三十)、「重日」「復日」，俗則以為犯此，則致重喪，無是理也。
蓋重日者，巳亥日也。復日者，正月甲日，二月乙日也。
巳亥為陰陽盡日，故忌破土安葬。若復日則皆令星，孟
仲月又皆建祿，其吉自無可疑。乃惟此之忌，而不避刑
厭三煞之兇，且所宜又止於鳴吠日，而舍德赦六合之吉
而不知用，是與嫁娶之僅取不將而不取德合，惟忌章光
無翹而不忌刑沖破害等也。婚葬為人事之始終，而論拘
忌若此，深為不便。

(三一)、<u>無祿日</u>（星命家謂十惡大敗），甲辰、乙巳、壬申、丙申
、丁亥、戊戌、己丑、庚辰、辛巳、<u>此九日，或天月德
併，或歲月填實祿空，或太陽填實，或德合所會，皆不
以無祿論。惟癸亥一日，干支俱盡，雖值天月二德，歲
月太陽填實，歲德會合，仍以無祿論</u>，與上朔晦日同義。

(三二)、反支日，惡其將盡也。戌亥朔本日地支已盡，故初一日
即為反支。申酉朔初二，午未朔初三，辰巳朔初四，寅
卯朔初五，子丑朔初六，<u>此反支日，止忌上表章，陳詞</u>

訟，與德合赦願併仍忌。然結婚納財等事，亦屬不宜。

(三三)、上朔日，甲年癸亥日，乙年己巳日，丙年乙亥日，丁年
辛巳日，戊年丁亥日，己年癸巳日，庚年己亥日，辛年
乙巳日，壬年辛亥日，癸年丁巳日。按上朔為不吉者，
惡其陰陽與德俱盡也。陽盡於亥，陰盡於巳，干盡於十。
如甲年以甲為德，甲至癸而十，甲年之癸，而又臨於亥，
則癸為德盡，亥為陽盡也。乙年以庚為德，庚至己而十，
乙年之己，而又臨於巳，則己為德盡，巳為陰盡也。餘
可類推。其以上朔名者，朔有始義，又有盡義。不只忌
宴會嫁娶遠行上官，《時憲書》祭祀外，概不註宜。

(三四)、四離者，陰陽分至前一辰也。四絕者，四立前一辰也。
只不忌祭祀沐浴等事，餘事皆忌，與德合赦願併猶忌。
晦日亦然。晦日雖與上朔同凶，而亦諸事不宜。按上朔
為陰陽與德俱盡之日，四離四絕為二氣五行分判之日，
晦為月盡，故所忌諸事，只不忌祭祀解除，或以祀神而
不敢禁，或以除舊而不為嫌。

(三五)、冬至、夏至、春分、秋分，不註結婚、納采、嫁娶、進
人口、搬移、開市、立券、交易、捕捉、畋獵、取魚，
冬至又忌伐木。按二至之日，陰陽爭；二分之日，厭建
對；故雖吉日，亦不註此數事。

(三六)、土王用事，忌修造動土、破土等事，義同土府。然土府
只忌一日，而土王用事以後，共忌一十八日。蓋土各旺
於四季之末，一十八日，每年共旺七十二日也。

(三七)、伏社日，忌沐浴。按沐浴，宜申酉亥子日。伏為金伏，
是申酉之反也。社為土旺，是亥子之反也。故忌沐浴。

(三八)、弦朔望日，忌求醫療病。按朔為日月同度，弦為近一遠

三，望為日月同對，猶建破平收之義也，故忌療病。

(三九)、<u>長星短星，忌裁衣、貿易、納財。</u>

(四十)、月忌日，每月初五、十四、廿三，此三日，即河圖之中宮，五宮五數，五為君象，故民庶不敢用。又以太歲為堆黃煞，皆避尊也。以卑犯尊則凶。國家亦不用是日者，國有事必及臣民，故亦不用也。然而世俗不知避忌，而嫁娶造葬，誤選月忌者甚多。大抵選擇家，不看《協紀辨方》，但看《諏吉便覽》耳。蓋《諏吉》凡例云：一俗忌之楊公忌日、紅紗日、月忌日、上兀，下兀，四不祥日，九良星日，概屬不輕，已奉刪除，不必拘忌。豈知楊公忌等日，果奉刪除，錄入辨偽卷中，惟月忌日，中宮五黃之說，《協紀》稱其有理，並未刪除。

(四一)、日食、月食日、及前後七日，皆不宜造葬。

(四二)、喜神者，見丙也。其日之方，與其時並取利用，然亦須與其他神煞參論。甲己日之得丙寅，固為喜神時矣，而在申日，則為日破，又不得以其為喜神而用之也。餘仿此。今人嫁娶修造用喜神方與喜神時者，十有八九，然貴人較喜神尤吉也。蓋貴人為吉神之首，至靜而能制群動，至尊而能鎮飛浮。晝用陽貴，夜用陰貴。晝夜之分，自當以日出為晝，日入為夜也。<u>若貴人登天門時，乃時之最善者也。</u>四大吉時次之。日祿、日合、日建時吉，日破最凶，日刑、日害次之。總之，日時吉凶，皆以生旺為主，當與宜忌參看。至以年時合成八字，則又非宜忌之所能盡也。

十、《協紀辨方書》四柱法

四柱以年為君、月為相、日為有司、時為胥吏，所貴干支純粹。成格成局，扶龍相主，如君臣合德，官吏奉法，而人民實受其福也。年為君，故四柱切忌衝動太歲，月為相，當旺一時，故扶龍山相主命必擇龍山主命旺相之月，而制煞修方必擇煞神休囚之月，日為有司，君相之德賴以承宣，<u>故日之吉凶較年月尤切用。</u>日之法又以日干為君，日支為臣，干重而支輕，日干必要旺相，切忌休囚，總看月令以辨旺衰。如寅卯月遇甲乙日為旺、丙丁日為相，皆吉；如庚辛日為廢、壬癸日為洩、戊己日為受剋，皆不吉也。然此不當令之日干，如四干三干一氣，則比助身強，如二月用四辛卯，此大八字也，難逢難遇，則取小八字，如五月甲日休囚。楊筠松亥年修卯方，地官符用癸亥年戊午月甲午日丙寅時。蓋甲日生在害、祿在寅，又有年干癸水亥宮壬水以生之，此古人扶持日干之法也，此之謂小八字，以四柱干支不純將就取用也。

楊公曰，取干最宜逢健旺，即日干也。造命書曰：日干休囚非貧即夭，皆名言也。若日干休囚而又無比肩無印授，立見退敗，用時有二法，或與本日支干一類，或日干之祿時而已，時神吉凶不必拘也。

<u>四柱最忌地支相衝，大凶；衝龍衝山衝主命，亦大凶。</u>天干剋龍山凶，惟辰戌丑未為四庫自衝，可衝山亦可衝主命，則凶。

凡四柱得天干一氣，或地支一氣，或兩干兩支不雜，或三台或三奇三德，謂之成格，三合局謂之成局，皆吉格也。然必扶龍山相主命乃吉，如是則體立矣。再得日月奇白照臨山向，又四柱之貴人祿馬到山到命，則用行矣。體用兼全上也。然有體而後求

用，切不可鷙用而失體。

　　按：《宗鏡》四柱法造葬皆然，其上取大八字，其次亦取小八字，謂用時只有二法，則其義未備。三合六合貴人皆吉，不專取祿，如申年月甲日則祿為破，要在合年月以取用耳。小修只擇吉日吉時，與山方年命主合則吉。蓋選擇所以利民，過拘則廢是，篇中所謂難逢難遇是也。

用日法

　　日貴旺相，得令忌休囚無氣，而日干尤重。日之吉凶全看衰旺，日之衰旺全看月令，當令者旺，受生者相，皆大吉。剋月令者囚，受剋於月令者死，皆凶。日生月者休，亦不為吉，故母倉非上吉日。

　　寅卯月甲乙寅卯為旺，丙丁巳午為相；巳午月丙丁巳午為旺，戊己辰戌丑未為相；申酉月庚辛深酉為旺，壬癸亥子為相；亥子月壬癸亥子為旺，甲乙寅卯為相；辰戌丑未月戊己為旺，庚辛申酉為相，此內惟戊己日忌動土，亦忌修中宮。天干旺相者吉，支旺者有轉煞之疑。二月卯、五月午、八月酉、十一月子，乃謂轉煞，然古人葬課四卯四午四酉是不忌葬也。楊公取午月甲午日修官符方，是不忌造也。古人用四辛卯，亦天干四廢四辛相扶，故不忌也。

　　日干休囚，四柱又無印綬比肩，貧賤夭折之課也，切忌，勿用。

　　寅月甲日、卯月乙日、巳月丙日、午月丁日、申月庚日、酉月辛日、亥月壬日、子月癸日，既得令而又得祿，吉而又吉者也。辰戌月戊日、丑未月己日，雖不得祿，實得令，中吉。

日干為君支為臣，與月令同氣，或與月三合或月建相生，及天德、歲德、月德為上吉，三德合日、天恩天赦日為次吉。

通書忌天吏，日與年，灸退同，寅午戌月忌酉日，亥卯未月忌午日、申子辰月忌卯日、巳酉丑月忌子日，即三合死地也，甚有理，亦主退氣，不致傷人。

<u>破日大凶，與月相衝，日衝歲亦大凶。</u>

正四廢大凶，謂支干俱無氣也，傍四廢亦凶，或支或干無氣也，書云傍四廢吉多可用。

荒蕪日次凶，與四廢大同小異，亦是失令休囚之日，春巳酉丑、夏申子辰、秋亥卯未、冬寅午戌，然正月只忌巳日、二月只忌酉日、三月只忌丑日為準。三季傚此，有謂百事皆忌者，謬也。

<u>四廢荒蕪相兼日尤凶，春酉、夏子、秋卯、冬午。</u>

建破平收俗之所忌，然惟破日最凶，必不可犯。建日吉多可用，平日甚吉，收日吉多無妨。書云：其日與黃道天月德併可用。

凡辰戌丑未月修作中宮決不可用戊己日，蓋中宮與四季月皆屬土，再見土日必不吉。

按：《宗鏡》用日法專取旺相，自為一家之言，而與建除叢辰諸家亦不相背，甚為可取。然其論戊己日則謂辰戌丑未月日忌修中宮者是，謂動土最忌者非。論四廢日，則以正四廢為凶者是，以傍四廢為凶者非。荒蕪日即五虛日，以忌百事為謬者是，謂一月只忌一字者非。蓋古人造葬，四柱取全局，故春月忌巳酉丑及庚辛申酉年月日時，卯月酉衝，故尤忌，非謂見一字之即為荒廢

也。且又有比肩相扶之法，亦非概以荒廢為凶。觀其所謂子午卯酉為轉煞，而又載古人之不忌以為明徵，其義可見，至其以寅月甲日、卯月乙日為得令得祿，則醇乎其醇，勝於復日之義遠矣。總之日神吉凶皆以生旺為主，四時五行至為活變，當與宜忌參看，則輕重取舍甚明，至以年時合成八字則又非。宜忌之所能盡神而明之，存乎其人耳。

用時法

時者日之用也，全在幫扶日辰，或與日支干比和，或與日支三合六合即吉。時家吉凶神不必盡拘，惟貴人祿馬為吉，如甲戊庚日以丑未時為貴人，甲日祿到寅時，子辰日馬到寅時是也。

時衝月令、衝歲君皆凶，大事則忌，小事可勿論。

時破大凶，日支衝時支也，如子日午時之類。

時刑次凶，日支刑時支也，如子日卯時之類。

五不遇時次凶，時干剋日干也，如甲日庚午時之類。《三元歌》曰：縱得三奇與三門，五不遇兮損光明。可知其凶，切忌之。

旬中空亡、截路空亡忌出行，不忌葬事。

時建吉，與日比和也，但犯五不遇則凶，古人多用建時絕不用破時，用五不遇者亦少。楊筠松葬丁巳亡命，子山午向，用壬申戊申壬申戊申建時五不遇，然取兩干不雜地支一氣，又戊祿到巳申與巳合，且戊壬同生於申，故不以不遇為嫌也。凡用時小修，則只取幫扶日主；大修與埋葬則要幫扶四柱，使四柱純粹，以補龍山相主命，乃千古不二之法也。

　　孟月甲丙庚壬時，仲月艮巽坤乾時，季月乙辛丁癸時，謂之四大吉時。又為神藏煞沒，但學者不明歸垣入局之理，以取吉耳。如正月雨水後亥將用事，用子時上四刻，作壬子山向，則為神藏煞沒，其他甲庚丙山向亦倣此推。每一日只有一時諸興歸垣入局，如太陽在子則壬子時吉，太陽在午則丙午時吉，此即歸垣入局之妙也，吉莫大焉。《元經》云：善用時者常令朱雀鎩羽、勾陳登陛、白虎燒身、元武折足、螣蛇落水、天空投匭，所謂六神悉伏也。如不得六神悉伏，則得吉將加時亦吉。

　　日干不旺，用祿時則旺，如甲日寅時、乙日卯時皆吉時，能幫日干及幫四柱者，真吉神也。時家亦有三奇紫白，倣月例推。

　　遁甲奇門時乃行兵之用，非為造葬也，然造葬、修方、嫁娶、上官、出行等事用之皆吉。

　　凡選時用奇門之法，先以超接為定，次看祿馬貴人到局，與奇相合，斯為上吉，能解一切凶煞，召奇致福。如奇到而祿不到為獨腳奇，祿到而奇不到為空亡祿，不能為制煞之用也。

十一、《協紀辨方書》事類總集

　　《通書》曰：年貴人冬至後用陽貴，夏至後用陰貴；時貴人晝用陽貴，夜用陰貴。又一說，子至巳用陽貴，午至亥用陰貴。

　　凡修造用家主名姓昭告，若家主行年不利，即以子弟行年得利者作修造主，昭告神祇，俟修造完畢入宅，然後安謝。

　　凡新立宅設或盡行拆除舊宅，倒堂豎造，修主人眷既以出火避宅，其起工只就坐上架馬，若修主不利出火避宅，或坐宮或移

宮，但就所修之方擇吉方起工架馬，或別擇吉方架馬亦利。若修作在住近空屋，或在一百步之外起工架馬，並不問吉凶方道。

凡原有舊宅淨盡拆去另造，謂之倒堂豎造，與新立宅舍同，擇吉方出火避宅，俟工作完備，別擇吉年月入宅歸火。

凡立磉便為立向修方，如月家不利，須與豎造同月，蓋豎造既得吉日，則在前定磉，難得全吉之日，吉多凶少亦可用，至扇架則又輕於定磉矣。

凡修造橋梁、僧尼院宇，庵觀神廟，開山立向修方並與民俗年月同。

凡新立宅舍尚未歸火入宅，即於宅內新造牛欄馬枋羊棧豬牢等屋，並不問年月方道，如在百二十步之外，須看年月方道無凶煞占方，宜起手修造。

凡方道有三，曰陰方道、曰陽方道、曰交接方道。陰方道者，即中宮滴水門也。陽方道者，地基不與舊宅相接也。交接方道者，或前後左右屋宇與舊宅相連也。如屋上起樓及架天井就簷滴水歸裡皆屬中宮，名曰陰方，只取中宮無煞，得吉會為大利。如建亭臺、造軒閣不進中宮，名曰陽方，只取外方向為利。如就屋比連、接架增簷、添桁補廊，名曰交接方，要內外俱有吉會方為大利。

凡作宅據方隅而作方隅，則當用作方法，若開新基立棟宇或淨盡拆除舊屋而創新居，則當用作山法。然造作之事以人家居處為本宮，所居在所作百步外，則新創者始可專用作山法，若所居在所作百步內，則雖創新，亦當以作方法論之。如所居雖在所作百步之外，但屋宇舊房門廊俱在，則其宅已定，不過補東而去西，

除舊而換新，尚當用作方法，但不在百步之內，禍福輕耳，故凡造作用作方法者多，用作山法者少。

論方道遠近神煞，京城府州縣寸金之地，所作之方但隔街路，作之不妨，如小修葺並不問吉凶之方，但要吉日，餘則不畏。若是鄉村之地修方道或隔大溪水，人不得渡，四時常流，亦不問凶煞；若隔小水溪澗，常流不絕，小煞不妨。若居城市，隔一街巷三五尺非自己地者，亦不犯方隅神煞，如欲屋近作樓臺廳館，雖是修方，亦取方道，有吉神無凶煞，作之不妨。

論入宅法，山向中宮並無凶煞，惟大門微有凶神，卻用關閉正門，從左右作小門出入，或開橫門出入，或奉祖先福神香火暫駐吉方，俟凶神過後正向得利，別擇吉月吉日；或歲除正初，或立春交接移入祖先福神香火奉祀，遂開正門無妨。

論歸火與豎造同日，惟推吉時，家主先移祖先福神香火入宅，俗謂先過香火，俟畢工後再擇吉日同家眷從吉方入宅。如豎造之日不先移香火入宅，必待山向年月得利方可入宅歸火。若豎造之日雖吉，或犯歸忌九醜，又須別擇。

凡人家修造內堂完備以歸火入宅，向後續造廳廊；或久住宅舍，又欲修作安碓開渠修築等事，只作修方法擇年月，其山家墓運陰府太歲並不必忌，惟浮天空亡、巡山羅睺及月家飛宮方道緊煞忌之。

凡造葬先看山家，墓運要正陰府，太歲不剋山頭，若浮天空亡、天官符占舍位，並忌開山立向，巡山羅睺只忌立向。次論月家飛宮天地官符，忌開山立向。又論月家飛宮天地官符忌開山立

向，又論山家墓運正陰府太歲月日時忌剋山，如山家官符穿山羅喉天禁朱雀，山家困龍並忌。開山吉星到則能制，但用通天竅走馬六壬星馬貴人為主，剋擇利宜年月兼求，

祿馬貴人，諸家鑾駕帝星，若有一吉神同到，蓋照山向以佐其吉，修造則擇豎造吉日，安葬則擇破土吉日，大吉。

凡吉星到山為蓋，到方向為照，若吉星到山到向併照中宮，豎造安葬大吉。如修方對宮方上得吉星，名曰吉星照方，修作大利。

<u>凡方道遭火盡，七日之內擇日起工，半月內擇日豎造，並不問吉凶方道。</u>

凡入山伐木、起工架馬、定磉扇架，與豎造宅舍同。

凡成造船隻日與豎造宅舍吉日同，忌火星天賊伏斷正四廢執破日。

凡蓋船蓬日忌天火天賊八風破日。

凡新船下水日與出行同日，宜天德、月德、天德合、月德合，要安平定成日，忌觸水龍日。

凡合壽木宜木建日，正月庚寅、二月辛卯、三月戊辰、四月己巳、午月壬午、六月癸未、七月庚申、八月辛酉、九月戊戌、十月己亥、十一月壬子、十二月癸丑及四廢日、本命納音生旺日，忌本命日、本命對衝日、建日、破日、重日、日辰納音剋本命納音日。

凡砌生墳亦如葬事，選擇年月要開山立向不犯年月家凶煞，

更得吉神蓋照山向，卻可用事，若作印堂土堆惟擇吉日，不問山向吉凶。開壙砌金井宜四廢日、旬中空亡月日及本命納音有氣月日。

凡金井下磚日，擇日與葬日同。

凡療病針灸卒，然有疾，豈待擇吉而後求醫，然先賢必用擇日，欲人之不輕服藥也。至於針灸視逐日人神所值之處尤宜迴避。

<u>凡嫁娶吉日，宜不將、天德、月德、天德合、月德合、母倉、黃道上吉，次吉月恩、益後、續世，戊寅己卯人民合日，又日辰合吉，雖無不將亦可用，不必拘也。</u>

凡月忌日不忌嫁娶，辛亥年十一月初五日辛卯、壬子年十二月初五日乙卯，嫁娶用之亦多，略舉此事以袪俗忌。

凡嫁娶周堂值翁姑，新人入門時俗有從權出外少避，候新人坐床，翁姑方可回家。

凡封拜施恩事出於上，百無忌，惟擇吉時。

凡上官、嫁娶、出行、入宅、修造、安葬、修方，一切動用宜四大吉時，兼黃道吉星時，得吉星到時可勝諸凶，所有九醜路空旬空俱不忌。或合通天竅走馬六壬天罡取用吉時吉神到山到向為吉。

十二、鋪註條例

凡鋪註萬年書、通書，先依用事，次第察其所宜忌之日，於某日下註宜某事，某日下註忌某事，次按宜忌較量其吉凶之輕重，以定去取。

凡宜宣政事、布政事之日，只註宜宣政事。

凡宜營建宮室、修宮室之日，只註宜營建宮室。

凡吉足勝凶，從宜不從忌者，如遇德猶忌之事，則仍註忌。

凡吉凶相抵，不註宜亦不註忌者，如遇德猶忌之事，則仍註忌。

凡德合、赦願、月恩、四相、時德等日不註忌進人口、安床、經絡、醞釀、開市、立券、交易、納財、開倉庫、出貨財，如遇德猶忌及從忌不從宜之日，則仍註忌。

凡天狗寅日忌祭祀，不註宜求福、祈嗣。

凡卯日忌穿井，不註宜開渠。壬日忌開渠，不註宜穿井。

凡巳日忌出行，不註宜出師、遣使。

凡酉日忌宴會，亦不註宜慶賜、賞賀。

凡丁日忌剃頭，亦不註宜整容。

凡吉凶相抵不註忌祈福，亦不註忌求嗣。

凡忌詔命公卿、招嫌，不註宜施恩封拜、舉正直、襲爵受封、凡忌施恩封拜、舉正直、襲爵受封，亦不註宜詔命公卿、招賢。

凡宜宣政事之日，遇往亡，則改宣為布。

凡月厭忌行幸、上官，不註宜頒詔、施恩封拜、詔命公卿、招賢、舉正直，遇宜宣政事之日，則改宣為布。

凡吉凶相抵，不註忌結婚姻，亦不註忌冠帶、納采問名、嫁娶、進人口，如遇德猶忌之日則仍註忌。

凡吉凶相抵，不註忌嫁娶，亦不註忌冠帶、結婚姻、納采問名、進人口、搬移、安床，如遇德猶忌之日，則仍註忌。遇不將而不註忌嫁娶者，亦仍註忌，遇亥日、厭對、八專、四忌、四窮，而仍註忌嫁娶者，只註所忌之事，其不忌者仍不註忌。

凡吉凶相抵、不註忌搬移，亦不註忌安床；不註忌安床，亦不註忌搬移。如遇德猶忌之日，則仍註忌。

凡吉凶相抵，不註忌解除，亦不註忌整容、剃頭、整手足甲。如遇德猶忌之日，則仍註忌。

凡吉凶相抵，不註忌修造動土、豎柱上樑，亦不註忌修宮室、繕城郭、築隄防、修倉庫、鼓鑄、苫蓋、修置產室、開渠穿井、安碓磑、補垣塞穴、修飾垣牆、平治道塗、破屋壞垣。如遇德猶忌之日，則仍註忌。

凡吉凶相抵，不註忌開市，亦不註忌立券、交易、納財：不註忌納財，亦不註忌開市、立券、交易：不註忌立券、交易，亦不註忌開市、納財。

凡吉凶相抵，不註忌開市、立券、交易，亦不註忌開倉庫、出貨財。如遇專忌之日，則仍註忌。

凡吉凶相抵，不註忌牧養，亦不註忌納畜：不註忌納畜，亦不註忌牧養。

凡吉凶相抵，有宜安葬，不註忌啟攢；有宜啟攢，不註忌安葬。

凡土府、土符、地囊，只註記補垣，亦不註忌塞穴。

凡開日不註宜破土、安葬、啟攢，亦不註忌，遇忌則註。

凡四忌、四窮，只忌安葬，如遇鳴吠、鳴吠對，亦不註宜破土、啟攢。

凡天吏、大時，不以死敗論者，遇四廢、歲薄、逐陣，仍以死敗論。

凡歲薄、逐陣日所宜事照月厭，所忌刪，所忌仍從本日。二月甲戌、四月丙申、六月甲子、七月戊申、八月庚辰、九月辛卯、十月甲子、十二月甲子，德合與赦願所會之辰，諸事不忌。

第伍章 擇日實例演練

依據擇日用事術語的內容與「協紀辨方書」、「通書」、「憲書」及其他相關書籍，擇日分項大約就在祭祀、生活、結婚姻、營造修繕、買賣農作、喪葬等社會活動中不可分離。擇日在自我學習的歷程中，因為各家通書、《尅擇講義》等書籍，有專業名詞、標點符號、各種資料在書中排列方式、神煞忌例、擇日步驟不同等因素阻礙學習，因此在閱讀理解操作時，如同陷入五里霧中。

一、基本操作法則

《尅擇講義‧總訣》

1、〈天干之名〉：連帶陰陽、五行、方位、四季的概念認識。
2、〈地支之名〉：連帶陰陽、五行、方位、四季的概念認識。
3、〈五行生尅〉：金木水火土。
4、〈納音五行〉：

甲9。乙8。丙7。丁6。戊5。己9。庚8。辛7。壬6。癸5。子9。丑8。寅7。卯6。辰5。巳4。午9。未8。申7。酉6。戌5。亥4。

納音中，金木自然成音，水火土必須藉其他五行才能成音，例如土被水借，水被火借，火被土借等。

例如：甲子乙丑海中金：甲9，子9，乙8，丑8；合計34，餘4，屬金。

丙寅丁卯爐中火：丙7，寅7，丁6、卯6；合計26，餘6，屬水，水被火借。

戊辰己巳大林木：戊5，辰5，己9，巳4，合計23，餘3，屬木。

丙子丁丑潤下水：丙7，子9，丁6，丑8，合計30，餘0，屬土，土被水借。

戊寅己卯城頭土：戊5，寅7，己9，卯6，合計27，餘7，屬火，火被土借。

丙申丁酉山下火：丙7，申7，丁6，酉6，合計26，餘6，屬水，水被火借。

庚子辛丑壁上土：庚8，子9，辛7，丑8，合計32，餘2，屬火，火被土借。

壬戌癸亥大海水：壬6，戌5，癸5，亥4，合計20，餘0，屬土，土被水借。

5、〈年遁月例〉：

甲己起丙寅，乙庚起戊寅，丙辛起庚寅，丁壬起壬寅，戊癸起甲寅。

擇日只有以日起時干用五鼠遁，其餘原則都用五虎遁。

6、〈日遁時例〉：

甲己起甲子，乙庚起丙子，丙辛起戊子，丁壬起庚子，戊癸起壬子。

7、〈月建節氣〉：

立春雨水（寅）。驚蟄春分（卯）。清明穀雨（辰）。立夏小滿（巳）。芒種夏至（午）。小暑大暑（未）。立秋處暑（申）。白露秋分（酉）。寒露霜降（戌）。立冬小雪（亥）。大雪冬至（子）。小寒大寒（丑）。

8、〈三合五行〉：

申（長生）子（帝旺）辰（墓庫）三合水。

寅（長生）午（帝旺）戌（墓庫）三合火。

巳（長生）酉（帝旺）丑（墓庫）三合金。

亥（長生）卯（帝旺）未（墓庫）三合木。

辰戌丑未合會土。生旺墓三合同情。

擇日三合與八字三合不同，擇日三合是任何兩個字都可以稱為三合，例如申子、申辰、子辰。而八字是申子、子辰論半合，申辰不論。例如：甲子日戊辰時，子辰論三合。乙卯日丁亥時論三合。

9、〈天干五合〉：

甲己合化土，乙庚合化金，丙辛合化水，

丁壬合化木，戊癸合化火。五合要鄰柱。

10、〈地支六合〉：

子丑合化土，寅亥合化木，卯戌合化火，

辰酉合化金，巳申合化水，午未合化日月。

例如：乙未日壬午時。丙寅日己亥時。

11、〈祿元之例〉：

甲祿在寅。乙祿在卯。丙祿在巳。丁祿在午。戊祿在巳。己祿在午。庚祿在申。辛祿在酉。壬祿在亥。癸祿在子。

例如甲午年生人主事，以甲午年為主角，擇日在己巳，己日進到午年，稱進祿。

再例如，甲午日己巳時，以甲午日為主角，己是午的祿，己時進到午日，稱進祿。因此，從地支找天干，稱進；從天干找地支，稱堆。

例如寅年生人，擇日取甲子日、甲寅日、甲辰日等，稱進祿。

乙年生人，擇日找丁卯日、辛卯日等，稱堆祿。

12、〈馬元之例〉：

申子辰馬居寅。寅午戌馬居申。巳酉丑馬在亥。

　　亥卯未馬在巳。馬前一位為欄，馬後一位為鞭。

　　婚課有驛馬，需有正官、正印或有欄。

13、〈天乙貴人〉：

　　甲戊庚牛羊。乙己鼠猴鄉。丙丁豬雞位。

　　壬癸兔蛇藏。六辛逢馬虎。此是貴人方。

　　從地支找天干，稱進；從天干找地支，稱堆。乙巳年生人，
　　擇日取壬癸日，稱進貴。乙巳年生人，從天干乙找地支子日、
　　申日，稱堆貴。又例如甲申日取乙亥時，從日柱地支申找天
　　干乙，稱進貴。

13、〈十二生肖〉：

　　子肖鼠。丑肖牛。寅肖虎。卯肖兔。辰肖龍。巳肖蛇。

　　午肖馬。未肖羊。申肖猴。酉肖雞。戌肖狗。亥肖豬。

14、〈長生之例〉：

　　甲木生亥。乙木生午。丙戊生寅。丁己生酉。

　　庚金生巳。辛金生子。壬水生申。癸水生卯。

　　戊午日乙卯時，乙長生在午。己未日癸巳時，己長生在酉，
　　癸貴人在巳，生貴交馳。

15、〈帝旺之例〉：

　　甲旺卯。乙旺寅。丙旺午。丁旺巳。戊旺午。

　　己旺巳。庚旺酉。辛旺申。壬旺子。癸旺亥。

　　例如己酉年生人，取己巳日，生旺交馳帶三合。

16、〈地支相沖〉：

　　子午逢相沖。卯酉對面傷。寅申禍拱立。

　　巳亥難對當。辰戌羅網寇。丑未不相通。

　　例如甲申年生人，忌用寅日寅時，無解。凡擇日，本命地支
　　不能與日支、時支對沖；以及所擇取之四柱地支間相互對沖；

另外陰陽宅擇日，二十四坐山與兼山之地支山頭，與其所擇
取之日支時支相對衝，均大凶。

17、〈地支三刑〉：

子刑卯。丑刑戌。戌刑未。寅刑巳。

巳刑申。辰刑辰。亥刑亥。酉刑酉。午刑午。

三刑逢三合、六合、貴人，便可化解。三刑忌日不忌時，包
含本命地支與所擇之日支，或所擇之日支與時支犯三刑。
例如辛亥年生人取丁亥日，亥亥自刑，但丁貴人在亥，可用。
又例如甲辰年生人取乙卯日癸未時，子刑卯，但卯未三合，
癸貴人在卯，甲年生人貴人丑未。又例如甲寅年生人取乙巳
日，寅刑巳，無貴人，忌用。

18、〈地支殺例〉：

申子辰殺未。巳酉丑殺辰。寅午戌殺丑。亥卯未殺戌。

例如申子辰年生人，殺在未，因此擇日擇時大忌未日未時。

19、〈回頭貢殺〉：

申子辰全殺未命。寅午戌全殺丑命。

巳酉丑全殺辰命。亥卯未全殺戌命。

四柱中必須三字全才算回頭貢殺。僅辰戌丑未年生人，才有
回頭貢殺的顧慮。例如己丑年生人，擇日取庚子年，戊寅月，
辛卯日，壬辰時。

20、〈箭刃之例〉：

甲庚干值卯酉刃。乙辛干值辰戌刃。

丙戊壬干子午刃。丁己癸干丑未刃。

如逢天乙貴人到，三合化刃喜為甚。冲殺刑刃回頭貢，忌用。

二、安床吉課

安床宜忌,安床的方法男女並重,男重官星,女重食神,要本命生、旺、祿、馬、貴人堆拱,得胎養生旺日。女命食神通根而生旺有氣,乃能旺夫益子,又要日子健旺,無沖陽氣陰胎而吉。忌白虎、天狗、喪門、病符、三殺方,主有疾病墮胎之患。吉神宜取天德、月德、母倉、益後、續世、生氣、三合、五合、六合、天喜、金匱、青龍、黃道、要安、吉慶、福生,成日、開日、危日。忌月破、受死、正四廢日、真滅沒日、四離日、四絕日、臥尸、申日、火星、平日、收日、閉日、劫殺、災殺、月殺、月刑、月厭、日月蝕日、陰陽錯、埋兒宿日、埋兒時、滅子胎等。忌與嫁取日相沖。危宿日誤用。若逢紅嘴朱雀(丁卯、丙子、乙酉、甲午、癸卯、壬子、辛酉等,忌安床不忌造床)乾宮,宜用鳳凰符制。而造床忌木馬斧殺,魯班刀砧。有孕之主婦,要查六甲胎神之月日占宮表,有孕忌拆。安床應在午時前開始。女命埋兒凶時:子午卯酉女忌丑時。寅申巳亥女忌申時。辰戌丑未女忌卯時。

問題一

甲子年生人,於辛丑年立春後擇日安床,建築物寅山申向,參考通書紅課登載之庚寅月甲午日如何?提示:注意子午沖與建築物三殺方。

問題二

己酉年生人,於辛丑年立春後擇日安床,建築物艮山兼丑,取通書紅課登載之庚寅月甲辰日如何?提示:坐山三煞,地支殺例,均不可犯。

問題三

甲子年乾造與乙丑年坤造，於辛丑年立春後擇日安床，建築物酉山卯向，取通書紅課登載之庚寅月甲午日，庚寅月壬寅日，庚寅月甲辰日，庚寅月丙午日，以上四個日期，是否僅壬寅日可用？
提示：三殺六沖不可犯。若取壬寅日乙巳時，何者得到驛馬？何者得到祿位？何者得到帝旺？胎神在何方？

三、裁衣合帳吉課

　　裁衣宜天德、月德、天赦、天願、月恩、四相、時德、滿日、開日、三合、重日等。裁衣吉宿有角(安穩)、亢(得食)、房(益衣)、斗(美味)、牛(進喜)、虛(得糧)、壁(獲寶)、奎(得財)、婁(增壽)、鬼(吉祥)、張(逢歡)、翼(得財)、軫(長久)等。裁衣又忌月破、受死、正四廢、長短星、火星、真滅沒日等。合帳宜水、閉、女、壁等日，四季土王用事日併卯辰時；忌月破、受死、四廢日、真滅沒日、火星日、天賊日等。必須在午時以前裁作。

　　合帳宜水、閉、女、壁宿，四季土王用事日，併卯辰時。忌月破、受死、四廢、真滅沒、火星、開日、天賊等。男冠女笄，宜天德、月德，併合天恩、月恩、生氣、益後、續世、福生、黃道、成日、定日、開日，宜喜神方，如與太歲、三殺同位，則向貴神方吉，忌月破、受死、正四廢、真滅沒、蚩尤丑日、火星日，勿犯六沖、三殺、刑刃則吉，遁見丙方為喜神。

問題一

甲辰年與庚子年生人，在辛丑年選取正月裁衣合帳擇日，依據紅課有初一辛卯日卯巳午等時，初四甲午日卯巳午等時，初五乙未日卯辰巳等時，初九己亥日卯辰午等時。試求何日何時較

為有利？提示：甲辰人三殺在未日未時，庚子沖甲午。

問題二

丙申年與丁酉年生人，在辛丑年辛卯月擇日裁衣合帳，正月二十四日甲寅日卯巳午等時，正月二十五日乙卯日卯辰巳等時，正月二十七日丁巳日辰巳午等時，二月初三壬戌日巳午時，試求何日何時較有利？何日何時大忌無解？若取丁巳日午時，是否雙祿交馳？提示：丙申年沖寅，丁酉年沖卯；丙祿位在巳，丁帝旺在巳，丁貴人在酉，巳申六合。

四、開市營業求財吉課

　　店面、公司、營業所、工廠等新開張，或每逢春節後開市，應該擇吉而開張，宜取天德、月德、併合天願、五富、天富、三合、六合等，滿日成日開日大進日時。忌破日、閉日、受死日、債木、四離、四絕、四廢、真滅沒日、長短星、四耗、四窮、九空、財離、亡贏、失本、天地賊、小耗、劫災、月殺、大時、天吏、平收五墓等。不忌方位，忌用刑、沖、殺之日時，有吉神解則不忌。查日腳宜有天、月德合，天財、月願、五富、三合、三元四利，宜用滿、成、開日或大進日時。日腳忌有二元四利之破、閉、平、收、四離、四絕、四慶、受死、長短星、九空、財離、月殺、天賊、四耗、五墓等。交易，指書立契券，買田屋等交易事項。求財，指出行求財，謂遠行出外水路經營等事。宜忌均與開市大致相同。

　　負責人之沖、煞、刑、箭刃（箭刃僅一字可用）、回頭剋，應先撿清。其餘通書紅課開市吉日與主事配合。通書黑課日腳有開市日。周堂局如逢債木、爭訟，大忌不用。盡量勿用大退日時。開市

不過午時，特種行業不忌。核對日時祿、馬、貴人、長生、帝旺、三合、六合等。《廖淵用通書》提到「開張店肆」大意說：「謂開張市鋪場等事。宜天德、月德，併合天願、五、三合、六合、天富、滿日、成日、開日，大進日時。忌破日、閉日、受死、四離、四絕、四廢、真滅沒、長短星、四耗、四窮、九空、財離、亡贏失本、天地賊、小耗、劫災、月殺、大時、天吏、平收、五墓。」

問題一

乾造丙午年生人主事，是某店面負責人，庚子年新春開市，欲在農曆春節後選擇開市日期？依照《剋擇講義・總訣》：丙祿在巳，驛馬在申，貴人在酉亥，長生在寅，帝旺在午，六沖在子，午午自刑，三殺在丑，回頭貢殺無，箭刃子午。

　　選擇通書黑課日腳，春節後開市日。庚子年農曆初一丁卯日至立春丁丑日，依據《廖淵用通書便覽》(以下簡稱通書)記載適宜開市的有己亥年丁丑月有丁卯日、壬申日、乙亥日等三天。再核對《廖淵用通書》紅課 223 頁「開市營業開張求財吉課」，己亥年丁丑月有丁卯日，壬申日，乙亥日等。紅課、黑課相符。立春後進入庚子年戊寅月，有己卯日、壬午日、乙酉日、戊子日等。

　　丁卯日大年初一，依據《通書》黑課日腳有開市日，雖然大年初一多數行業年假中，但也有全年無休的特殊行業。

1、丁卯日(查通書辰、巳、午時)

　　核對主事之沖、殺、刑、箭刃、回頭貢殺等。午與卯無六沖、無三刑自刑、無箭刃、無回頭貢殺(僅辰戌丑未命，才有回頭貢殺)。丁日進祿在午，權用。通書紅課記載辰、巳、午時。

(1)、先取辰時，吉神互惠不多。暫不用。

(2)、次取巳時，日柱與時柱有丁推祿在巳，乙進祿在卯，稱雙祿交馳。時柱與丙午年生人，乙進長生在午，丙推祿在巳，稱生祿交馳。又丁卯日驛馬在巳，吉用。

(3)、再取午時，時柱丙午，與主事命宮相同，丙日丙時帝旺在午，可用。但不如取巳時吉神輝映。

　　依據《廖淵用通書》，庚子年立春後黑課日腳可取開市擇日如下：農曆大年初一丁卯日。初六壬申日。初九乙亥日等。丁卯日大年初一，如上述。下取社會較為通用之大年初六壬申日。

2、壬申日(查通書辰、巳、午時)
　　丙午年生人在己亥年，丁丑月，壬申日，無貴人或祿旺，權用。

(1)、先取辰時，時柱甲辰與日柱壬申，甲是福星貴人，另有三合、金匱等吉神，時柱甲辰與丙午年生人無吉神，可權用。

(2)、次取巳時，時柱乙巳與日柱壬申，壬推貴在巳，乙進貴在申。時柱乙巳與丙午年生人，<u>丙推祿在巳，乙進長生在午</u>。生祿交馳日干壬水貴人在巳，羅紋交貴，另有吉神六合、天德等，吉用。

(3)、再取午時，時柱丙午與日柱壬申，無刑沖祿貴。丙午時柱與丙午年生人，帝旺交馳，此時權用，不如巳時吉祥。

3、乙亥日
　　主事丙午年生人與日柱乙亥，乙長生在午，進長生，丙年生貴人在亥，生貴交馳，可用。通書紅課記載卯時。

(1)、先取卯時，時柱己卯與日柱乙亥，乙推祿在卯，有大進，三

合、貪狼，吉用。

(2)、先取辰時，時柱庚辰與乙亥日柱無祿旺貴人，庚辰時柱與丙午年生祿旺貴人無，查通書紅課未記載，不取。

(3)、次取巳時，巳亥沖不取。

4、己卯日

　　己卯日在立春後，庚子年，戊寅月，己卯日。己卯日與丙午年生人，己進祿在午，可用。通書紅課記載卯、巳、午時。

(1)、先取卯時，時柱丁卯與日柱己卯，無刑沖祿貴，權用。

(2)、次取辰時，時柱戊辰與日柱己卯，無貴人或祿旺。時柱戊辰與丙午生人，戊旺在午，無貴人。紅課未記載，辰時，地支三會寅卯辰。

(3)、再取巳時，時柱己巳與日柱己卯，己帝旺在巳，卯驛馬在巳，可用。時柱己巳與丙午年生人，己進祿在午，丙推祿在巳，雙祿交馳，吉用。

(4)、末取午時，時柱庚午與日柱己卯，己推祿在午。時柱庚午與丙午年生人，丙帝旺在午，吉用。

問題二

癸亥年生人，預定在辛丑年庚寅月擇日開市，參考開市紅課有正月初一辛卯日有卯午時可用。其次是正月初四甲午日卯巳午等時辰，試問，辛卯日是否比較甲午日更適宜？又辛卯日之辛卯時與甲午時，何時較為適宜？提示：在六沖、三煞、回頭貢殺俱不存在之時，以比較祿馬貴人多者勝出。

問題三

甲午年與乙未年生人，預定在辛丑年壬辰月擇日開市，參考通書紅課有二月二十五日甲申日卯巳午等時，二月二十九日戊子日卯辰巳等時，三月五日甲午日卯巳午等時，試求出適合日期？提示：在六沖、三煞、回頭貢殺俱不存在之時，以比較祿馬貴人多者勝出。

五、嫁娶婚課

《廖淵用通書》：嫁娶之法，先將女命定利月期次，配合男命要二命生旺祿馬貴人包拱，夫星天嗣明現有氣，並查男女合卦看其何爻失陷，然後擇日以補救之。取吉神臨夫宮、妻財、子孫爻，又日時忌沖陽氣、陰胎、夫星、天嗣，至於陽氣陰胎有自沖剋，乃合婚不宜。選擇之法宜用三合、六合吊化、拱祿供貴解。宜取天帝、天后配合良辰三奇互貴，貴子來榮，二德開花結果，親情生旺有氣，舉案齊眉，琴瑟靜絮，螽斯振振，瓜瓞綿綿。宜歲、天、月德併合，天赦、天願、天喜、母倉、天恩、月恩、不將、季分、益後、續世、三合、五合、六合、四相、時德、要安、陽德、吉期、福生，此嫁娶吉神首要也。忌月破、受死、四離、四絕、正四廢、真滅沒、往亡、氣往亡、亥日、橫天、歸忌，又有月厭、厭對、殺翁、殺姑、披麻、陽將、陰將、死別、離別、隨時制化則用。至於本命相沖、三殺日時，俱大凶，瓦碎、荒蕪、無翹、吟神、退日退時，俱屬不經之論，不必疵訝。又有平、收、閉日，月殺、刑害、大時、天吏、

四窮、四忌、五墓、八專等，合吉可用，毋庸泥執。至若眾殺紛紜難以盡避，依天機書制化取用。

　　擇日嫁娶課先必須計算出陽氣、陰胎、妻宮、夫星、天官、胎元、天嗣、滅子胎等。其中滅子胎是要先算出男女宮的六沖地支。凡沖胎元日、正沖胎元、真沖胎元等均大忌無解。假設男命戊辰，女命壬申，其計算法如下：陽氣：八字的胎元就是陽氣。例如戊辰男辛酉月，陽氣是壬子。陰胎：例如：壬申女陰胎是癸亥。夫星己酉，正沖乙卯，餘日可用。天嗣，女命的子息食神稱為天嗣，正偏沖均忌。例如女命壬申算到甲辰出現食神，所以甲辰是天嗣。胎元甲午正沖庚子，真沖甲子。天官：男命的子息正官稱天官。例如男命戊辰起五虎遁，算到乙卯出現正官，故天官為乙卯。妻星：男命的正財稱妻星。例如男命循天干起五虎遁到癸亥，正財癸水出現在天干。又例如己巳男命，己正財是壬，起五虎遁算到壬申，故妻星是壬申。夫星：女命的正官稱為夫星。例如女命壬申起五虎遁，循天干出現正官己，所以己酉為夫星。胎元：女命三合位起長生，算到胎加上天嗣的天干。例如：女命壬申起三合，胎在午，天嗣食神是甲，故甲午是胎元。滅子胎：即沖到男女宮。男女宮算法《剋擇講義》：「女命從祿逆算，起一命宮。二財帛。三兄弟。四田宅。五男女。」例如壬申女祿在亥，逆算五位是未宮。其中沖夫妻宮三、六合可解。天干不能有偏印，有則必須剋、洩、合一。

　　總之，婚課先要知道乾造出生年月，坤造出生年月，男女雙方父母之年月，嫁娶的月份，迎娶來往車程時間，是否安新床，是否已經有身孕等條件。

問題一

35 歲丁卯女，丙午月生。女方父親甲午年。女方母親乙未年。
36 歲丙寅男，辛卯月生。男方父親丁酉年。男方母親戊戌年。
婚課取辛丑年，庚寅月，甲午日，庚午時。或辛丑年，庚寅月，
甲午日，戊辰時。三奇貴與貴人登天。

　　查通書，以《廖淵用通書》為例：大利正月七月。吉利六月
十二月。翁姑五、十一月三德解化無德暫避。父母四、十月三德
解化無德勿送。妨夫三、九月，妨女二、八月均非庚寅月。夫星
壬寅正沖戊申。天嗣己酉正偏沖均忌(天剋地沖正沖，僅地支沖
稱偏沖)。胎元己酉正沖乙卯真沖己卯不犯險均忌。沖命宮與沖
夫宮子日可用三合六合解化。滅子胎忌申日。

陽氣：壬午。

陰胎：丁酉。

妻星：辛卯。

夫星：壬寅。

天官：癸巳。

天嗣：己酉。

命宮：午。

夫妻宮：子日。

滅子胎：男女宮寅，滅子胎申。

胎元：己酉。

夫星死墓絕：巳辰卯。

天嗣死墓絕：寅丑子。

孤寡：巳丑全。

箭刃：丑未全，三六合貴人解。

反目：子午全。三六合貴人解。

三刑：子卯刑。貴人可解。

納采忌午未申戌日檳榔殺。

擇日：正月初四有甲午三奇貴，午未亥時顯星等。

《廖淵用通書》記載：大利寅申月，吉利丑未月。翁姑子午月，父母巳亥月。

夫星壬寅。天嗣己酉。胎元己酉。命宮在午，男女宮在寅，夫妻宮在子。丑年沒天狗。丁卯女四柱六神吉凶：甲正印。乙偏印。丙劫財。丁比肩。戊傷官。餘倣此。

男陽氣女陰胎：通書將這年女命 12 個月的胎元列表以供查閱。如果男命一樣查表。

子日：沖命宮(正官正印長生解吉)。犯桃花(惟壬子日逢貴人解)。犯三刑(三合或六合貴人解)。犯命宮(紅鸞即女產吉多用)。

丑日：犯天狗(麟陽可制今亦不取)。

卯日盤隔山：沖胎元沖天嗣。

辰日：犯殺翁。新娘進門時翁少避。

巳日：犯驛馬正官正印或午時欄。

午日：沖夫宮(帝后救護三六合化)，寅午三合。

未日：清吉。

申日：滅子胎(勿用為妙)。

酉日：沖母腹(卯年生)。

戌日：犯三殺。

亥日：彭祖忌(俗忌嫁娶)。

河上翁即回頭貢。

白虎吞胎逢丑年。天狗吞胎逢亥年。

問題二

女命：壬申年壬寅月。男命，戊辰年辛酉月。取辛丑年寅卯辰月為婚期擇日。

主娶(男方)：丁酉宮(翁)、丙申宮(姑)。

主嫁(女方)：甲午宮(乾)、乙未宮(坤)。

試計算：

陽氣、陰胎、天官、天嗣、妻宮、夫星、胎元、滅子胎、孤辰寡宿、夫星死墓絕、天嗣死墓絕、白虎、天狗、男厄女產、河上翁、沖母腹、彭祖忌、絕房殺、埋兒時、犯紅豔等。

六、牧養納畜吉課

　　牧養納畜，謂納六畜養育等事。宜天德月德，併合母倉、四相、時德、天恩、月恩、五富、天倉、三合、五合、六合、生氣、福厚、定日、成日、開日等。忌月破、受死、正四廢、四離日、四絕日、真滅沒日、破碎、瘟星入、刀砧、驚走、天瘟、天地賊、飛廉、五墓、月殺、月刑、月害、月厭、死神等。修葺修作畜椆欄枋，其興造動土與造宅動土同，豎造忌火星與造宅豎造相同。

問題一

戊戌年生人，預定於辛丑年庚寅月畜養家畜一批，試比較正月初四甲午日卯辰巳等時，正月十二日壬寅日辰巳午等時。

提示：1、戊年生人帝旺在午，六沖在辰，所以甲午日只能選卯時、巳時。丁卯時柱，甲帝旺在卯，丁祿在午，吉用。選巳時，

時柱己巳，己祿在午，戊祿在巳，雙祿交馳，吉用。2、再選用壬寅日，戊戌人長生在寅，可用，因為辰戌沖，辰時不用。取巳時，時柱乙巳，壬日貴人在巳，戊年生人祿在巳。取午時，時柱丙午，戊年生人帝旺在午，丙長生在寅。以上均為有利時辰，但卯時太早，辰時六沖，忌用。

七、出國旅行觀光吉課

　　出國旅行一般在通書中均有吉課記載。取吉神歲德、月德、吉期、不將、天福、鳴吠對、七聖、神在、官日、玉宇、六龍、兵吉、顯星、曲星、傅星、三合、六合、天貴、時德、天馬、四相、陰德、福生、吉慶等。忌招搖、咸池、八風、九坎、觸水龍等。十二個月令，忌選擇月破日；擇時則忌選擇日破時。

問題一

庚戌年生人與辛亥年生人，欲在辛丑年庚寅月出國旅行，如何在正月初一辛卯日(卯午)、正月初四甲午日(卯辰巳)、正月初七丁酉日(辰巳午)、正月初十庚子日(卯辰巳)等日時中，何日最為有利？提示：辛丑年注意巳酉丑回頭貢殺，庚戌人六沖在辰，三殺在丑日丑時；辛亥人六沖在巳，三殺在戌日戌時。

八、買賣交易吉課

　　《廖淵用通書》提到「立券交易」大意說：「謂書立契券，買田、屋，交易等事。宜天德、月德併合天願、陽德、五富、三合、五合、六合、福生、黃道、民日、滿日、成日、閉日等。」忌諱的日期是：「月破日、四離、四絕、真滅沒日、受死日、四廢日、財離、平日、收日、劫殺、月煞、月刑、月害、月厭、小耗、四耗、四窮、五墓、長短星、天地賊、九空。」納財取債，出行求財，莫不如此。

問題一

辛亥女，預定於庚子年開春後的寅、卯、辰月，購買新車。依據《剋擇講義・總訣》：辛亥年生人，辛祿在酉，驛馬在巳，貴人在午、寅，長生在子，帝旺在申，冲在巳，亥亥自刑，殺在戌，箭刃辰戌，回頭貢殺無。

　　依據《廖淵用通書》庚子年 231 頁可取擇日如下：庚子年，戊寅月，有立券交易『買車』項目有己卯日、壬午日、乙酉日、丁亥日、戊子日等。再查通書紅課 231 頁己卯日辰、巳、午時。壬午日辰、巳、午時。乙酉日辰巳時。丁亥日辰午時。戊子日卯、辰、巳時。依序論述如下：

1、己卯日

　　無貴人與祿元、帝旺，亦無冲殺刑等。暫不定可否。

(1)、先取卯時，時柱丁卯與日柱己卯，吉神不旺。紅課未記載，不用。

(2)、次取辰時，時柱為戊辰與日柱己卯，無刑冲三殺，亦無祿旺

貴人驛馬等。時柱戊辰與辛亥年生人，無刑沖三煞與祿旺、貴人、驛馬等，暫不定可否。

(3)、再取巳時，時柱己巳與日柱己卯，己帝旺、驛馬在巳，但是時柱己巳與辛亥年生人巳亥相沖，忌用。

(4)、再取午時，時柱庚午與日柱己卯，己祿在午，另有金匱、福德，無刑沖三殺。時柱庚午與辛亥年生人，辛亥命貴人在午，此時祿貴併見，可用。

2、壬午日：

辛亥命生人逢壬午日，壬祿在亥，辛命貴人在午，祿貴交馳，吉用。

(1)、先取辰時，時柱甲辰與日柱壬午，甲為福星貴人，無祿旺貴人，權用。時柱甲辰與辛亥命，甲長生在亥，可用。

(2)、巳時，時柱為乙巳，雖然巳時為壬日貴人，但沖辛亥命，忌用。

(3)、再取午時，午午自刑，但三刑忌日不忌時。時柱丙午與日柱壬午，丙帝旺在午，時柱丙午與辛亥年命生人，丙貴人在亥，旺貴交馳。

3、乙酉日：

辛亥命逢乙酉日，辛祿在酉，乙酉日進驛馬在亥，無刑沖三殺與貴人，吉用。

(1)、先取辰時，時柱庚辰與日柱乙酉，天地雙合，庚帝旺在酉。時柱庚辰與辛亥命生人，無祿貴刑沖，吉用。

(2)、次取巳時，時柱辛巳與日柱乙酉三合，但六沖辛亥女，五不遇時，大忌不取。

(3)、再取午時，時柱壬午與日柱乙酉，乙長生在午，吉神金匱。

時柱壬午與辛亥命生人，辛貴人午，壬祿在亥，祿貴交馳，
但有旬空、路空，買新車不取，通書未取。

4、丁亥日：

丁亥日自坐貴人，雖然亥亥自刑，但寅亥六合。日柱丁亥，
辛亥命進貴人。

(1)、先取辰時，時柱甲辰與日柱丁亥，甲長生在亥，甲戊庚三奇
　　貴人，另帶司命、右弼、鳳輦、功曹，此時可用。
(2)、次取巳時，時柱乙巳六冲辛亥命，無解不取。
(3)、再取午時，時柱丙午與日柱丁亥，亥自坐貴人，丁祿在午，
　　丙貴人在亥，祿貴交馳，吉用。

5、戊子日：

辛亥女僅辛長生在子，無進祿與貴人，亦無刑冲三殺，權用。
通書卯、辰、巳。

(1)、先取卯時，時柱乙卯與日柱戊子，乙進貴在子，吉神有天官
　　、少微、玉堂，可用。
(2)、先取辰時，時柱丙辰與日柱戊子，無箭刃刑冲，祿旺貴人。
　　時柱丙辰與辛亥命生人，丙進貴在亥，亦無刑冲，可用。
(3)、次取巳時，六冲辛亥人，不取。
(4)、再取午時，時柱戊午，子午冲，日破不取。

問題二

男命丁酉，女命丙申，合資購地，試在庚子年卯月擇期簽約。

乾造丁酉年生人，依據《剋擇講義‧總訣》：丁祿在午，驛
馬在亥，貴人在酉、亥，長生在酉，帝旺在巳。六冲在卯，酉酉

自刑，地支巳酉丑殺在辰，箭刃丑未，回頭貢殺無。坤造丙申年生人，丙祿在巳，驛馬在寅，貴人在酉、亥，長生在寅，帝旺在午，六冲在寅，巳刑申，地支申子辰殺在未，箭刃子午，回頭貢殺無。

　　依據《廖淵用通書》「立券交易」是指訂立契約書交易買賣等事。庚子年，己卯月，有立券交易項目日期有：丁未日(驚蟄節後)、辛亥日、己未日、癸亥日等。

1、丁未日

　　男命丁酉年生人，取丁日為進貴；女命丙申年生人，既無貴人、祿、旺，且申子辰殺在未，不取。

2、辛亥日

　　男命丁酉年生人，驛馬在亥，貴人也在亥，可用。再看女命丙申年生人，貴人在亥，可用。

(1)、先取辰時，時柱壬辰與日柱辛亥，壬日雖然祿在亥支，但丁酉男三殺在辰，不取此時。

(2)、次取巳時，時柱癸巳，與辛亥日破，不取。

(3)、再取午時，時柱甲午與日柱辛亥，甲長生在亥，日干辛金貴人在午，生貴交馳，更妙丁酉年祿在午，丙帝旺也在午，吉用。

3、己未日：

　　僅己日有丙申女進貴，然而女命申子辰殺在未，不用。

4、癸亥日

　　丙申女，丁酉男，貴人皆在亥，可用。

(1)、先取辰時,時柱丙辰與日柱癸亥,天干丙雖有貴人在亥,但巳酉丑殺在辰,不取。

(2)、再取巳時,時柱丁巳,丁貴人在亥,丙日祿在巳,丙申人祿也在巳;丁酉人帝旺在巳,看似一片大好,但與辛亥日破,不取。

(3)、再取午時,時柱戊午與日柱癸亥,天干日時五合,丙申人帝旺在午,丁酉人祿在午,吉用。

例題

戊辰、己巳與辛未生人,合夥買店面,艮山兼丑,試在辛丑年寅、卯、辰月間,擇日簽約?

問題三

甲戌女與癸酉男,欲在庚子年辰月購買寵物。依據《剋擇講義‧總訣》:甲戌年生人,甲祿在寅,驛馬在申,貴人在丑、未,長生在亥,帝旺在卯,六沖在辰,丑刑戌、戌刑未,地支寅午戌殺在丑,箭刃卯酉,回頭貢殺亥卯未全,殺在戌。癸酉男,癸祿在子,驛馬在亥,貴人卯、巳,癸長生在卯,帝旺在亥,六沖在卯,酉酉自刑。請讀者自行演算。

九、拆卸整地開工起基定磉吉課

《通書》豎造全章

　　《廖淵用通書》記載：<u>謂營造宮室、官衙、城郭、寺觀、文廟、神廟、儒學宗祠、樓臺、庭館、倉庫、宅舍</u>等事。以現代社會而言，凡公共建築、商業大樓、工業廠房、集合住宅、別墅工寮、倉庫校舍、臨時招待所等之新建、修建、增建、拆除等營造工程皆屬之。《通書》又說：「夫陽宅者，乃人居聚之區也。人從宅而生，宅旺則人興，宅衰則人敗，故造者不可不謹，擇者不可不慎也。凡擇日造宅，宜先取年月日時大利，正體洪範生旺，得令有氣。

　　五運六氣聚旺，而生扶宅位，金精月華明耀司令、元氣相生比和。斗首元武廉居內有位成格三德，天帝到坐，太陽太陰五星到坐向，歸垣或三方四正有格局拱照；五氣朝元，奇門、太乙、五福到坐；演禽大六壬，四課三傳吉併合三德、天道、福星、祿馬、貴人等加臨，又造命課格要合生旺補宅吉。宜歲天月德併合，天赦願、天月恩、母倉、益後、四相、時德、生氣、枝德、吉慶、三五合、金堂、五富、玉堂，主事要祿、馬、貴人堆拱，勿犯沖、煞、刑、刃、官符，忌衝破三煞、刑害、陰府、灸退、大退、天地官符、震宮殺、天兵方及庫運納音相剋，勿犯山方沖丁星曜消滅、日流、太歲、劫曜、都天、文曲、燥火穿山，祿命相沖，併山命財空、祿空、貴空日。忌建日、破日，受死，正四廢，真滅沒，日月蝕日、四離絕，天火，火星、橫天朱雀、土府、土符、土瘟、地囊、冰消瓦解、瓦陷、瓦碎、天地賊、天兵、日時倒家殺、魯班刀砧、大退、地柱日、無祿，天瘟。然其中神殺紛紜不

一，難以盡宜盡忌，惟在善擇者制化得宜，自能富貴綿長獲福無窮矣。

修作倉庫：<u>宜以本宅得祿之方，如甲山宜寅方</u>。宜天德、月德併合。天赦、天願、母倉、天倉、天恩、月恩、四相、時德、天喜、五富、天富、三合、天財、月財、穀將、金匱、地倉、生氣、六合、滿日、成日、開日等。忌月破、受死、四離、四絕、四廢、真滅沒、土府、土符、地囊、土瘟、九空、天地賊、倒家殺。忌瓦碎、瓦解、瓦陷、四窮、平收月殺厭餘例與豎造同。六甲胎神六月丁壬日占倉庫。

修作廁池：宜天乙絕氣、天聾地啞、伏斷日、閉日。又宜甲、庚、丙、壬、乙、辛、丁、癸、辰、戌、丑、未等十二吉方。忌月破、受死、四廢日、真滅沒，四離、四絕、土府、土符、土瘟、地囊、土王用事後。又忌天賊、平日、收日、劫殺、月殺、月刑、月厭、月建、天地轉殺、龍蛇會、咸池、赤口。又忌子午方為天中，卯酉方為天橫，寅申巳亥方為四正，乾為天門，巽為地戶，坤為人門，艮為鬼路，俱不可立廁，又不可對前後門及對棟，以及山有來龍，亦不可近灶。門高五尺闊三尺二寸。如有胎神占廁忌修。

建立橋樑：<u>法以水來處為坐，去處為向。所擇四柱宜忌與豎造同，下橋石同基地(動土平基定磉)，上橋板同上樑，開橋往來同入宅</u>。忌三殺沖破水來處(以來水為坐山)，寅申巳亥日、受死、月破、四廢、真滅沒、四離、四絕、觸水龍、天翻地覆、八風日、龍禁日、冰消瓦解、子午頭殺、瓦碎、瓦陷、危日、土公死忌日、黃帝死日、土府、土符、地囊、土瘟、十惡大敗、天瘟、天賊及

水土生旺日。

　　修造宅舍：<u>宜忌與豎造同，然新造僅以論坐，而修則以坐、向、中宮方位並論。</u>若修後論作修前，論向修左則論左，修右論右，修中宮論中宮；其中宮方位神殺所占，須用避宅出火是修方變通之活法。如舊屋淨盡拆去平地，謂之倒堂豎造；與新立宅舍同。倘年久頹壞坐向中宮要修，謂之全修；當審開山立向中宮凶神，<u>並避一切修方神殺</u>，如中宮不動，僅於破壞之處欲修補完葺，此謂之修方也。宜取天德、月德、天帝、太陽、太陰，並臨選課扶合山命，自然招吉生祥，獲福無疆。忌沖破三殺、陰府、炙退、大退、官符、大小月建、都天堆黃、五黃、九良星、諸火星。坐向中宮如犯制化得宜，可以轉凶成吉，化殺為權。又有宅主本命年月的命殺等合吉星，可權用。宜歲德、天德、月德併合；天願、天赦、天恩、月恩、四相、時德、三合、玉堂、開日。<u>忌月破、受死、四廢、四離、四絕、真滅沒、建日、天火星、瓦陷、瓦碎、土符、土瘟、地囊、土公死，忌土王用事後。</u>

　　安造門樓：門乃宅屋之咽喉，出入開闢之處所；係最重元辰。正門當避坐宅神殺，若修則論向。如修左右偏門，須審方道也。宜本宅生旺大利、三德、太陽、太陰、三奇、祿馬貴人拱臨。宜三德並合、四相、三合、生氣、玉堂等。忌沖殺大退、官符、月破、受死、四廢、四離、四絕、真滅沒、滅門星、天火星、瓦碎、天地賊、門大夫死，庚寅日葬，甲辰日虎雀制。春不作東門，夏不作南門，秋不作西門，冬不作北門。

　　門光星：江湖深萬丈，東海浪悠悠，水漲波濤急，撐船泊淺洲，得魚便沽酒，一醉臥江流。(大月從江算下，小月從流算上，

得水為吉。)

安修廚灶吉課：《廖淵用通書》言：烹飪之所為之廚炊爨之所為之灶。灶門陽年宜向西，陰年宜向南。忌向北、向東。作造法須備新磚淨洗，用豬肝熟水調合香末，以攪淨土砂安作(座)，主闔家和順，不可參壁泥相雜。取土，宜天、月德、極富、生氣、亭部、天倉、地倉、人倉方。灶為司命灶君，一家命脈所系，擇日不可不慎重者。宅母、宅婦生庚，配合拱祿、堆祿、生、旺、食神明現有氣，不可沖破陽氣、陰胎，妙得胎、養、生、旺方，如食神屬木火者，用春夏令；屬金水者，用秋冬令；若屬土者用四季吉。甲丙戊庚壬陽人，宜用祿則食神之長生。乙丁己辛癸陰人，用長生則食神之祿。

拆灶：忌初八、十六、十七日拆動，凶。修灶：忌初七、十五、二十七日，凶。灶卦白虎爻動凶，餘吉。財動美，如無胎孕，子孫爻動吉，有孕，子動凶。論夫子二星有氣，以主饋為主，如乙女以庚為夫星，以丁為食神，柱中有露出乙丁干，酉巳支透，顯有氣是也，餘仿此。食神即天嗣，按作灶以主饋為隆簪，其主事次下一層。故聖人云，是君子遠庖廚。取土水宜歲天月德方，生氣方極富方亭部方，天地人倉方大吉。紅嘴朱雀甲子、癸酉、壬午、辛卯、庚子、己酉、戊午日等忌修廚，宜鳳符制。

（一）、興工拆卸修造

宜利方先起手(例如申子辰年，大利東西，不利南方。)。忌沖破三殺，都天堆黃，灸退，官符，打頭火，與凶方起手等，例如申子辰年不可由南方先動工拆卸。如無淨清基址，仍然沿用舊有之基礎，而非完全刨除時，加忌大小月建，宜除日，大偷修日，

天德日，月德日，天赦日，母倉等。忌白虎值日，或占起手方宜用麒麟符制吉，更合麒麟宿日尤妙。

問題一

丙申年生人，欲於辛丑年辛卯月拆除舊有房舍，試在壬子、癸丑、甲寅、己未、癸亥等日期中擇日？

問題二

丁酉人年與癸亥年生人，欲於辛丑年壬辰月拆除舊有房舍，試在甲申、乙酉、戊子、癸巳、丙申等日期中擇日？

（二）、整地、平基、動土

　　動土平基：《廖淵用通書》：「動土平基，即新基起蓋也。先查年月日時大利。」新建築物開始整地，以供測量、放樣、起造等事項，不宜超過午時。先查年、月、日、時，大利擇課，以穿山為主，柱內要扶助勿沖剋。宜歲德、天德、月德，併合母倉、天赦、天恩、天願、益後、四相、生氣、三合、金堂、大明、定日、成日等。忌沖破、三殺、刑刃，並建日、破日、受死、正四廢、真滅沒、四離、四絕、土府、土符、地囊等。<u>土王用事後戊己日，土瘟、土公死乙未日，土公忌癸未日，黃帝死戊午日，大退日時，地兵時，冰消瓦碎初旬，天地賊、地兵庚時等。</u>外有五

墓、無祿、暗金、伏斷、會金伐日、天瘟、土痕、土忌、轉殺九土鬼等,合吉任用,其餘慣例與豎造同。

　　《廖淵用通書》:「起基定磉,新基動土雖有坐向之稽,未有形體之立,既有形體之立,方見起基之定,故起基更切緊於動土也。故屋宇之於起基,猶如人身之於初生無異也。若未動土,須審平基土殺。如平基定磉,即分金石。起基定嗓,即柱下石;其發槌之日,先起四維,而後四正,以八卦而周力也。再審本宅生旺方,天帝、太陽、二德吉方,連工吉。宜入手透地分金為重,審五運六氣,相度四課生旺。忌五行坐敗死日,建日破日,受死,四廢,四離,四絕,真滅沒日。宜忌與造同。」地兵庚時勿用,土王用事後至四立前勿用,逢戊己日更凶。核對《尅擇講義》動土平基忌例。

問題一

甲申年生人,在辛丑年興建房屋,年三煞坐東忌用,建築物壬山丙向(寅午戌日時不用),在立秋後擇日動土?

1、查立秋後交農曆丙申月,通書初一戊子日有動土,但核對紅課戊子日沒有記載,不用。
2、再查辛卯日與壬辰日,僅能用在葬課。不取。
3、農曆七月初六癸巳日,黑課日腳有動土,核對紅課也有記載,時辰是子、丑、辰。甲申年生人,六沖在寅,寅日寅時無犯也不用。三殺申子辰殺在未日未時,無犯。甲祿在寅,貴人在丑未,帝旺在卯,驛馬在寅,長生在亥。刑在巳,無回頭貢殺。子、丑時動土太早,取辰時,時柱丙辰。天兵忌上梁,無妨礙。權用。

4、再查 7 月初十丁酉日，子丑辰巳未申酉亥。丁酉日無沖殺，無祿貴，權用。甲辰時與丁酉日、甲申年生人，無沖殺祿貴，權用。

取巳時，時柱乙巳，有貴人、帝旺、三合。吉用。四柱是辛丑、丙申、丁酉、乙巳。注意壬山兼子(子午沖)或兼亥(亥巳沖)。

5、取午時，三煞不用。

6、再取未時，甲申人三殺在未。忌用。

7、再取 7 月 13 庚子日，黑課紅課均有記載。子丑卯辰時，子丑卯動工太早，辰時有地兵，忌動土。

8、再取 7 月 17 日甲辰日，時辰有子丑卯巳。核對黑課有動土。甲申年生人，六沖在寅，三殺申子辰殺在未日未時。但無祿貴，權用。先取巳時，時柱己巳，有天干五合、明堂，巳申刑合不忌時，無祿貴生旺驛馬，權用。

9、再取農曆 7 月 25 日壬子日，壬長生在申，申子三合。時辰有『子(地兵)丑卯辰巳未申酉亥』。取辰時，時柱甲辰，有福星貴人與三合，可用。取巳時，時柱乙巳，羅紋交貴，乙貴人申。無沖殺。

問題二

己亥年生人興建廠房，假設廠房坐酉兼庚，欲於庚子年寅、卯、辰月，選擇起基定磉日期？

問題三

丙午年生人興建廠房，假設廠房坐辰山戌向，欲於辛丑年寅、卯、辰月，選擇起基定磉日期？坐山若改為巽山兼巳如何？

問題四

乾造乙未年生人，欲於庚子年戊寅月後，擇吉期動土，房屋僅知坐東朝西(巳酉丑日時三殺)？

依據《廖淵用通書》庚子年立春後，戊寅月，可取擇日如下：己卯日、壬午、乙酉、丁亥等日。乾造乙未年生人，乙祿在卯，帝旺在寅，驛馬在巳，貴人在子、申，長生在午，冲在丑，殺在戌，箭刃辰戌，申子辰回頭貢殺未。房屋坐東朝西，庚子年辛巳月、乙酉月、己丑月為三殺月，不可用。

1、庚子年、戊寅月、己卯日。乙祿在卯，可用。先取卯時，乙祿得卯時，可用。再取辰時，時柱戊辰，戊干有貴人，可用。再取巳時，時柱己巳，己日帝旺在巳，巳時三殺在東，坐東朝西不用。再取午時，時柱庚午，雖然庚有未羊進祿，丁日祿在午時，但有地兵，動土不用。

2、庚子年、戊寅月、壬午日。乙未人在壬午日，無進貴進祿，有長生在午，權用。先取卯時，時柱癸卯，壬癸貴人在卯時，乙年生人祿在卯，可用。再取辰時，時柱甲辰，福星貴人，可用。再取巳時，三殺在東，不取。再取午時，時柱丙午，時干丙旺在日支，權用。

3、庚子年、戊寅月、乙酉日。巳酉丑日,殺在東,不用。

4、庚子年、戊寅月、丁亥日。乙未生人丁亥日,無進祿進貴,但丁日自坐貴人,權用。先取卯時,時柱癸卯,自坐貴人,寅亥六合,亥卯三合,可用。再取辰時,時柱甲辰,時干進貴,可用。再取巳時,三殺在東,巳時沖亥日,不取。再取午時,時柱丙午,乙未人長生在午時,丙丁貴人在亥,丁日祿在午,祿貴交馳,可用。

問題五

建設公司負責人乾造戊戌年生人,欲於庚子年己卯月後,擇吉期動土,工地主任乙巳年生,監工辛亥年生,房屋坐甲向庚,辛巳月、乙酉月、己丑月是三殺月,試擇日?

依據《廖淵用通書》庚子年立春後,己卯月,可取擇日如下:戊申、辛亥、己未等日。

乾造戊戌生年,戊祿在巳,帝旺在午,驛馬在申,貴人在丑、未,長生在寅,沖在辰,殺在丑,箭刃子午,亥卯未回頭貢殺戌。庚子年辛巳月、乙酉月、己丑月為三殺月,不可用。

1、庚子年、己卯月、戊申日。戊戌生人,驛馬在申,可用。先取卯時,時柱乙卯,乙自坐卯祿,乙貴人在日支申,有貴人驛馬可取,更妙兼取工地主任,戊日祿在巳,乙祿在卯時,乙貴人在申時,無沖殺。監工辛亥生人,帝旺在申,無沖殺,可用。

再取辰時,時柱丙辰,六沖負責人戊戌生人,工地主任殺在

辰，均無解，不用。

再取巳時，建築物坐東向西，三煞不用。

再取午時，時柱戊午，戊戌生人，帝旺在午，可用。工地主任乙巳生人，長生也在午，無刑冲，可用。監工辛亥年生，辛貴人在午，無刑冲，可用。

(再問若建築物改成艮山兼寅，如何？)

2、庚子年、己卯月、辛亥日。戊戌人在辛亥日，無進祿進貴，又與工地主任巳亥相冲，不用。

3、庚子年、己卯月、己未日。戊戌年生人在己未日，未是戊戌年貴人，可用。取卯時，卯戌六合，乙祿在卯，吉用。

4、辰時冲戊戌生人，兼工地主任巳酉丑年生人，殺在辰，不用。

問題六
乾造癸卯年生人，於辛丑年間寅、卯、辰月間整地動工，建築物辛山兼戌，向乙兼辰。試擇日？

問題七
己亥年生人興建廠房，假設廠房坐西兼庚，欲於辛丑年寅、卯、辰月，選擇起基定磉日期？試擇日。

問題八

甲辰年與己酉年生人，合夥整地動工，於辛丑年寅、卯、辰月間整地動工，建築物子山兼癸，向午兼丁。試擇日整地動工？

問題九

甲寅年生人，建築物坐巳山兼丙，試在庚子年寅、卯、辰月，擇日安修廚灶？為何庚子年只有大利坐東作灶？

問題十

辛丑年生家庭主婦與己亥年生家庭主夫，房屋坐艮兼丑，欲在辛丑年寅、卯、辰月翻新廚灶，求擇日吉時？

問題十一

乾造乙未年生人，欲於辛丑年戊寅月後擇吉期動土，房屋坐卯兼甲向酉，試擇日？

問題十二

丙午年生人興建廠房,假設廠房坐辰山戌向,欲於辛丑年寅、卯、辰月,選擇整地日期?

　　祀灶:灶傳云:夫灶者,火化之原先炊之祖也。灶神曰張府神君,灶母曰李氏夫人坐宜西向命,掌東廚。雖列五祀之中,實為一家之主。是神之於人莫親於灶;而人之於神,亦莫親於灶也。故家之興敗,由神而司之。日之吉凶,亦由神而鑒之;仲秋三日為灶神誕降之辰,每月晦終,實司命上陳之候。嘉平廿四奏善惡於天曹。除夜子時回鑾輿於本位,神道設教,亙古常照,趨吉避凶,聖人不廢,作斯文以奉勸,宜廣佈而信行敬錄。《信發堂道藏經》云:司命灶君掌一家之功過,司一家之禍福,苟有六畜不旺,人口不順,皆因禁忌不清,致有災殃。一忌房事不淨進前。一忌灶前堆積穢物。一忌天癸未淨上灶。一忌產婦未週月上灶。一忌灶前赤身露體,咒詛哀哭。一忌刀斧放灶上。大略數忌,輒有不測之禍,誣賴寅人凶神犯噎!愚甚也。

十、豎柱上樑吉課

　　豎柱上樑:凡造之法惟動土,如人之受胎,下基如人之初生,上樑如人之加冠,此數例實第一切要。須要正體生扶,旺氣造命格局,宜合諸家選王命宅位,更得祿馬貴人為妙。吉凶神殺務要仔細精詳,權衡有準。宜天德、月德併合天赦、恩願、母倉、月恩、四相、三五合、時德、枝德、生氣、金堂、玉堂、開日。忌月破、受死、四廢、四離絕、真滅沒、倒家殺、天火星橫天朱雀、

子午頭煞、冰消瓦碎、天地凶敗、<u>天兵日時</u>，伏斷會金伐日，大退、天賊、天空日、<u>震宮殺</u>、天兵方。

竪柱上梁要查《通書》二十四山「豎造安葬進金進塔吉課」。辛丑年三殺在東，丑山兼艮，在辛丑年不是巳酉丑年三殺的對象，其次方位三殺是丑山在北方，所以反映在月份三殺是庚寅月、甲午月、戊戌月。其次主事之沖殺刑箭刃，回頭尅等。紅課某山有豎造，上梁的紅課就借用豎造，核對《尅擇講義》上梁忌例，天干丙時勿用等。

問題一

乾造癸亥年生人，在辛丑年立秋後上梁，建築物子山午向。子山午向三殺在南，所以辛丑年庚寅月、甲午月、戊戌月沒有豎造吉課。

1、立秋當天有上梁，查《通書》沒有登載丁亥日，不用。
2、次查，丙申月戊子日有上梁，紅課沒有登載，不用。
3、再查，丙申月丁酉日有上梁，僅葬課用。
4、又查，戊戌日有上梁。紅課沒登載，不用。
5、末查，庚子日有上梁，紅課也有登載『辰地兵』。

假設上梁不牽涉動土，辰時可用。日課辛丑、丙申、庚子、庚辰時。癸亥人沖在巳，巳日巳時，不用；三殺在戌日戌時，無見。癸祿在子，吉用。

問題二

乾造乙未年生人，坤造戊戌年生人，建築物丑山兼艮未向，在辛丑年農曆 7 月 11 日，丙申月戊戌日以後上梁，試擇日？
提示：乙未年生人，沖在丑日丑時，三殺在戌，丑戌未三刑。回

頭貢殺申子辰全。

戊戌年生人，沖在辰日辰時，三殺在丑，丑戌未三刑。回頭貢殺亥卯未全。

乙長生在午，祿在卯，旺在寅，驛馬在巳，貴人在子、申。

戊長生在寅，祿在巳，旺在午，驛馬在申，貴人在丑、未。

1、查《通書》黑課含戊戌日以後有，7/11 戊戌日，庚子日，癸卯日，甲辰日，丁未日，壬子日等。

2、核對紅課 113 頁，『豎造安葬進金進塔吉課』丑山，丙申月，有 7 月 13 日庚子日辰時地兵，而巳時可用，7 月 17 日甲辰日子、

丑、辰、巳等時，7 月 25 日壬子日卯、辰、巳、亥等時。

3、先取庚子日，辰時有地兵，如果有動土，辰時就不可以用，上梁原則與動土無關。擇日辛丑、丙申、庚子、庚辰時。申子辰回頭貢殺在未，大忌。乙未人、戊戌人，祿貴罕見。

4、次取甲辰日辰時，戊戌年生人六沖，忌用。

5、再取壬子日。辛丑年、丙申月、壬子日、辰時，戊戌人六沖辰時，且乙未年生人，申子辰回頭貢羊，大忌。改巳時，辛丑、丙申、壬子、乙巳。乙未人貴人在子日，戊戌人戊祿在巳；壬子日乙巳時，壬貴人在巳時，乙貴人在子，羅紋交貴。辛丑、丙申、壬子，乙巳時吉用。

天兵、震宮殺、倒家殺要核對。其中震宮殺、倒家殺要自己核對，黑課不會出現。

問題三

壬戌年生人，建築物坐壬山兼子，向丙兼午。在庚子年農曆年後

擇日上梁。查《廖淵用通書》「壬山豎造吉課」紅課。戊寅月，三殺不取。卯月有戊申日、辛亥日、癸亥日、壬申日、丁丑日。辰月甲申日。由壬山吉課記載戊寅月、壬午月、丙戌月，三殺月不取。(三殺日時？觀察登錄時辰可知)壬戌年生人，六沖辰日辰時，辰辰自刑，三殺在丑，亥卯未全回頭貢殺。壬貴人卯、巳。長生驛馬在申。壬祿在亥，帝旺在子。試就上述日期擇日？

問題四

丙申年生人，上樑擇日，建築物坐東向西，甲山兼卯，試在庚子年寅、卯月間擇日？

問題五

丁酉年生人與己亥年生人合建房屋，癸山兼丑，欲在庚子年卯月戊申日與辛亥日擇一選用，上樑擇日？

問題六

乙酉年生人，建築物甲棟坐丙兼午，建築物乙棟坐巽兼巳。在辛丑年農曆年後兩棟同日舉行上樑儀式，試擇日？

十一、豎立招牌吉課

問題一

己丑年生人,店面坐甲山兼卯,向庚兼酉,在庚子年卯月擇日豎立招牌。

　　查《廖淵用通書》「豎旗掛匾」紅課,分別列有坐東、坐西、坐北,唯有坐南並無列入,因為庚子年,申子辰煞南,因此掛招牌必需先知道建築物坐山。其中因為坐東,所犯三煞月有辛巳月、乙酉月,己丑月等。如需動土,須注意地兵庚時不可用。坐山兼卯,酉日酉時忌用。

　　再查《通書》紅課己卯月有丁未日,壬申日,乙亥日。

　　己丑年生人,六沖未,丑刑戌,三煞在辰,回頭貢煞寅午戌全。巳酉丑年月日時犯三煞。己丑年貴人子、申,驛馬在亥,己祿在午,帝旺在巳。

1、丁未日(午時吉)

　　丁未日巳正三刻交卯月,僅取午時。時柱丙午,丁祿己祿在午,但己丑生人與未日六沖。不取。

2、壬申日(辰、午時)

　　己丑年生人,己貴人在申,權用。

(1)、先取辰時,時柱甲辰與日柱壬申,有福星貴人、三合、金匱等。時柱甲辰與己丑年生人,甲貴人在丑,但巳酉丑年命生人殺在辰,犯三殺不用。

(2)、次取巳時,時柱乙巳與日柱壬申,羅紋交貴,六合,但巳時巳酉丑殺在東,甲山兼卯,三殺時不用。

(3)、再取午時，時柱丙午與日柱壬申，無吉凶，己丑年生人，己
　　祿在午，吉用。

3、乙亥日(子、寅、卯，辰時地兵忌動土)
　　乙亥日與己丑年生人，吉凶無交集。

(1)、先取寅時，時柱戊寅與日柱乙亥六合，時柱戊寅與己丑，戊
　　貴人在丑。權用。
(2)、次取卯時，時柱己卯與日柱乙亥，乙祿在卯，三合與大進，
　　可用。
(3)、再取辰時，主事己丑年殺在辰，忌用。
(4)、又取巳時，巳酉丑殺在東，甲山兼卯，三煞時不用。

問題二
壬寅年生人與乙巳年生人，合夥租用某建築物癸山兼丑，向丁兼
未，在庚子年農曆新春後至辰月之間，擇日豎立招牌。查《廖淵
用通書》坐北「豎旗掛匾」紅課，計有丁丑月己巳日，己卯月己
未、壬申、乙亥、丁丑，庚辰月丁酉日等。試擇日？

十二、裝潢修繕吉課

乾造壬寅年生，坤造丁未年生，建築物甲山兼寅，欲全面修繕裝
潢，試在庚子年寅、卯、辰月之間擇日？自行演算。

問題一

假設丙申年生人，欲於辛丑年卯月拆除癸山兼子舊有房舍，試擇日？

問題二

壬子年生人改大門，建築物坐巽兼辰，在辛丑年寅、卯、辰月，試擇日？

問題三

某企業負責人男命壬寅年生人，欲在辛丑年寅、卯、辰期間，修作廠房擴大生產線，廠房丙山子向兼午，修作方位在建築物東方，試行擇日？

十三、移徙入宅安香吉課

《通書說》：「論周堂：周者，周遍也。堂者，祖先香火堂也。謂周集親眷在堂中行禮，故名之然。周堂諸局，惟嫁娶、納婿、移柩，三局最重。而嫁娶周堂，憲書所重，除值夫婦日不用，如

值翁，必堂上行禮方忌；若值姑，從俗出外暫避之，候新娘入房坐床後，回家吉。其值第，乃公侯第也，庶人無第不必忌，或謂婦人之弟出自呂才書，當時只憑外國而已不知傳訛，以為男家弟，則無稽甚矣。如納婿周堂，惟忌進贅，今人親迎鮮行奠雁之禮，何避之嫌。如行嫁白虎周堂，值路門堂日，宜用麒麟符制化。如值床是臥其皮；值灶是食其肉，不禳何妨。然今人仔細，亦用麒麟符制之。如納采、豎造、入宅、安香、安床諸周堂值凶星，合吉日，顯曲傅用之，不可執忌。如分居局，除值債木、爭訟外，俗宜用。如除靈，一局兩字，各分兩層，不可混看。如大月初三，男十一婿十九，值男，廿七，值婿，合分拆明白切不可謂其日，專值男婿也。局中父母、女婦、孫客，仿此。其入宅局亦如此看。如宜柩局，必停喪在家方論，及除靈局所用宜值亡字吉，如若是，值人宜行避之可也。

　　入宅提要，入宅取年月日時中宮，與宅主之祿馬貴人到中宮。忌有月破日、受死、四慶、真滅沒、四離絕、二至二分、氣往亡、火星、歸忌，每月之二十五日。楊公忌日，天地賊日時，大退日時等。因堂值：徙、亡、耗、離、刑，宜顯、曲、傅三星到制吉，黑道忌白虎，朱雀宜用，麟鳳符制之。神位坐山與主事者的方位先確定。有孕之主婦，要查六甲胎神之月日佔宮表。男女之祿馬貴人堆貴拱貴。男重官星，女重食神之生旺日時。宜有天月德併合、天喜、益後、續世、生氣、三合、五合、六合、黃道、金匱、青龍。三元四利之成、開危日。忌白虎、天狗、月破、受死、真滅沒、臥屍、申日、四離絕、火星、天賊日時，二十八宿忌危宿日，且不可與嫁娶日相沖。

避宅出火：宜歲德、天德、月德併合顯、曲、傅星，天赦、天願、天福、天瑞、天恩、月恩、益後、母倉、四相、時德、三合、六合、天喜、枝德、金堂、玉堂、九龍吉。按周堂不美，合吉日顯曲傅星，制用。忌月破、受死、往亡、四廢、四離、四絕、楊公忌。

宜徙入宅：新屋為入宅，舊屋為宜徙，同屋為分居。入宅要年月日時大利，宜忌與豎造同取祿馬貴人到臨，合命生旺為要也。舊屋移徙年月欠清，必須從權以客寓之法，肅靜而入。其香火神主暫寄在利方，俟年月大利擇吉歸堂。其新宅恐後來無日可進主，則同上樑日時，先請福神香火歸堂，待上樑畢人眷入吉。入宅法，宅長捧請福神香火，宅母抱鏡隨帶財物，其男女童僕各執物件，勿空手則吉。廳堂上香燈火宜燦爛，連續三朝，勿失福神香火大吉。丙寅、乙亥、甲申、癸巳、壬寅、辛亥、庚申日(雀中日鳳符制)。戊辰、丁丑、丙戌、乙未、甲辰、癸丑、壬戌日(虎中日麟符制)。

入宅凶星：朱雀白虎忌到中。天瘟受死不相容。火星二賊楊公忌。四廢絕烟辦正傍。冰消瓦解和歸忌。橫天朱雀廿五逢。伏斷離巢真滅沒。離絕瘟入與往亡。月煞五墓破平閉。宜忌吉凶與造同。

均分各爨：謂分烟各炊，並分田屋、家業、財物等事。宜歲德、天德、月德併合天財、月財、天富、五富、福厚、益後、三合、成日。忌月破、受死、四離、四絕、正四廢、真滅沒、往亡、正絕烟、天火星、瓦碎、瓦陷。白虎占者麒麟符，朱雀占者鳳凰符制。

問題一

丁酉年生人，於辛丑年丁酉月後入宅安香，建築物艮山兼丑，試擇日？

1、先查《通書》坐北向南之建築物紅課『入宅安香』，寅午戌月三殺。酉月後有入宅 8/3 庚申日，子卯辰巳時。有入宅，沒有安香，不用。8/8 乙丑日，子卯辰巳制。8/11 戊辰日，卯辰巳清。

2、丁酉人，六沖在卯，三殺在辰日辰時。庚申日只有入宅，沒有安香，不用。

3、乙丑日，乙丑日與丁酉人無祿貴，暫時不用。辰時犯三殺，不用。辛巳時，辛祿在酉，丁帝旺在巳，三合，吉用。

4、戊辰日，丁酉人三殺在辰，全日忌用。

5、8/12 己巳日，子丑卯巳(香)丁帝旺在巳，己長生在酉，吉用。

6、先取卯時，六沖忌用。

7、再取巳時，帝旺交馳，長生在酉。吉用。

問題二

癸未年與丁亥年生人，入宅安香，建築物甲山兼卯，在庚子年立春後，試擇日？

提示：坐山三殺之年月日時，查紅課與黑課日腳，沖殺刑箭刃回頭剋，周堂局不清貼三皇符。核對《剋擇講義》忌例，明星守護吉時。癸未人六沖在丑，三殺在戌，回頭貢羊申子辰。丁亥年生人，六沖在巳，三殺在戌。

1、先取壬午日，癸未人僅有六合。丁亥人有丁祿在午，壬祿在亥，雙祿交馳。癸未人在甲辰時柱有甲貴人在未，甲長生在亥。可用。取午時，丙祿在午，丁亥年生人，丁祿在午日午

時；癸未人無祿旺貴人。

2、自行練習曲丁亥日、甲午日。

問題三

夫妻男命甲戌，女命丙子生人，住宅坐東向西，欲在庚子年寅、卯、辰月之間，避宅出火同日移徙入宅，試擇日之？取庚子、己卯、癸亥、乙卯，如何？

問題四

入宅歸火，丁亥年與癸未年生人，在甲山兼卯建築物，於庚子年寅月入宅歸火，試擇日？提示：坐山三殺之年月日時檢清，即巳酉丑之年月日時。主事之沖、殺、刑、箭刃、回頭貢殺等。查通書某坐山有入宅安香。黑課日腳有入宅安香。周堂局不清可貼三皇符。核對《剋擇講義》入宅歸火忌例。

問題五

丙辰年與戊午年夫妻出火，建築物坤山艮向兼未，試在辛丑年寅、卯、辰月間出火與洽火，試擇日？

問題六

癸丑年與甲寅年夫妻出火,建築物庚山甲向兼酉,試在辛丑年寅、卯、辰月間出火與洽火,試擇日?

問題七

乾造己未年生,坤造庚申年生,建築物壬山兼亥,在辛丑年寅、卯、辰月間入宅安神位,試擇日?

問題八

乾造癸巳年生,坤造乙未年生,建築物申山寅向,在辛丑年寅、卯、辰月間入宅安神位,試擇日?

問題九

庚戌年生人,於辛丑年丁酉月後入宅安香,建築物坐北向南,試擇日?

十四、祈福酧神謝愿造廟吉課

《廖淵用通書》記載有「祈福酧神謝愿吉課」、「寺廟祈安設醮吉課」、「齋醮功果吉課」、「神佛開光點眼吉課」等。

忌祀鬼神：謂祭享家廟、祈禱福願等事。宜天德、月德併合，天赦、天願、天恩、月恩、四相、時德、天巫、開日、普護、福生、益後、聖心、神在。忌天狗寅日，俗忌受死、遊禍，九月初一日，四部禁日天賊鬼隔天神隔，絢絞天狗下食時。

祈福醮願：謂建立道場、設醮求福等事。宜歲德、天德、月德。併合顯曲傅星、天赦、天願、天恩、月恩、母倉、四相、時德、天巫、敬安、普護、福生、聖心、益後、三合、吉慶、天喜、開日。俗宜天地合、神在、七聖神佛下降，三元四始五臘，三會節會陽日，宜配陰時陰日，宜用陽時或取天門進開。又合三皇登殿，功曹、傳送、天兵、明星守護吉時，奇門神遁吉。忌月破、受死、正四廢、真滅沒、寅日、遊禍、帝酷、天狗、天賊、聖忌。俗忌六戊神號龍虎、祿空、上朔、天隔神隔鬼隔、閉日。勿犯截路空、六戊天狗下食、暗天賊時，傲三獻建醮動鼓樂，加忌鼓輪殺，不動鼓樂雖犯不忌。而白虎中日，宜麒麟符禳制吉。聖忌龍虎吉多則用。

建造神廟：凡造神廟、仙觀、僧尼、寺院、庵堂、社壇，一應開山立向修方。宜忌與豎造同看，但神廟社壇又忌破碎殺、受死日、月破日、四廢、四離、四絕、真滅沒，天地火星、土府、土忌、倒家煞、天瘟、鬼哭、轉殺、瓦碎瓦解瓦陷、白虎、朱雀，但神廟若神像難移，原依神座翻蓋，縱使新基亦應以修方中宮神殺並論，勿犯沖煞堆黃、都天五黃、大小月建、火星等。

繪像開光：宜天德、月德併合，顯曲傳星、天恩、福生、黃道、神在、三合、十靈、建日、除日、定日、成日、開日。日干生旺並生甲旬九龍臺塔。春秋用危日、畢日、張日、心日。夏冬用房日、虛日、昴日、星宿日時，宜日月齊明吉。又開光時勿犯產婦及孝白，人觸之則吉。忌月破、正四廢、受死日、真滅沒、食主、日月蝕、天賊、閉日、退日、伏斷、神號鬼哭、九空、破敗、月厭、鬼神隔空屋獨火、天地空、六壬空亡、旬中空亡、截路空亡等。

十五、入殮火葬土葬吉課

安葬全章：蓋聞葬者，藏也；是人子送終之切事，則選擇家之緊要也。葬乘旺相之期，則丁財俱興，乘衰敗之期則凶禍立至。安葬之法務宜山龍大利，正體洪範生旺有氣。山運龍運俱得旺氣，五運六氣生扶山龍，又取日精月華，明耀祿馬貴人聚臨，三德天帝到坐，太陽太陰五星主恩，順度天星轉臨坐向，三合朝拱照局歸垣升殿，併得斗首元武廉居四柱，坐地有氣成格，加合演禽奇門、太乙、五福、大六壬、四課三傳叶吉。宜歲德、天德、月德併合天赦、天願、母倉、益後、天恩、月恩、時德、三合、五合、六合、明星、福生、三財、大明、鳴吠、鳴吠對、地虎不食、不守塚。造命陰陽不雜為要。忌沖山、三殺、劍鋒、八座、陰府、灸退、大退、官符。勿犯山方曜殺星曜消滅沖丁文曲日流、太歲、都天，天地燥火庫運勿剋，祿命勿沖。又忌月破、重日、重喪、三喪、正八座、收日、開日、橫天朱雀十七日，月殺日。仙命勿犯沖、殺、刑、刃、天罡四煞、官符、入地掃地、無光、祿去、冷地、空亡。祭主亦勿犯沖、殺、刑、刃、太歲壓、的呼。餘例趨避，惟在變通妙法，制化得宜耳。四離、四絕日，權用。的呼人入殮、移柩、安葬時占避。核對「入棺吉時」忌月破、重喪、

三喪、天兵時。核對「逐日入殮吉時」勿犯落枕空亡為要,仙命祀主忌沖殺刑刃尅。

　　入殮宜忌:宜天赦、三合、日時四吉時、入棺吉時。忌月破、大重、三喪、重喪復日、天上空、落枕空、天兵日時等。落枕空者在生為八敗、大狼藉;死為落枕空、葬為掃地星是也。又人死無日可殮,宜制重喪法作小函,用黃箋硃書依月令四字,停喪安於棺下,葬日安於棺上,合葬用此制之吉。禳法正、三、六、九、十二月,書六庚天刑四字,藏函中。二月書六辛天庭。四月書六壬天牢。五月書六癸天獄。七月書六甲天福。八月書六乙天德。十月書六丙天威。十一月書六丁天陰。論雌雄殮鬼二殺之說,乃是臆度,其理甚謬不足信也。故不編入,刪除不忌。

問題一

仙命:乙亥宮(山頭火)。主事:甲辰,演算入殮、火葬、土葬(坐乙兼卯)。庚子年戊寅月庚辰日往生。

1、入殮

　　入殮之步驟:查造葬。沖殺刑刃回頭尅。黑課日腳入殮。落枕空日(即掃地空亡,《尅擇講義・八期 10 頁》)。天兵丙時勿用(亦忌上梁)。查通書入棺吉時,入殮吉時。的呼日。

(1)、先查,黑課日腳入殮日,同月壬午日有入殮日。四柱是庚子年、戊寅月、壬午日。時柱暫時未訂,不可丙時。

(2)、次查,仙命乙亥與主事甲辰是否犯沖、煞、刑、箭刃、回頭貢殺等。
　　仙命乙亥沖在巳日巳時。殺在戌日戌時,自刑在亥,箭刃等均無。主事甲辰,沖在戌日戌時,殺在未日未時,刑在辰,

　　箭刃等，均無犯。

(3)、天干丙時是丙午時柱，所以午時不可用。

(4)、掃地空亡(即落枕空亡)日與納音仙命相剋不可用。仙命乙亥
　　山頭火，掃地空亡查表是乙卯(大溪水)，壬辰(長流水)均與
　　仙命納音五行相剋。壬午日不犯掃地空亡。

(5)、決定壬午日可用之後，查庚子年通書，「逐日入殮吉課」壬
　　午日有卯、辰、巳、未、酉諸時辰可以選用。其中卯時太早
　　不宜。辰時可用。巳時沖仙命乙亥，不用。未時主事申子辰
　　殺未，不用。酉時太晚不用。入殮取辰時。

(6)、再查通書庚子年戊寅月乙酉日，黑課日腳有入殮。仙命乙亥
　　沖在巳日巳時。殺在戌日戌時，自刑在亥，箭刃等均無。主
　　事甲辰，沖在戌日戌時，殺在未日未時，刑在辰，箭刃等，
　　均無犯。丙時地支為子，忌用。再查，《剋擇講義》掃地空
　　亡是乙卯、壬辰，所以乙酉日不忌掃地空亡。末查「逐日入
　　殮吉課」，有丑、辰、巳、午、申、酉、亥等時可用。丑時
　　太早。辰時天地合格。巳時六沖。午時權用。申時可用。

2、火葬
　　仙命乙亥與主事甲辰：同上

　　火葬可以與入殮同一天，但必須保留相當作業時間。一般火
葬約二至四週，可依其家屬多寡調整。

(1)、火葬與山頭無涉。黑課日腳，同日壬午日有火葬、安葬。查
　　沖、煞、刑、箭刃、回頭貢殺等。四柱是庚子年、戊寅月、
　　壬午日。時柱暫時未訂，不可丙時。

(2)、決定壬午日後，查安葬章，例如《廖淵用通書》庚子年約 62

頁「六十化命諸空亡官符排定便覽」。例如：六沖、三殺、三刑、箭刃、官符、入地、掃地、空亡、無光、祿去、冷地、命坐、三合喪、喪坑、喪窟、剌害殺、剌穴殺等。

(3)、核對《剋擇講義》八期 6 頁「安葬忌例」例如：月破、收日、三喪、重日、重葬、退日、地囊日、橫天朱雀、真滅沒、正八座等。

(4)、取戊申時。末查，六十甲子壬午日入殮安葬的呼壬寅人。

問題二

仙命：戊寅宮。主事：丁未。試演算入殮、火葬、土葬。庚子年己卯月戊申日往生。假設土葬有三個山頭，1、巽山兼巳，向乾兼亥。2、丑山兼艮，向未兼坤。3、甲山兼寅，向庚兼申。

入殮之步驟：查造葬。沖殺刑刃回頭剋。黑課日腳入殮。落枕空日(即掃地空亡，《剋擇講義‧八期 10 頁》)。天兵丙時勿用(亦忌上梁)。查通書入棺吉時，入殮吉時。的呼日。入殮先查黑課日腳日殮日。仙命與主事沖殺刑刃回頭剋。丙時與《剋擇講義》掃地空亡不用。逐日入殮吉課。仙命與主事甲辰是否犯沖、煞、刑、箭刃、回頭貢殺等。掃地空亡(即落枕空亡)日與納音仙命相剋不可用。查通書逐日入殮吉課。核對《剋擇講義》「安葬忌例」例如：月破、收日、三喪、重日、橫天朱雀、真滅沒、正八座等。查六十甲子入殮安葬的呼人。仙命諸空亡避空。核對《剋擇講義》二十四山會解表列。

核對安葬凶日、六十化命、空亡神煞，(廖淵用通書 61 頁起)。安葬凶日有：月破、月殺、重喪、三喪、大重、八座、開日、橫天朱雀。年凶神：劍鋒、八座、正八座日、遊山虎、地中虎、黑

道虎、食骨虎、刺穴殺、刺血殺、歲害殺、刺害殺。六十化命表
己卯：沖酉、三殺戌、三刑子、箭刃丑未、官符丙寅、入地庚午、
掃地壬子、空亡癸丑、無光辛酉、祿去庚午、冷地壬子、空亡壬
午、冷地壬午，沖山酉、殺仙命酉戌、命坐卯、退仙命南巽、命
刑子、官符寅、喪坑乙，喪窟甲、刺穴木分金、刺害木山。

問題三

仙命己卯年，在正月二十三癸丑日巳時往生。主事甲辰年生人，
在入殮、火葬、進塔(塔位壬山丙向)，如何擇日？仙命己卯，六
沖在酉，三殺在戌。主事甲辰年生人，六沖在戌，殺在未。

問題四

辛丑年生人庚寅月農曆初一往生，在辛丑年寅、卯、辰月，主事
己巳，試擇日入殮、火葬、進塔、土葬(子山午向)？

問題五

癸卯年生人，在辛丑年農曆 1 月 23 日往生，試擇日入殮、火葬、
進塔、土葬(寅山申向)？

十六、造墳修墳祭墳吉課

　　修理墳墓：惟新葬只論坐山，修理墳塋必以坐向中宮並論。宜墓龍不守塚月、不守塚日為上吉。或合會同日鳴吠、鳴吠對日、大明日、大偷修日。又宜三德並合，天赦、天恩、天願、月恩、母倉、四相、三合、時德、要安、福生、益後等。修墳忌沖山、三殺、太歲堆黃、戊己夾都天、大小月建、五黃、大退、灸退、劍鋒、八座、六十年空、天地官符臨中宮坐向須制。忌月破、月建、真滅沒、土符、土府、地囊、土瘟、黃帝死、土公忌、五墓、天牛、守塚月、土王用事後、俗忌戊己日、八座、大重、重喪、三喪、其餘吉凶宜忌與安葬併修造宅舍同參。仙命亦宜真祿馬貴人到臨，勿犯相沖、三殺、刑刃。而化命惟忌纏身官符，有太陽、天赦、喝散、解神、貴人拱臨解化。若附葬祖塚傍，又忌古墓殺，其餘與修方同覽。按修方雖以坐向中宮並論。然一重坐，二重中宮，三重向首，然而向者雖有神殺，未易輕舉妄動，選擇總宜斟酌權變，活用得宜為妙。

　　開生墳：宜山頭大利、月空方大小空、通天竅、六不成、伏斷、四廢、四離、四絕、本命納音生旺有氣日。山例與安葬同，忌沖、殺、刑、刃、建日、破日、受死日、真滅沒、大重、重喪、三喪、土府、土符、地囊、土瘟、土王用事旬戊己日、天瘟、大禍、五墓、八座、生命納音死墓絕、魁罡年入墓月日。又忌與本命合日。天上大空亡丁丑、戊寅、壬辰、癸巳、丁未、戊申、壬戌、癸亥日。

問題一

丙申年生人，仙命壬申，在庚子年欲修墳，如果墳坐南向北或坐

北向南，申子辰三合年都不可用。若坐乙山兼卯，向辛兼酉，試在庚子年挑修墳吉日？

1、通書紅課坐向山頭與仙命、主事配合。
2、太歲堆黃、戊己都天、五黃土殺等。
3、天牛守塚月。
4、劍鋒八座，大小月建。土旺用事，即立春、立夏、立秋、立冬前十八天。
5、主事與仙命的六冲、三煞、三刑、自刑、箭刃、回頭貢殺。
6、通書黑課有修墳，兼查通書二十四山造葬、修宅、修墳一覽表。
7、地兵庚時勿用。

問題二
庚戌年生人，仙命乙酉，在庚子年寅、卯、辰月欲修墳，墳坐北向南，試擇日？

十七、上任調職求師赴舉求嗣等

上官赴任：謂奉承恩命，赴任、治政等事。宜天德、月德、天赦、天願、王官、守相、臨日天恩、月恩、四相、時德、吉期、天喜、開日、建日。忌月破、平日、收日、滿日、閉日、劫殺、災殺、月殺、月刑、月厭、大時、天吏、四廢、五墓、往亡。俗又忌受死日、真滅沒。忌陰陽錯、四離、四絕、天獄、牢獄、死別、伏罪、不舉、休廢、離巢、猖鬼敗亡、伏斷、赤口、不祥、上下兀併，上朔日等。

入學求師：謂尊師、傳授經業等事。宜天德、月德併合。益後、續世、三合、五合、六合、要安、上吉、黃道、定日、成日、

開日、文昌、魁星、催官、角斗奎井四文宿日。忌受死、月破、四廢、四離、四絕、真滅沒、陰陽錯、閉日、上下兀、赤口乙丑，孔子卒丁巳日葬丙寅，倉頡卒辛丑日葬，不舉、伏斷、天休、天廢、天賊、黑道，又大忌四離、四絕，魁星吉日：甲戌、庚辰、甲辰、庚戌日。

應試赴舉：謂士子赴科場求功名等事。宜歲德、天德、月德、顯曲傅星、天貴、三合、五合、六合、上吉、皇道、明星、天馬、驛馬貴人。忌月破、受死、四離、四絕、四廢、真滅沒、往亡、十惡大敗、無祿、不祥、凶敗、休廢、伏斷、死氣、九空、不舉、不歸不返。

襲爵受封：謂受官賜爵等事。宜天德、月德併合。天赦、天願、天恩、月恩、四相、時德、天喜、王日、守官、相日、建日、開日。忌破日、平日、收日、滿日、閉日、劫殺、災殺、月殺、月刑、月窮、月厭、四離、四絕、受死、真滅沒、四廢、無祿、往亡、凶敗、沖命日。

給由考滿：宜天德、月德併合。天赦、天願、天恩、月恩、益後、四相、時德、天喜、要安、王日、官日、守日、吉期、建日、開日，忌月破、受死、四廢、四離、四絕、真滅沒、十惡大敗、無祿、空亡、五離八絕、伏斷、殃敗、赤口、五不遇等。

偃武訓兵：謂督軍伍、偃習武藝等事。宜歲德、天德、月德併合。天赦、天恩、天願、王日、兵福、兵吉、兵寶、普護、福生、益後、續世、黃道、成勳、恩勝、天馬、驛馬、福厚、危日、成日、開日。忌月破、平日、收日、死神、劫災、月殺、月刑、月害、月厭、大時、天吏、死氣、四擊、四耗、四廢、四忌、四

窮、五墓、兵禁大殺、往亡、八專日、伐日。又忌受死、真滅沒、十惡大敗、無祿、天地賊、蚩尤、六不成、赤口。習學技藝宜歲德，天德、月德併合。天赦、天願、顯曲傳星、天恩、月恩、母倉、益後、四相、時德、普護、福生、黃道、滿日、成日、開日，不忌兵禁、蚩尤。

招贅填房：與養子繼宗少異，與親迎納婿頗殊，即男命大利，女命合吉，勿冲陽氣、陰胎，以食神為天官，以天官為天嗣，雖與新婚嫁娶大同小異，勿犯冲殺刑刃為佳，周堂清要為吉，即以男命核對嫁娶六十女逐女列便吉凶總局。宜天德、月德併合四相、益後、續世、天赦、天願、母倉、月恩、六合、三合、五合、時德、天喜、吉期。忌月破、受死、四廢、真滅沒、四離、四絕、往亡，其餘諸凶殺隨時變度趨避。

求嗣繼續：謂祈求子息事。宜天德、月德、福生、母倉、益後、續世、生氣、成日、開日、神在、天嗣星、子孫父干支生旺、本命生旺男正官女食神生旺日。忌建日、破日、平日、收日、劫災、月殺、刑害、月厭、四離、四絕、四廢、受死、真滅沒、絕氣、伏斷、天狗、下食。

宴會親友：謂設筵，宴會親朋飲酒等。宜天德、月德併合天恩、月恩。忌月破、四離、四絕、受死、真滅沒、四廢、上朔酉日、虎中日。

進納人口：即納奴婢，宜天願、三合、五合、六合、民日、滿日、收日。忌月破、受死、往亡、四廢、四離、四絕、月殺、月厭、厭對。

上冊表章：謂進納表章，披陳利害辦理等事。宜天德、月德併合月空、天赦、天恩、天願、臨日、福德、開日。忌建日、破日、平日、收日、閉日、劫災、月殺、月刑、月害、月厭、四離、四絕、受死日、四廢、真滅沒、往亡。俗忌癸日、反支，求文書印信，忌赤口、大小空亡。

契拜結義：謂小兒契拜，兄弟結義等事。宜天德、月德併合天赦、天願、天恩、月恩、天福、益後、生氣、福生、福厚、陰陽德、天喜三合、六合、五合、黃道、吉慶、四相、時德、執儲成日。忌受死、月破、正四廢、真滅沒、四離、四絕、人民離六不成。

結網畋獵：謂取魚、畋獵、擒捕禽獸等事。宜月殺、飛廉、受死、執日、危日、收日；上朔壬寅癸卯日。忌天德、月德併合天恩、天赦、山林隔大小空。捕魚宜戊辰、庚辰、己亥為魚會吉，更合驚門。畋獵宜己巳、甲辰、壬子、丙辰、丁巳、戊午、魚鳥。

出行求財：謂遠行出外，水陸經營等事。宜天德、月德併合天赦、天願、天恩、月恩、四相、時德、天喜、月財、驛馬、三合、五合、六合、滿日、成日、開日及奇門休、生、開方，本命祿馬貴人。忌月破、受死、四離、四絕、真滅沒、四廢、往亡巳日財離，月厭殺忌。

納財取債：謂收斂財貨等事。宜天德、月德併合母倉、天恩、月恩、五富、天富天倉、天願、四相、時德、三合、五合、六合、民日、滿日、收日。忌月破、四離、四絕、受死、四廢、真滅沒、四耗窮、小耗、九空、財離、天地賊、長短星、劫災、月殺、月刑、月厭，出財放債同。

問題一

戊子年生人，於庚子年寅月交接職務，試擇日？

　　戊子人，戊祿在巳，帝旺在午，貴人丑未。三殺在未，箭刃在子午，驛馬在寅。

1、查通書黑課日腳，庚子年，戊寅月，有上官赴任者有，農曆1月13日己卯日。農曆1月21日丁亥日。農曆1月25日辛卯日。
2、先看己卯日，日干己貴人在子，取丁卯時，子卯刑，不用。戊辰無祿、貴，不用。己巳時，己有貴人鼠，戊祿在巳，己旺在巳，卯日驛馬在巳。庚午時，子午沖，忌用。
3、再看丁亥日，丁日自坐貴人。癸卯時，癸自坐貴人時，五不遇時，忌用。甲辰時，甲長生在亥，權用。乙巳時，巳亥沖，忌用。丙午時祿貴互馳，子午沖，忌用。
4、再看辛卯日，與戊子生人無祿無貴，暫不用。先看辛卯時，同類相資。壬辰時，僅壬貴人在卯。癸巳時，癸祿在子，貴人在卯，自坐貴人巳。戊祿在巳，亥卯未驛馬在巳，癸為辛日福星貴人，可用。

問題二

辛酉生人，在辛丑年調赴外地任職，其當地直屬長官為乙卯生人，試在辛丑年寅、卯、辰月間，擇日到任？

參考書目：（以筆畫為順序）

吳明修著，武陵書局，《六十仙命坐山宜忌手冊》。
吳明修著，武陵書局，《地理擇日合璧》。
吳明修著，武陵書局，《擇日學精義》。
信發堂，庚子辛卯年，《廖淵用通書便覽》。
梁湘潤標點，武陵書局，《協紀辨方書》。
繼成堂三房堂燕編印，竹林書局《剋擇講義》。
鐵筆子，竹林書局，《擇日天文學》。

國家圖書館出版品預行編目資料

擇日學三十天快譯通/於光泰著
-初版-台北市：大元書局，2020.12
面：　　　公分
ISBN：978-986-98873-3-5(精裝)

擇日學 三十天快譯通

2020年12月　初版　第1刷

作者：於光泰

出版社：大元書局

地址：108 台北市萬華區南寧路 35 號 1 樓

電話：(02) 2308 - 7171 傳真：(02) 2308 - 0055

印刷：明邦印刷事業有限公司

地址：新北市中和區中山路二段327巷11弄5號1樓

電話：(02) 2247 - 5550

建議售價：新台幣壹仟元整

ISBN：978-986-98873-3-5
本書經合法授權，請勿翻印

本書裝訂如有漏印、缺頁、破損請寄回更換。